"이것은 치료에서 은유를 효과적으로 사용하는 방법에 대한 포괄적이고 설득력 있는 독서이다. 이 책은 은유의 힘과 적절히 활용될 때의 복잡성을 잘 설명하며, 은유가 어떻게 작동하는지에 대한 과학적 근거를 다루고 있다. 또한, 은유가 최선을 다할 수 있는 치료적 맥락을 어떻게 만들어야 하는지 설명한다. 은유는 우리가 자신과 관계하는 방식에서 심리적 유연성을 창출하는 데 도움을 준다. 이 책은 학문적이면서도 시의적절하며, 흥미로운 대화 기록과 관련된 임상 은유로 생명력을 불어넣었다. 이 책은 너무 단순하지도 않고, 읽기 어렵지도 않다. 실제로 읽는 것이 즐겁고 흥미로웠으며, 치료사들이 임상에서 은유를 사용하는 방식을 긍정적으로 변화시키는 여정으로 독자를 이끌어 준다"

— **이본느 반스 홈즈 박사** Yvonne Barnes-Holmes, PhD, 겐트대학교 행동 분석 부교수

"은유에 대한 정교하고 철저한 논의를 갈망해 왔다면, 『은유, 삶을 바꾸는 언어의 기술Metaphor in Practice』가 필요한 책이다. 니클라스 토네케Niklas Törneke는 심리치료에서 은유의 과학적 역할과 실제 적용에 대해 신선하고 깊이 있는 분석을 제공한다."

— **질 A. 스토다드 박사** Jill A. Stoddard, PhD, 『The Big Book of ACT Metaphors』의 공저자

"이 뛰어난 책은 임상 실무에서 은유를 사용하는 방식을 조사한다. 많은 경험과 기술을 가진 임상가는 자연스럽게 은유를 사용하지만, 그들이 왜 은유를 사용하고 어떻게 그 이점을 극대화할 수 있는지는 잘 모르는 경우가 많다. 이 책은 이러한 강력한 도구의 이론적 기초와 최적 사용을 체계적으로 분석한다. 견고한 임상 과학에 기반을 두고, 은유는 치료사들에게 중요한 임상 정보를 효과적으로 전달할 수 있는 언어를 제공하며, 이는 치료 과정에 강력한 영향을 미칠 수 있

다. 이 책을 강력히 추천한다."

— 스테판 호프만 박사 Stefan G. Hofmann, PhD, 보스턴 대학교 심리 및 뇌 과학부 심리학 교수

"이 귀중한 책에서 많은 것을 배웠다. 니클라스 토네케Niklas Törneke는 치료적 분석과 언어적 분석 간의 아름다운 상승 작용을 보여 주며, 그 결과는 실무자, 연구자, 그리고 치료와 언어에 관심 있는 모든 사람에게 실용적인 안내서이자 지적 영감의 원천이 되었다."

— 데니스 테이 박사 Dennis Tay PhD, 홍콩 폴리테크닉대학 영어학과 조교수

"니클라스 토네케Niklas Törneke의 『*은유, 삶을 바꾸는 언어의 기술*Metaphor in Practice』은 지적으로 자극적이고 매우 실용적인 여정을 제공한다. 이 책의 첫 부분에서 토네케Törneke는 은유가 모든 치료 작업의 중심에 있음을 보여 주며, 철학, 이론, 과학에 대한 깊은 이해에 기반한 은유 분석을 독자에게 제공한다. 그리고 책의 두 번째 부분에서 그는 내담자가 환경에 어떻게 영향을 받는지 이해하고, 경험에 대해 건강한 관점을 얻으며, 삶의 가치 있는 방향을 찾는 데 도움을 주기 위해 은유를 창조하는 다양한 방법을 놀라운 폭으로 제공한다. 독자는 특히 은유를 공동으로 창조하는 장을 유용하게 찾을 것이다. 이 장은 사전 제작된 은유를 넘어 내담자의 고유한 역사와 세계관 내에서 협력적으로 작업하는 방법을 보여 준다. 토네케Törneke는 명확하고 아름답게 글을 쓴다. 이 책을 강력하게 추천한다. 이는 언어를 통해 인간의 조건을 개선하려는 모든 사람에게 유용할 것이다."

— 조셉 시아로치Joseph Ciarrochi, PhD, 『*Get Out of Your Mind and Into Your Life for Teens*』의 공저자이자 『*Mindfulness, Acceptance, and Positive Psychology*』의 공동 편집자

심리 치료에서 언어 과학을 활용하는
전문가를 위한 가이드

은유,
삶을 바꾸는
언어의 기술

METAPHOR
in
PRACTIC

지음
니클라스 토네케 NIKLAS TÖRNEKE, MD

옮김
견영기, 김혜경, 방현숙, 신재현, 윤지애
이강욱, 이슬기, 이정안, 이준용, 전유진, 최영훈

METAPHOR IN PRACTICE

Copyright ⓒ 2017
All Rights Reserved.

Korean translation copyright ⓒ 2025 by LIFE&KNOWLEDGE PUBLISHING
Korean translation rights arranged with Niklas Törneke through EYA(Eric Yang Agency).

이 책의 한국어판 저작권은 EYA Co.,Ltd를 통한 Niklas Törneke와 독점 계약한 삶과지식이 소유합니다.
저작권법에 의하여 한국 내에서 보호를 받는 저작물이므로 무단 전재 및 복제를 금합니다.

∙∙∙∙∙∙∙∙∙∙∙∙
비르기타, 빅토르, 울리카, 한나 클라라 그리고 성장하는 가족에게
∙∙∙∙∙∙∙∙∙∙∙∙

【역자 서문】

어릴 적 일이다.

"엄마, 미역이 뭐야?"

"바다에 사는 풀이야."

이 짧은 대화로 나는 '물에 젖은 마분지에 색을 칠해 붙여 놓은 것 같은 괴상한 물체'라는 미역에 관한 단상이 순식간에 '친근하고 먹을 수 있는 채소'로 바뀌는 것을 경험했다.

책을 읽고 난 뒤, 단순히 수사적인 장치로만 여겨졌던 '은유'가 인간 사고와 언어, 심지어 감정 표현에까지 깊이 뿌리내린 인지적 구조라는 사실에 놀랐고 감탄했다. 특히 우리가 일상적으로 사용하는 표현들—"내 마음에 구멍이 뚫린 것 같아", "모든 것이 무너지고 있어"—이 단순한 말이 아니라, 고통과 감정을 구조화하고 전달하려는 본능적인 인지 행위임을 알게 되면서 언어에 대한 시각이 근본적으로 달라졌다.

책은 철학, 언어학, 심리학, 행동 분석 등 여러 분야의 이론과 실험을 통합하여 '은유'를 해부하듯 분석하지만, 그 속에는 인간의 내면을 이해하려는 따뜻한 시선이 있다. 특히 수용전념치료(ACT)에서 은유를 의도적으로 사용하는 사례는, 말이라는 도구가 치유의 매개가 될 수 있음을 실감하게 해 주었다. 또한 관계구성이론(RFT)을 통해 '관계 사이의 관계'를 맺는 능력이 곧 은유적 사고의 핵심이라는 설명은 매우 인상 깊었다.

역자 서문

무엇보다 이 책은 '은유는 꾸며낸 표현이 아니라, 우리가 세상을 바라보고 경험을 정리하는 틀'이라는 메시지를 강하게 전달한다. 그래서 책을 덮고 나서도 머릿속에는 내가 평소에 무심코 썼던 말들이 어떤 은유적 사고의 결과였는지를 되짚게 됐다. 인간 언어의 깊이와 그 속의 인지 구조에 대한 존경심, 그리고 은유라는 창을 통해 타인의 마음을 더 깊이 이해할 수 있겠다는 희망이 남는다.

2025년 6월
역자 대표 **최영훈**

* * *

"그럼, 선생님, 바다와 하늘과 강과 꽃, 나무…… 이 세상 모두가 무언가의 메타포라고 말씀하시는 건가요?" (영화 일 포스티노 중) 책의 한 부분을 번역하며 '메타포'라는 단어를 난생처음 보는 말처럼 오래, 새롭게 들여다볼 수 있었습니다. 이 책을 읽게 되는 분들에게도 그러한 시간이 찾아올 수 있기를 기원합니다.

역자 **견영기**

* * *

"아하!" 하고 무릎을 치게 되는 은유를 통해 중요한 것을 알아가는 과정은, 참으로 매력적이고 즐거운 여정입니다. 이 책은 그러한 여정을 ACT와 RFT의 이론에 기대어 섬세하게 안내해 줍니다. 이 책이 임상가들이 은유를 보다 유연하고 창의적으로 활용하는 데 도움이 되기를 바라며, 그로 인해 우리가 함께 나눈 이 작업이 의미 있는 결실을 보기를 소망합니다.

역자 **방현숙**

* * *

이 책은 행동 분석과 은유의 관계를 깊이 있게 탐구하며, 인간의 언어와 행동이 맥락적 요인에 의해 어떻게 형성되고 변화하는지를 설명한다. 스키너의 고전적 이론부터 현대 언어학과의 접점까지, 언어적 행동의 본질을 새롭게 조명하는 이 책이 독자들에게 의미 있는 통찰을 제공할 수 있기를 바란다.

역자 **윤지애**

* * *

은유는 단순히 수사적 기교를 넘어 인간의 생각, 언어, 창의성, 사회적 현실을 구성하고 변화시키는 근본적인 힘이 있다. 이 책에서는 은유가 언어의 미묘한 속성을 통해 우리의 행동과 인지에 암묵적으로 영향을 미친다는 점을 과학적 이론으로 설명한다. 심리치료자라면 누구나 이 책에 금방 매료될 것이고 창의적인 치료에 필요한 영감을 얻게 될 것이다.

역자 **이강욱**

* * *

이 책을 공부하는 과정은 언어학과 행동과학이 만나는 흥미로운 여정이었고, 임상가로서 언어의 힘을 새롭게 마주하는 계기가 되었습니다. 은유를 단순한 표현이 아닌 임상에서 변화의 통로로 다루는 관점은 깊은 인상을 주었습니다. 이 책이 ACT를 실천하는 분들께 유용한 길잡이가 되기를 바랍니다.

역자 **이슬기**

역자 서문

* * *

저를 포함하여 이 책을 접하는 모든 분에게 은유가 언어적 체험이 될 수 있기를 바랍니다.

역자 **이정안**

* * *

이 책은 은유의 예시를 제시하는 것에 그치지 않고, 효과적인 은유가 어떻게 해서 작동이 되는지를 쉽게 풀어내고 있다. 또한 치료 현장에서 상황에 맞게 은유를 만들어 나가는 방법도 다루고 있다. 언어의 촘촘하고 끈적한 거미줄에 최대한 걸려들지 않고, 도움이 필요한 누군가의 마음에 부드럽지만 깊은 울림을 전하는데 이 책이 도움이 되었으면 좋겠다.

역자 **전유진**

【목차】

역자 서문 _ 6
추천사 우리가 가진 가장 중요한 치료 도구에 관한 실용적
　　　　과학 지식 _ 13
서론 세 권의 책 이야기 _ 17

Part 1 은유 – 과학적 분석

1　은유란 무엇인가? _ 25
2　맥락 속 은유 _ 41
3　행동 분석과 은유 _ 54
4　은유 – 관계 사이에 관계 맺기 _ 66
5　임상 연구에서의 은유 _ 86
6　우리는 무엇을 배웠나? _ 94

Part 2 치료 도구로서의 은유

7　세 가지 핵심 전략 _ 98
8　기능 분석을 위한 은유 만들기 _ 119
9　관찰 거리를 위한 은유 만들기 _ 140
10　방향을 명확하게 하는 은유 만들기 _ 151
11　은유를 붙잡기 _ 159
12　함께 은유 만들기 _ 181
13　은유와 체험적 연습 _ 199

후기 _ 225
감사의 말 _ 228
참고문헌 _ 229
색인 _ 241

【추천사】

우리가 가진 가장 중요한 치료 도구에 관한 실용적 과학 지식

도구 없이 일하는 배관공을 상상해 보라.

작업에 불려 왔을 때, 이 상황에서 배관공은 몇 가지 간단한 일만 할 수 있다. 수도꼭지를 틀거나 잠그거나, 쓰레기 처리기에 빠진 숟가락을 꺼내는 것과 같은 일들이다. 복잡한 작업은 불가능하다.

은유 없이 일하는 심리치료사는 도구 없이 일하는 배관공과 같다. 은유에 의존하지 않고 복잡한 아이디어를 표현하는 것은 거의 불가능하다. 이 때문에 나는 이 추천사에서 은유로 시작한다. 거의 모든 문장은 우리가 선택한 단어의 어원과 뉘앙스에 숨어 있는 명백한 은유를 포함하고 있으며, 아니면 내가 방금 제공한 것과 같은 말의 구조에서 더 명확하게 포함하고 있다. 우리의 논쟁과 토론은 은유로 구현되며, 이는 우리의 신체 자세와 정신적 목적에서도 나타난다. 예를 들어, 우리는 "감정으로부터 도망친다"거나, 협상할 수 없는 생각을 "처리한다"라는 식으로 말한다. "정신병리학" 자체도 은유이다.

그러나 우리는 실용적인 작업자로서 은유가 필요하고, 내담자에게서 은유를 보고 그 역할에서 거의 모든 행동에서 은유를 사용하지만, 그것이 우리가 하는 일을 이해한다는 것을 의미하지는 않는다. 주로 우리는 이해하지 못한다.

심리치료의 도구는 주로 언어적이지만, 그 자체가 문제다. 우리는 평생 말을 하고, 듣고 살아왔기 때문에 인간 언어를 직관적으로 이해하고 있지만, 그 편안한 지식은 상식의 환상이다.

 이것은 쉽게 테스트할 수 있다. 일반적인 임상가에게 인간 언어에 대한 가장 간단한 질문을 하여 과학적 이해의 허구가 드러나도록 하라. 예를 들어 설명으로 대체하지 않도록 하면서(예를 설명으로 대체하는 것은 자기기만의 확실한 길이다), 임상가에게 "단어"가 무엇인지, 또는 언어적 문제 해결이 무엇을 포함하는지, 아니면 왜 은유가 유용한지에 대한 기술적인 설명을 요구하라. 그 순간 커튼이 빠르게 옆으로 밀려 나갈 것이다. 긴 침묵과 모호한 상식적인 논의의 혼합을 마주하게 될 것이다. 언어와 인간의 고등인지에 대한 우리의 상식적 이해의 허구를 마주하게 될 것이다.

이런 수준의 무지한 치료사들을 비판할 수 있지만, 주로 이 분야의 과학적 이론은 실무자들의 필요와는 거리가 멀다. 주로, 은유에 대한 과학적 문헌을 읽는 것은 임상가들에게 매우 유용하지 않다. 이 문헌은 강력하고 테스트된 실용적인 중요성을 가진 내용이 거의 없다. 주류 과학에는 방대한 연구가 있지만, 그것은 행동 변화의 어려운 작업에 필요한 것과는 다른 것에 주로 집중되어 있다. 이는 실무자들이 우리의 속담에 나오는 배관공처럼 도구가 어떻게 작동하는지 물어보지만, 복잡하고 무관한 화학적 조성에 대한 논문을 받는 상황에 놓이게 한다.

치료사들은 두 가지를 모두 필요로 한다. 우리는 언어적 도구가 필요하고, 그 사용을 효과적으로 뒷받침하는 과학적 지식도 필요하다.

다행히, 이는 불가능한 요구가 아니다. 실제로, 이 책은 바로 그 요구를 충족시키는 데 관한 것이다.

니클라스 토네케Niklas Törneke는 매우 특별한 개업의다. 스웨덴 정신과 의사로서, 그는 많은 해 동안 기본적인 과학적 원리와 실용적인 적용의 조합을 찾고 있다. 그는 행동 원리에 대한 훌륭한 책들(Ramnerö & Törneke, 2008)과 관계구성이론에 대한 학습(Törneke, 2010)을 통해 그 여정의 결과물을 보여 주었다. 그는 "왜"라는 질문을 계속 묻는 종류의 마음을 가지고 있으며, 상식적 무지의 커튼이 열리고 과학적으로 견고하면서 임상적으로 유용한 이해를 얻을 때까지 읽고 질문하는 것을 멈추지 않는다. 그런 다음 그는 명확한 언어와 신중한 설명을 사용하여 자신이 발견한 지식을 전달하기 위해 열심히 노력한다. 결과적으로, 니클라스Niklas는 전 세계적으로 트레이너, 연자, 작가로서 수요가 많다. 그는 와일드하고 테스트되지 않은 임상 개입에 대한 카리스마 있고 화려한 발표를 하지 않는다. 그는 복잡한 과학적 문헌의 통합과 분석, 그리고 그들의 실용적인 중요성을 차분하고 실무 중심의 단계별 방식으로 임상가들에게 안내한다. 지적인, 균형 잡힌, 따뜻한 마음을 가진 사람으로, 그의 임상 경험과 지혜가 이 책에 명확하게 전해진다.

이 책은 니클라스Niklas를 아는 내가 예상한 대로, 그가 생각하는 방식으로 구조화되어 있다. 질문으로 시작하고, 그다음에는 주의 깊게 알려진 내용을 탐구한다. 탐색은 철저하지만 무의미하지 않다. 그는 실용적인 목적을 염두에 두고 있으며, 이를 독자와 공유한다. 그는 기존 과학에서 가장 유용한 측면에 집중하며, 특히 관계구성이론(RFT)과 그 안에 포함된 은유에 관한 연구에 중점을 둔다. 절대 교조주의적이지 않으며, 길을 가면서 얻은 유용한 통찰은 어디에서 왔든 관계없이 유지된다. RFT일 수도 있고 아닐 수도 있다. 그런 다음, 이 이해를 바탕으로 그는 일반적인 임상 작업에 접근하고, 은유를 사용하여 임상가들이 작업을 수행할 수 있는 개입에 인간 언어와 인지의 과학을 적용한다. 잘 짜여진 대화에서 그 지식이 어떻게 적용되는지를 보여 준다.

이 책은 빠르게 훑어보거나 색인에서 용어를 찾아보며 읽기에는 적합하지 않다. 이 책은 처음부터 끝까지 읽어야 하는 책이다. 나는 이 책을 쓰여진 방식대로 읽는 모습을 상상한다. 편안한 의자에 앉아, 따뜻한 벽이 차가운 외부를 막아주는 아늑한 사무실에서, 커피 한 잔을 마시며 신중하게 읽는 모습이다. 존경받고 흥미로운 여정, 존경받고 흥미로운 목적으로 인간의 삶을 변화시키는 데 도움을 주기 위해, 존경받고 흥미로운 사람에 의해 만들어진 것이다.

심리치료는 주로 언어적 상호작용이며, 따라서 심리치료의 도구도 주로 언어적이다. 우리는 그 도구가 무엇인지, 어떻게 작동하는지 알아야 한다. 이 책은 우리가 가진 가장 중요하고, 다재다능한 언어적 도구 중 하나인 은유에 관한 것이다. 편안한 의자에 앉아 신중하게 고려할 가치가 있는 도구라면, 이것이 바로 그것이다.

커피 한잔을 들고 앉아 보라.

― **스티븐 C. 헤이스** Steven C. Hayes,
네바다 대학교 심리학 부문 설립교수

【서론】

세 권의 책 이야기

시적 심상은 내 삶 초기부터 중요한 요소였다. 스웨덴 노벨상 수상자 페르 라게르크비스트Pär Lagerkvist와 다른 스웨덴 시인들의 시구가 자라면서 자주 인용되었고, 성경 이야기와 그 복합적인 서술도 함께 들었다. "주님은 나의 목자시라", "하늘의 왕국은 누룩과도 같다……", "너희는 땅의 소금이다……"

많은 해가 지나서(1993 – 1996), 나는 심리치료사로 훈련을 받았다. 동기들은 창의적인 그룹이었고 환경은 자극적이었지만 때때로 약간 혼란스러웠다. 특히 한 동기와의 대화를 기억한다. 그녀는 또한 미술치료사로 훈련을 받았던 사람이었고, 그녀는 그림과 미술을 사용해 내담자와 상호작용하는 방식에 매료되었습니다. 이 방법의 구체적인 실무는 나에게 생소했지만, 대화 속에서 나는 비유를 사용해도 같은 일을 할 수 있다는 것을 깨달았다. 나는 말로 그림을 그릴 수 있다는 것을 알게 되었다!

이 책으로 이어지는 방향에서 나에게 영감을 준 또 다른 사람은 인지치료사 아트 프리먼Art Freeman이다. 훈련 프로그램의 교사 중 한 명으로서, 그는 심리적 문제를 개념화하는 방식을 설명했는데, 그것은 나에게 매력적이었다. 그는 내담자의 이야기를 듣고 간단한 그림, 종종 막대 인물을 사용하여 그가 들은 것을 요약한 그림을 그렸다. 그런 다음 그는 그림을 내담자에게 건네주고 반응을 기다렸다. 그 후의 대화에서 내담자는 자신의 상황에 대한 인식을 반영하도록 그림을 수정하거나 수정하도록 격려했다. 두 사람은 그림을 사용하여 무엇이 변해야 하는지를 함께 작업했다. 그리고 또 한 번 나는 비유를 사용해도 같은 일을 할 수 있다는 것을 깨달았다.

1998년에 나는 수용 전념 치료(ACT)라는 치료 모델을 접하게 되었다. 이 모델은 비유를 심리치료의 중심에 두고 있었다. 그때 처음으로 비유 사용에 대한 책을 쓰는 아이디어를 얻었던 것 같다. 그러나 다른 중요한 일들이 개입했다. 1년 후, 나는 조나스 람네로Jonas Ramnerö를 만나게 되었고, 학습 이론 기반 심리 치료에 대한 대화가 그때부터 계속되고 있다. 조나스Jonas는 함께 책을 쓰자는 아이디어를 내놓았고, 결국 그것은 『인간 행동의 ABCThe ABCs of Human Behavior: Behavioral Principles for the Practicing Clinician』(Ramnerö & Törneke, 2008)이 되었다. 이 책의 10장에는 치료에서 비유를 사용하는 방법에 대한 일부 아이디어가 포함되어 있다.

ACT에 대한 관심은 결국 그 이론적 기초인 관계구성이론(RFT)으로 확장되었다. 인간 언어와 인지에 대한 과학적 이론을 마침내 만나게 된 것은 매우 해방감을 주었다. 이 이론은 기본 연구와 임상 적용 모두에 유용했다. 이론에 대한 간단한 소개는 『인간 행동의 ABCThe ABCs of Human Behavior』(7장)에도 포함되어 있지만, 그것만으로는 충분하지 않다. RFT를 포괄적이면서도 읽기 쉬운 방식으로 제시하는 작업은 새로운 책 『Learning RFT』(Törneke, 2010)로 이어졌다. RFT는 비유가 어떻게 작동하는지에 대한 모델을 제공하기 때문에, 이 책에는 비유에 대한 비교적 자세한 섹션이 포함되어 있다(5장).

따라서 비유와 그 심리 치료에서의 사용에 대한 도전은 여러 해 동안 나를 따라왔다. 그러나 이 점에서 나는 결코 혼자가 아니다. 심리치료의 세계 어디를 봐도, 구체적인 치료 모델에 관계없이, 모두 비유가 치료 도구로서의 중요성을 동의하고 있다. 이는 인지 행동 치료(Muran & DiGiuseppe, 1990; Linehan,

1993; Stott, Mansell, Salkovskis, Lavender, & Cartwright-Hatton, 2010; Blenkiron, 2010), 정신역동치료(Katz, 2013; Rasmussen, 2002; Stine, 2005), 가족체계(Barker, 1985; Combs & Freedman, 1990, Legowski & Brownlee, 2001), 그리고 체험적 치료(Angus & Greenberg, 2011)에서 모두 그렇다. 역사적으로 중요한 영향력은 밀턴 에릭슨Milton Erickson(Rosen, 1982)에게 있다. 비유 사용은 또한 증거 기반 방법 외에 자주 강력한 주장을 하는 자기 발전과 변화의 다양한 인기 모델의 중심에 있다(Battino, 2002; Lawley & Tomkins, 2000).

 그러나 이 모든 것의 과학적 기초는 어떠한가? 과학적으로 기반한 심리 치료를 수행하는 우리가 비유의 중요성에 대한 주장을 뒷받침하기 위해 무엇을 가지고 있는가? 심리 치료에서 비유가 어떻게 작동하는지에 대해 우리는 무엇을 아는가? 이러한 작업을 수행하는 과학적으로 기반한 추천은 있는가? 이 책은 이러한 질문에 대한 일부 답변을 제공하려는 나의 시도이다.

 그러나 비유 분야의 관련성에 대한 일반적인 합의가 있을지라도, 이러한 지식이 어디에서 찾을 수 있는지는 명확하지 않다. 만약 당신이 인지 행동 치료(CBT)의 증거 기반 전통에 서 있다면, 비유 사용과 비사용의 차이, 또는 비유 사용 방식과 치료 결과 간의 차이를 보여 주는 데이터를 환영할 것이다. 불행히도 이러한 문제를 목표로 하는 연구는 적고, 존재하는 연구도 제기된 질문에 대한 명확한 답변을 거의 제공하지 않는다(McMullen, 2008).

 다양한 심리치료 학파는 비유의 치료적 사용에 대해 긍정적인 시각을 가지고 있지만, 이를 과학적으로 평가하는 방법을 찾는 데 어려움을 겪고 있다. 그러나 비유가 인간 경험에 미치는 영향에 대한 과학적 분석은 부족하지 않다. 오히려 이는 언어학과 인지과학이 주도하는 매우 생산적이고 성장하는 학제 간 분야이다. 실제로 언어학자들은 심리치료에서 비유가 어떻게 사용되는지에 대한 관심을 시작했다(Needham-Didsbury, 2014; Tay, 2013; 2014).

 행동 분석도 최근 몇 년 동안 이 분야에 새로운 기여를 시작했다. 관계구성이론(RFT)에 기반한 인간 언어와 인지에 대한 새로운 이해로 인해 비유 현상이 행동 분석*에 더 접근하기 쉬워졌다. 이 책은 자연스럽게 나의 이전 두 권의 책의 연장선상에 있다. 요나스 람네뢰Jonas Ramnerö와 나는 임상 행동 분석의 도입에서 비유를 임상 개입의 일부로 간단히 언급했으며, RFT와 그 임상 적용에 대한 책에서는 비유 사용에 대한 분석을 보다 자세히 다루었다. 그리고 이제 이 세 번째 책에서 비유와 그 기능을 중심에 두고 있다. 비유 사용에 대해 우리는 무엇을 알고 있으며, 임상 실무에서 비유를 어떻게 사용해야 하는지에 대한 합리적인 조언은 무엇일까?

이 책의 본거지는 이전 두 권과 마찬가지로 행동 분석이라는 과학적 프로젝트다. 그러나 비유에 대한 연구는 다른 과학 분야에서 더 많이 진행되어 왔으므로, 여기서부터 시작하겠다. 그러나 내가 제공하는 설명은 선택적일 것이다. 비유 연구는 방대한 다양한 지식 분야이며, 다음 내용은 비유 연구에 대한 일반적인 소개가 아니다. 물론 자료에 정의를 부여하려고 노력하겠다. 그러나 이 과제를 수행하는 데는 특정한 개인적 의도가 있다. 이 지식을 현대적인 행동 분석의 비유 사용에 활용하는 것이다. 그리고 모든 것이 실용적이고 임상적으로 관련 있는 방식으로 이루어지도록 할 것이다.

책의 구성

이 책은 주제를 소개하고 기본적인 정의를 제공하는 첫 번째 장(1장)으로 시작한다. 이 장은 1980년대 이후의 과학적 발전을 중점으로 다룬다. 두 번째 장(2장)은 지난 10년간의 연구 경향을 강조하며, 이러한 경향이 행동 분석의 입장과 높은 정도로 겹친다는 관찰에 기반한다. 세 번째 장(3장)은 전통적인 행동 분석의 입장과 그 상대적으로 제한된 기여를 제시하며, 주로 버러스 프레더릭 스키너B. F. Skinner의 비유 분석 방식을 다룬다. 네 번째 장(4장)은 중요한 장으로, 관

---

* 정의는 토네케Törneke 2010을 참조.

계구성이론(RFT)에 대한 간단한 일반적인 소개를 제공하고, 특히 이 접근법이 비유 사용을 어떻게 분석할 수 있는지를 설명한다. 다섯 번째 장(5장)은 심리치료에서 비유 사용에 대한 기존 연구를 요약하고, 신중한 결론을 제시한다. 연구 중심의 부분은 주요 내용을 요약하는 짧은 장(6장)으로 끝나며, 이론적으로 관심이 없는 독자에게 임상 부분으로의 단축 경로를 제공하는 것이 목적이다. 따라서 여기서부터 읽기 시작하고 직접 임상 장으로 이동하는 것이 가능하다. 물론, 임상 섹션을 익힌 후 처음 몇 장으로 돌아가길 바라는 마음이다.

임상 부분은 심리 치료의 몇 가지 기본 원칙을 식별하려는 장(7장)으로 시작한다. 몇 가지 기본적인 치료 전략이 공식화되며, 이는 비유 사용에도 지침이 되어야 한다. 그다음 다섯 장(8장에서 12장까지)은 치료에서 비유의 구체적인 사용의 다양한 측면을 설명하도록 설계되었다. 경험적 연습과 비유에 대한 장(13장)이 임상 섹션을 마무리하고, 그 후 시인이 마지막 말을 남긴다.

PART
01

은유-
Metaphor
과학적 분석
a Scientific Analysis

Chapter 01

은유란 무엇인가?
What Are Metaphors?

완전히 지쳐서 모든 것이 내리막길로 가고 있다.
쳇바퀴에 갇힌 햄스터처럼 빙글빙글 돌고 있는데 탈출할 수가 없다.
머리가 계속 윙윙거린다. 안에 말벌집이 있다!
마음이 너무 공허해서 안에 커다란 구멍이 뚫린 것 같다.

. . .

이러한 비유는 정신적 고통을 호소하는 내담자에게서 자주 들으며, 일상적인 대화에서도 종종 들을 수 있다. 그리고 듣는 사람이 화자가 햄스터를 위해 설계된 거대한 운동 바퀴에 갇혀 있다거나 실제로 귀 사이에 벌레 떼가 있다고 믿을 가능성은 극히 낮다. 우리는 여전히 이런 말을 자주 하고, 한 가지를 다른 것에 빗대어 이야기한다. 그리고 그렇게 하는 것은 어떤 고통스러운 상태에 있는 사람들만 그런 것은 절대 아니다. 상담 세션에서 치료자도 이러한 표현 방식을 사용하는 경우가 드물지 않다. ACT(수용전념치료)와 같은 현대 행동 치료의 일부 형태에서는 치료자가 이러한 의사소통 방식을 의도적이고 체계적으로 사용한다. 생각, 기억, 감정은 마치 버스에 탄 승객처럼 논의되고, 필사적인 행동 전략은 구덩이에서 빠져나오기 위해 구덩이를 더 깊이 파는 것에 비유되며, 성공적인 삶의 전략은 "열쇠를 가지고 가는 것"으로 묘사된다(Hayes, Strosahl, & Wilson, 2012).

이러한 유형의 언어적 관습을 특별히 강조하지 않는 모델을 사용하는 치료자도 심리적 문제나 치료 방식을 설명할 때 비유적 언어를 사용한다. 정신분석가는 "잠재의식subconscious"과 "초자아superego"라는 것에 대해 말한다. 따라서 사람의 마음속에서 일어나는 일부 현상은 다른 현상보다 위(초자아/super) 또는 아래(잠재의식/sub)에 있는 것으로 설명된다. 인지 치료자는 종종 치료 관계를 "함께 일하는 두 명의 과학자"라고 묘사한다(Beck & Weishaar, 1989, 30쪽). 여기서 정신 치료자는 사람들이 일반적으로 하는 일, 즉 한 가지를 사용하여 다른 것에 대해 말하는 일을 하고 있을 뿐이다. 그들은 우리가 일반적으로 은유라고 부르는 것을 사용한다. 다른 많은 형태의 대화보다 정신 치료에서 이러한 유형의 언어 사용이 더 흔한 이유가 있다고 하더라도(이에 대해서는 나중에 자세히 설명한다), 은유는 실제로 매우 흔하다. 우리는 미국 대통령이 성명을 발표할 때 백악관에서 무슨 말을 했다고 하며, 냉담하게 행동하는 사람은 차갑고 이해와 친근함으로 우리를 맞이하는 사람은 따뜻하다고 말하며, 용감한 사람은 암사자가 될 수 있고 운이 좋은 사람은 실제 슬롯머신을 사용하지 않았음에도 잭팟에 당첨되었을 수 있다고 말한다.

은유가 인간 대화의 자연스럽고 보편적인 부분이라는 사실은 수 세기 동안 철학자와 학자들의 관심을 끌었으며, 은유가 어떻게 작동하고 언어와 더 일반적으로 어떻게 관련되는지에 대한 질문은 결코 새로운 것이 아니다. 이에 대한 중요한 분석은 기원전 수백 년 전에 아리스토텔레스가 수행했으며, 이 주제에 대한 그의 저술은 오늘날까지도 여전히 논쟁에 영향을 미치고 있다. 아리스토텔레

❶ 은유란 무엇인가?

스의 정의에 따르면, "은유는 어떤 것에 다른 것에 속하는 이름을 부여하는 것"(아리스토텔레스, 1920, 21장, 1457b 1-30)으로, 이는 단어가 "실제" 의미를 가지고 있고 은유는(다른 비유적 표현 중에서도) 보다 진정한 "전통적인" 의미의 변형이라는 가정에서 나온 논증이다. 은유는 부차적인 언어적 기능이라는 이 기본 개념은 그 이후로 은유에 대한 우리의 관점을 지배해 왔다. 우리는 언어를 기본적으로 "문자 그대로literal"인 것으로 보고 은유는 이러한 문자 그대로의 뜻literality을 특별히 발전시킨 것으로, 시나 수사학과 같은 예술적 목적에 적합한 일종의 전문적 도구로 간주한다. 때때로 다른 견해가 등장하기도 했지만 대부분 무시되거나 잊혀 왔다.

아리스토텔레스의 은유 철학은 20세기 대부분 동안 계속해서 최고의 자리에 있었다. 우리는 그것이 적어도 부분적으로는 경험적 실증주의와 인식론에서의 영향력 있는 위치와 관련되어 있다고 가정할 수 있다(Billow, 1977; Ortony, 1993). 이 관점에서 말은 실제 외부 세계의 "사실"을 나타내며, 자신의 스트레스와 고통스러운 상태를 묘사하는 사람은 말 그대로 애완용 햄스터의 운동을 위해 설계된 바퀴 안에서 뛰어다니는 것이 아니므로 이러한 유형의 표현은 언어의 기본 구성 요소로 간주되지는 않는다. 이러한 비유는 기껏해야 시적으로 적절하고 특정 목적에는 유용하지만 언어적으로는 주변적인 표현이다.

또 다른 전통적인 구분은 살아있는living 은유와 죽은dead 또는 얼어붙은frozen 은유를 구분하는 것이다. 살아있는 은유는 어떤 의미에서 적어도 문자 그대로의 의미와는 달리 비유적인 표현으로서 새롭거나 명확하다. 시인 토마스 트란스트뢰메르가 "마구간 안에서 발을 구르는 별자리"(트란스트뢰메르, 2011, 4쪽)라고 쓸 때, 독자들은 별자리가 "마치" 땅을 조급하게 밟고 있는 종마라고 비유적으로 말하고 있다는 것을 분명히 알 수 있다. 이것을 누군가가 "가라앉아 있다down" 또는 "공허하다empty"고 말하는 것과 비교해 보라. 이러한 표현은 너무 잘 정립되어 있거나 너무 관습적이어서 듣는 사람이 문자 그대로의 것으로 이해하는 경우가 많으며 원래의 은유적 특성은 존재하지 않는 것처럼 보일 수 있다. 물론 단순히 은유가 죽었다거나 얼어붙었다고 말하는 것도 같은 현상의 또 다른 예다. 햄스터 바퀴의 예는 살아 있을 수도 있고 죽어 있을 수도 있다. 어떤 상황에서는 이 문구의 은유적 성격이 분명하다고 생각할 수도 있지만, 화자와 청자 모두 "할 일이 너무 많다"라는 문자 그대로의 의미로만 연결될 수도 있다. "열린open"과 "닫힌closed"이라는 용어는 새로운 은유와 기존의 은유를 구분하기 위해 사용되기도 한다.

일반적으로 은유metaphors라고 부르는 단어와 구의 범주를 더 세분화하기도 한다. 위에서 언급한 백악관의 예처럼 하나의 대상(미국 대통령)이 밀접하게 연관된 현상(그의 거주지)을 통해 식별되는 경우를 *환유metonym*라고 한다. 문자 그대로의 의미로 브레히트가 쓴 희곡을 읽는 것을 좋아한다고 할 때 베르톨트 브레히트를 좋아한다고 말하는 것도 환유의 한 예이다. 이와 밀접하게 관련된 또 다른 용어는 *제유synecdoche*이다. 이것은 어떤 대상의 일부를 참조하여 그 대상에 대해 말하는 비유이다. 예를 들어 거기 많은 사람이 있었다고 말하는 대신 "우리는 먹일 입이 많았다"라고 말할 수 있다. 또 다른 자주 사용되는 용어는 *직유simile*로, 두 대상을 비교하는 비유이다. "그의 집은 쓰레기장이다"라는 말은 이 정의에서는 은유에 해당하지만, 비교적인 측면을 나타내는 단어("그의 집은 쓰레기장과 *같다*")를 추가하면 직유라고 하기도 한다.

이러한 유형의 구분은 특히 철학적이고 기존의 언어학적인 텍스트에서 흔히 볼 수 있으며, 이 책에서 내가 관심을 두는 경험적 은유 연구에서는 큰 역할을 하지 않는다. 게다가 범주 간 경계는 모호하고 나의 목적에는 의미가 없는 경우가 많으므로 사용하지 않을 것이다.

과학 텍스트에서 다소 다양하게 사용되는 또 다른 용어는 *유추analogy*인데, 은유와 유추는 서로 바꿔 사용할 수 있을 정도로, 동의어로 간주하는 경우가 많다. 그러나 때때로 유추는 은유를 하위 범주로 포함하는 보다 광범위한 언어 현상으로 간주하기도 한다. 이는 관계구성이론의 관점에서 의미 있는 용어 적용인데, 왜냐하면 이러한 형태의 이론은 은유를 다른 종류의 비유와 구별하는 요소를 명시할 수 있기 때문이다. 이에 대해서는 4장에서 다시 다루겠다.

▎근원source과 표적target

이미 아리스토텔레스는 그리스어 *메타포라metaphorá*의 어원에서도 알 수 있듯이 은유를 원래의 기표가 다른 기표로 전치되는 것으로 설명했는데, 여기서 *메타 meta*는 "넘다"를, *페로phero*는 "지니다"를 의미한다. 즉, "가지고 넘어가다"라는 뜻이다. 간단한 예로 "그는 그냥 거대한 테디베어다"라는 표현을 사용할 수 있다. 한 가지는 이미 알려진 것으로 가정하고(거대한 테디베어가 어떤 것인지), 이렇게 묘사된 사람은 이미 거대한 테이베어에 적용된 것을 그에게 "가지고 넘어감"으로써 어떤 의미에서 알려지게 된다. 마찬가지로 "그녀는 진짜 테리어야"라는 은유는 테리어의 성격에 대한 지식을 가정하므로 이제 은유의 작용을 통해 그 사람에 대해 무언가가 알려지게 된다. 어떤 현상은 어떤 면에서 더 알려진 것으로 가정되고, 그 속성은 어떤 의미에서 다른 현상으로 전이되며, 전자는 일반적으로 은유의 수단, 기반 또는 근원(테디 베어/테리어)으로, 후자는 표적(남자/여자)으로 지칭된다. "우리 상사는 잔소리쟁이 아줌마야"에서 "우리 상사"는 목표가 되고 "잔소리쟁이 아줌마"는 원천이 되며, "내 어깨에 무거운 짐이 얹힌 것 같아"에서 화자의 감정은 은유의 표적이 되고 누군가의 어깨에 얹힌 무거운 짐은 근원이 된다. 은유의 두 부분을 나타내는 근원과 표적의 개념은 특정 이론과 관계없이 은유 학계에서 공통적으로 사용하는 것으로, 나는 이 방식을 따르겠다.

▎개념적 은유

1980년 언어학자 조지 레이코프George Lakoff와 철학자 마크 존슨Mark Johnson은 은유에 대한 현대적 개념에 중요한 영향을 미쳤고 언어학, 심리학, 인지과학 분야의 연구에 큰 영향을 준 책인 『삶으로서의 은유Metaphors We Live By』를 출간했다. 이 책의 주요 목적은 은유가 언어와 인지의 부차적인 현상이라는 생각에 이의를 제기하는 것이다. 대신 저자는 은유가 인간의 조건에 절대적으로 근본적인 요소이며 우리는 실제로 은유를 통해 삶을 살아간다고 주장한다. 은유는 문자 그대로의 언어보다 더 근본적이다. 데이비드 리어리David Leary의 말을 인용하자면 "모든 지식은 궁극적으로 은유적(또는 비유적) 지각과 사고방식에 뿌리를 두고 있다"(Leary, 1990, 2쪽)고 한다. 이 주장은 보편적이고 자연스러운 경험에서 비롯된 것으로, 우리는 새로운 것을 접할 때 항상 이미 알려진 것과 관련지어 그것을 해석한다. 새로운 것이 단어인 경우 우리는 그것을 이해할 수 있는 다른 단어를 찾고, 사건이나 경험인 경우 우리는 그것을 이해할 수 있는 유사한 사례와 연관 지어 파악한다. 알려진 것을 통해 새로운 것을 이해하는 것은 절대적으로 필수적이다. 이 관점은 또한 문자 그대로의 언어와 은유적 언어의 차이를 상대적인 것으로 취급한다. 비록 많은 경우에서 이 두 가지를 구분하는 것이 실용적일 수 있지만, 그 차이는 결코 명확하지 않다. 이렇게 표현할 수 있다. 상징화(한 대상으로 다른 대상을 나타내는 것)하는 능력은 언어의 근간이다.

레이코프와 존슨(1980)에 따르면, 우리는 사고, 말하기, 행동 방식에 강력한 영향력을 행사하는 근본적인 은유, 즉 우리가 *개념적 은유*conceptual metaphors라고 부르는 것에 기초하여 삶을 살아간다. 이러한 은유는 궁극적으로 우리 신체의 경험과 주변 환경과의 상호작용에 뿌리를 두고 있다. 간단한 예로 "위는 좋고, 아래는 나쁘다"는 개념적 은유는 "최근 일이 내리막길로 접어들었다", "그는 높은 업무 능력을 갖고 있다", "회의 분위기가 상당히 가라앉아 있었다"와 같은 표현의 핵심에 있는 것으로 추정되며 "엄지 척thumbs up" 또는 "엄지 내림thumbs down" 같은 제스처의 의미를 설명한다.

개념적 은유의 또 다른 예로는 '여정으로서의 삶'이라는 표현인데, "당신은 갈림길에 섰다", "우리의 길은 교차했다", "교육은 인생에서 중요한 출발점이다", "여기까지 오게 되어 기쁘다"(종종 직업 생활과 관련하여 사용되는 표현들)와 같이 쓰인다. 다른 예는 다음과 같다.

- 논쟁은 전쟁이다.("너의 입장은 전혀 방어할 수 없어", "그의 주장은 쉽게 격파할 수 있었어", "그녀는 내 의견을 계속 공격했어.")
- 인생은 게임이다.("내가 성공할 확률은 낮아", "내가 내 카드를 제대로 사용한다면……", "그녀는 재수 없게 걸렸어.")
- 아이디어는 물건이다.("다음 회의 때 그거 가져와", "그거 좀 그만 내려놓을래?")
- 아이디어는 음식이다.("나는 그것을 삼키기 힘들어.", "그건 내 이빨로 물을 만한 것이었어.")
- 아이디어는 상품이다.("너는 그걸 그에게 팔아야 할 거야.", "네 아이디어는 완전히 쓸모없어.")
- 이론은 건물이다.("그것은 모래 위에 세워진 이론이었어.", "그게 바로 당신의 이론이 땅으로 무너지는 곳이야.", "그것이 전체 이론의 기반이야.")
- 마음은 기계이다.("그는 나사가 풀렸어", "나는 완전히 녹슨 것 같아", "낡은 톱니바퀴가 작동하는 것 같아")
- 영향력은 물리적 힘이다.("나는 압력을 견딜 수 없었어", "그녀가 했던 말이 나에게 큰 충격을 줬어", "그리고 그 폭탄선언에 대해……")

따라서 이러한 연구자들과 이론가들은 은유가 문자 그대로의 의미를 나타내는 비유가 아니라 우리가 삶을 경험하는 방식, 사고하는 방식, 자신을 표현하는 방식에 영향을 미치는 일종의 "집단 잠재의식"이며, 따라서 언어적이라기보다는 개념적이라고 주장한다. 대부분의 연구는 비유를 파악하고, 언어와 언어 지역을 비교하고, 어떤 형태로든 경험적 연구를 하는 데 전념하고 있다(종합적인 설명은 Gibbs, 2008 참조). 은유는 추상적이고 모호한 현상에 대해 이해하고 이야기하려는 인간의 필요에 기반하며, 따라서 보다 구체적이고 명확한 경험을 그 현상에 투영한다고 가정한다.

많은 실험 연구의 대상이 되어온 보편적인 개념의 한 예로는 우리가 공간적 측면에서 시간을 언급하는 방식을 들 수 있다(Boroditsky, 2000). 우리는 마치 우리가 시간을 기준으로 움직이거나("우리는 더 나은 날을 향해 가고 있다") 시간이 우리를 기준으로 움직이는 것처럼 말한다("곧 여름이 올 것이다"). 우리의 구체적인 경험에 따르면 사물은 특정 방향으로, 지속적으로 변화하며 "시간"에 방향이 있다는 생각은 모든 문화에 공통적으로 나타난다. 따라서 공간적 은유를 통해 시간을 언급하는 것은 실제 사용되는 공간적 은유는 다를지라도 어디에나 있는 문화 현상인 것처럼 보인다. 시간은 어떻게 움직일까? 앞으로? 뒤로? 위아래로 움직일까? 다양한 문화와 언어 그룹에 대한 연구에 따르면 여기에는 다양한 차이가 있다. 영어(및 스웨덴어)에서는 일반적으로 시간이 우리를 기준으로, 수평으로 움직이는 것처럼 말한다("최고의 시절이 우리 앞에 있다"). 가장 많이 사용되는 중국어인 표준 중국어에서는 시간이 수직으로 움직이는 것처럼 말한다(다음 달은 "아래에", 전 달은 "위에")(Boroditsky, 2001). 하지만 두 언어의 공통점은 공간적 은유를 사용한다는 점이다. 우리는 또한 아이디어를 사물로, 조직을 식물처럼 말한다("우리 회사는 빠르게 성장하고 있다"). 이를 통해 우리는 근원 현상은 흔히 더 실재적이고 표적 현상은 추상적이거나 상대적으로 또렷하지 않다는 것을 추론할 수 있다. 이제 정신 치료적으로도 중요한 의미가 있는 이러한 영역에 대해 살펴보겠다.

▌개념적 은유와 감정

언어 분석가들에 따르면 은유의 표적이 되는 분야 중에는 우리의 다양한 감정 상태와 경험도 포함되어 있다. 그런데 우리의 감정이 공간에서 다른 위치나 장소를 취할 수 있는 것처럼 "감정 상태state"라는 용어에 주목해 보라. 이는(다시 말하자면! 글에 슬쩍 들어가는 [!] 모든 은유를 지적하면 *너무 지겹게/구역질 나게* 만들 것 같아서 그만두어야 할 것 같다) 감정은 더 실재적이거나 또렷한 많은 외부 사물보다 파악하거나 정의하기 어렵다는 사실과 관련이 있다고 가정한다(Kövecses, 2002). 이 분석은 스키너가 "사적인 사건"이라고 부르는 것에 대해 우리가 말하는 방식을 배우는 것에 대해 그가 내린 분석과도 유사하다. 이에 대해서는 3장에서 다시 다루겠다. 하지만 현대 언어학 연구는 우리가 감정에 관해 이야기하는 방식이 바로 이런 방식으로 작동한다는 데 의견이 일치한다. 감정보다 더 실재적이고 더 잘 정의된 현상들이 감정을 목표로 하는 은유의 원천으로 사용된다. 이와 관련하여 수행된 대부분의 연구는 감정과 관련된 수백 개의 은유 기반 표현이 있는 영어에 관한 것이다. 나의 언어인 스웨덴어도 마찬가지이다. 스웨덴에서는 두려움으로 "얼음장처럼 차갑다", 분노로 "끓어오른다", 환희로 "우주로 날아간다", 기쁨으로 "가득 차거나" 슬픔으로 "무겁다", 그리고 "흔들린다", "감동한다", "다운된다(낙담한다)", 호기심으로 "얼얼하다", 자부심으로 "부풀어 오른다", 그리고 "공허하다"고 느낀다고 표현한다. 우리는 웃음을 터뜨리고, 분노를 분출하고, 사랑을 배고파하고, 흥미에 불타오르고, 기쁨에 떠오르기도 한다.

이러한 일상적이고 은유적인 감정 표현 방식에 대한 현대 언어학적 분석은 이러한 언어가 비유적 표현일 뿐만 아니라 우리가 사고하고 행동하는 모델을 제공하는 개념적 은유에 기반한다고 주장한다. 이러한 기본적인 개념적 감정 은유 중 하나는 감정은 힘이라는 것이다(Kövecses, 2010). 이는 라틴어에서 '~에서, ~로부터'(e)와 '움직이다movere'를 뜻하는 단어, 즉 움직이는 무언가로부터 유래하는 것이라고 하는 감정이라는 단어의 어원에서도 암시된다.(스웨덴어로 "정신적 움직임"을 뜻하는 단어sinnesrörelse는 이 점을 더욱 명확하게 보여 준다!)

언어 텍스트에서 자주 논의되는 한 가지 문제는 이러한 개념적 은유가 보편적인지 아니면 특정 언어 또는 어족에 한정된 것인지에 정도이다(Schnall, 2014). 개념적 은유가 우리 몸의 경험과 우리가 주변 환경과 상호작용한다는 사실에 기반한다는 이론이 적어도 어느 정도는 보편적이라는 점을 암시한다. 이를 설명하는 많은 연구가 있다.

"분노는 억압된 압력"이라는 개념적 은유는 "감정은 힘이다"라는 주제의 변형으로, 여러 언어에서 많은 연구의 대상이 되어 왔다. 영어와 스웨덴어 모두에서 우리는 분노로 끓어오르고 폭발하며, 부글거리고, 분노를 억누르려고 애쓰고, 분노를 폭발시킬 수 있다. 연재만화에서 분노는 종종 인물의 귀에서 무언가(증기? 연기?)가 나오는 작은 구름으로 묘사되며, 마치 억눌렸던 압력이 갑자기 머리에서 분출하는 것처럼 묘사된다. 이러한 유형의 개념적 은유(분노는 억압된 압력)는 앵글로-노르딕어와 관련이 없는 다른 많은 언어에서도 볼 수 있다. 헝가리어, 중국어, 일본어, 타히티어, 월로프어(서아프리카에서 사용되는 언어)는 이러한 방식으로 분노를 은유한다(Kövecses, 2002). 모든 개념적 은유가 보편적이라고 주장할 수는 않지만, 감정 상태를 묘사하는 것을 포함하여 많은 개념적 은유가 매우 널리 퍼져 있다. 이러한 상대적 편재성이 단순히 언어의 전파 때문이라고 주장할 수도 있지만, 가장 유력한 원인으로 여겨지는 것은 우리 몸과 그 생리적 기질에 대한 우리의 경험이다.

따라서 감정은 우리가 은유의 도움을 받아 자주 말하는 영역이다. 그리고 감정이 정신 치료의 중심이 되는 경우가 많다는 사실 때문에 우리가 서로 의사소통하는 다른 많은 상황보다 정신 치료 대화에서 은유가 더 자주 사용되는 것으로 생각할 수 있다. 말하자면 감정은 은유의 대상을 논의해야 할 것으로 만든다.

개념적 은유와 제스처

앞서 개념적 은유는 음성 언어와 사고뿐만 아니라 제스처와 같은 다른 종류의 인간 행동에도 영향을 미친다고 언급했다. 엄지손가락을 위로 뻗으면서 다른 손가락을 손바닥 안으로 접는 동작("엄지척")은 "좋다"를 나타내는 거의 보편적인 제스처이다(Müller & Cienki, 2009). 그것이 모든 언어에 공통적이지는 않지만, 그것의 개념적 반대("아래가 좋다")는 어디에도 존재하지 않는다(Lakoff, 1993). 다시 말하자면, 이 개념적 은유와 그것의 다양한 구체적인 표현의 배경에는 태곳적부터 우리가 공유해 온 물리적 세계에 대한 경험, 즉 액체를 그릇에

붓거나 물건을 더미에 모을 때 "더 많을수록 올라간다"는 매우 실제적인 감각이 있다고 가정할 수 있다. 우리가 더 많은 것을 원하는 것은 좋은 것이므로 "위로 올라가는 것이 좋다"는 것이다.

    최근 언어학자들은(광고, 영화, 선전물 등의) 물리적 이미지와 제스처를 통한 인간의 의사소통과 이러한 의사소통 방식이 언어와 어떻게 상호 간에 달라지는지 연구하기 위한 시도를 해왔다(Cienki & Müller, 2008; Forceville, 2009). 이러한 연구들은 또한(특정 커뮤니티에서 또는 더 일반적으로) 공유된 은유가 내포되어 있으며 언어와 같은 방식으로 이미지 사용과 제스처 모두에 효과적으로 영향을 미친다는 개념을 뒷받침하는 것처럼 보인다. 제스처와 "보디랭귀지"는 뇌의 서로 다른 영역에서 비롯될 정도로 말이나 글과는 근본적으로 다른 의사소통 수단이라고 흔히들 말한다. 언어 연구와 최근의 뇌 연구 모두 그렇지 않다는 점을 시사한다(Cardillo 외., 2012; Giora, 2008; Yus, 2009). 말과 제스처 모두에서 동일한 개념적 은유를 추적할 수 있으며, 일반적으로 은유의 사용은 문자 그대로의 언어와 구별되기보다는 겹치는 것처럼 보인다. 은유와 문자 그대로의 언어에 대한 뇌의 중추가 다르다는 이론은 시대에 맞지 않으며(Coulson, 2008), 이는 문자 그대로의 언어와 은유적 언어 사이의 고전적 구분이 실제로 거의 관계가 없음을 의미한다.

    현대 언어학 연구는 특히 은유 사용과 관련하여 제스처와 언어가 상호작용할 수 있는 다양한 이론적 방식을 설명한다(Müller, 2008; Cienki & Müller, 2008).

- 말하기 표현과 동시에 나타나는 제스처는 동일한 은유를 반영할 수 있다(즉, 근원과 표적이 둘 다 동일한 경우). 예를 들어 누군가 "선택의 무게를 따져봐야 해"라고 말하면서 양손을 각각 동그랗게 감싸 쥔 채 구식 저울을 흉내 내듯 위아래로 부드럽게 흔드는 경우가 있다.
- 말하기 은유와 동시에 나타나는 제스처 은유는 또한 흔히 목표는 같지만, 원천이 다르다. 예를 들어 한 사람이 "너는 마치 모든 것이 흑백인 것처럼

말하는데, 조금의 회색도 있는 것 아니야?"라고 말하면서 다른 사람의 의견을 비판하는 논쟁을 할 때 양손을 뻗어 각각의 방향(왼손은 왼쪽, 오른손은 오른쪽)으로 분리하여 서로 반대로 향하게 한 다음, "조금의 회색"을 언급할 때는 손을 가까이 가져와 서로를 향해 흔드는 것이 이에 해당한다. 이 두 가지 은유 모두 상대방의 의견을 표적으로 하지만, 음성 은유는 대비되는 색조(검은색, 흰색, 회색)를 원천으로 하고 제스처 은유는 공간을 근원으로 한다.

- 물론 말하기 은유와 제스처 은유는 서로 독립적으로 사용될 수도 있다. 은유적으로 제스처를 취하지 않고도 은유적으로 말할 수 있는 것처럼 문자 그대로 말하면서 은유적으로 제스처를 취할 수도 있다. 예를 들어 누군가가 검지로 앞에 있는 가상의 물체("사물과 같은 아이디어")를 가리키면서 "너는 내가 뭘 말하는지 정확히 알고 있어"라고 말하는 경우를 들 수 있다.

제스처와 그것이 인간의 의사소통에서 차지하는 위치에 대한 연구는 그 자체로 광범위한 분야이며 정신 치료적 의사소통과도 관련이 있을 가능성이 높다. 그러나 이에 대해 더 깊이 탐구하는 것은 이 책에서 의도한 범위를 벗어난다. 제 근원에 대해 간략히 언급하는 이유는 은유가 인간의 의사소통에 얼마나 근본적인지와 은유가 언어의 특정 측면에 국한될 수 없다는 점을 설명하기 위해서이다. 실제로 은유는 언어의 근간을 이루고 있다.

인지 언어학

1980년대 이후(그리고 레이코프와 존슨의 획기적인 저서 이후) 언어, 제스처, 이미지 사용의 기초로 개념적은유이론을 채택한 언어학자들은 자신을 스스로 인지 언어학자라고 부른다(Kövecses, 2010; Lakoff, 1993). 이들은 언어학자들의 전통적 초점인 말하기보다 인지(사고)가 더 근본적이라는 점을 강조한다. 직접 관찰할 수 있는 것, 즉 우리가 은유적 언어를 사용하거나 특정한 방식의 제스처를 취하는 것의 기저에 내재된 구조가 존재한다고 여기는 개념적 은유를 강조하는 이유도 여기에 있다. 이 저자들은 역사적으로 언어학을 지배해 온 것, 즉 구체적으로 발화된 언어를 면밀하게 분석하는 것에 직접적으로 반론하는 경우가 일반적이다. 그들은 "은유는 사실상 언어적이지 않고 근본적으로 개념적이다", "은유의 중심은 언어에 있는 것이 아니라 우리가 한 정신 영역을 다른 정신 영역의 관점에서 개념화하는 방식에 있다"(Lakoff, 1993, 203, 244쪽), "따라서 우리는 개념적 은유와 은유적 언어 표현을 구별해야 한다"(Kövecses, 2010, 4쪽)와 같이 쓴다. 그들은 구체적인 은유적 표현을 바탕에 있는 개념적 은유의 표면적 징후로 설명한다. 실제로 발화된 은유는 이러한 기본 구조의 존재를 넌지시 드러내며, 이는 그들의 분석의 중심이 된다.

이 관점의 범위 내에서 개념적 은유는 인지 이론가들이 일반적으로 *도식schemata* 또는 *정신 표상mental representations*이라는 용어를 사용하는 방식과 대체로 일치하는 방식으로 설명된다. 그들은 사람들이 말하거나 행동하는 것을 관찰하고 직접 관찰할 수 있는 것을 통제하는 것으로 추정되는 기본 구조를 상정한다. 인지 이론 전반과 마찬가지로 인지 언어학자들은 최근 신경생물학의 도움을 받아 이러한 추정된 기본 구조를 설명하기 위해 신경생물학에 접근하고 있다(Lakoff, 2008).

행동 분석적 관점에 익숙한 독자라면 그것이 위의 가정과 충돌한다는 사실을 알고 있을 것이다. 행동 분석가들은 인간 행동의 설명 모델로서 내적 구조에 대한 상정을 어떻게 거부했는지 나와 다른 많은 사람들이 이미 설명한 바 있으므로(Ramnerö & Törneke, 2008; Skinner, 1974; Törneke, 2010; Wilson, 2001), 그것을 전부 다시 살펴보는 대신 다른 설명을 추구하는 실용적인 근거만 인용하겠다. 우리가 정신 치료를 추구할 때 은유를 사용하여 이해하고 영향을 미치려고 한다면 우리가 집중해야 하는 것은 실제로 행하고 말하는 것, 우리가 관찰할 수 있는 것이다. 왜냐하면 그것이 우리가 직접 접근할 수 있는 전부이기 때문이다.

행동 분석이 인지 언어학의 이론적 가정에 비판적일 만한 충분한 이유가 있지만, 그렇다고 해서 이러한 학자들이 설명하는 현상을 반드시 간과해야 한다는 의미는 아니다. 설명 모델과 그들이 설명하려는 현상은 별개의 문제이다(Fryling, 2013). 그리고 인지 언어학자들이 설명하는 현상은 견고해 보인다. 사람들은 인지 언어학자들이 설명하는 방식으로 은유를 사용하며, 이러한 은유 사용은 우리가 삶을 경험하는 방식에 핵심적인 것처럼 보인다. 구두로든 다른 방식으로든 우리가 서로 의사소통하는 방식은 은유에 의해 매우 많은 지배를 받는다. 감정 및 기타 "내적" 현상에 대해 말하는 것과 같이 정신 치료와 특히 관련이 있는 영역에서도 은유가 특히 두드러지게 나타난다. 행동 분석은 자신과 출발점이 다른 연구를 무시하는 역사적 경향이 있다. 나는 이것이 실수이며 우리를 쉽게 잘못된 방향으로 인도한다고 생각한다. 오히려 자신과 다른 관점에서 현상을 관찰하고 행동 분석적 접근이 과학적 발전에 얼마나 많이 기여할 수 있는지 살펴보는 것이 중요하다.

은유의 효과

은유가 우리에게 미칠 수 있는 강력한 영향을 보여 주는 일련의 실험에 대한 간략한 설명으로 첫 장을 마무리하겠다. 2011년과 2013년에 티보도와 보로디츠스키는 수백 명의 사람들에게 가상의 도시(애디슨)에 대한 짧은 이야기를 들려주는 실험을 했다. 이 도시는 몇 년 전까지만 해도 번영했던 것으로 묘사되었지만 이후 범죄율이 증가하기 시작했다. 한 그룹에 제시된 텍스트는 "범죄는 도시를 황폐화하는 바이러스······"로 시작한 후 범죄율 증가에 대한 통계로 상황을 설명하고, 다른 그룹에 제시된 텍스트는 "범죄는 도시를 황폐화하는 짐승······"으로 시작한 후 첫 번째와 동일한 통계가 제시되었다. 참가자들은 텍스트를 읽은 후 애디슨에서 범죄를 줄이기 위한 대응 방안 정책에 대한 두 가지 질문에 답하도록 요청받았다. "여러분이 생각하기에 애디슨이 범죄율을 줄이기 위해 어

❶ 은유란 무엇인가?

떤 조치를 해야 한다고 생각하십니까?" 그리고 "애디슨에서 경찰이 어떤 역할을 해야 한다고 생각하십니까?" 두 그룹의 답변에는 분명한 차이가 있었다. 예를 들어 개방형 질문에 "짐승" 그룹의 81%가 경찰을 증원해야 한다고 답했지만, "바이러스" 그룹은 31%에 불과했다. 동일한 실험의 참가자들에게 조사할 분야에 대해 질문하고 경제적 복지 향상/교육 개혁과 가혹한 징역형/경찰 순찰 강화 중 하나를 선택하게 했을 때도 두 그룹 간의 차이는 똑같이 현저했다. 일반적으로 범죄를 "짐승"으로 은유적으로 표현한 것은 범죄자를 체포하고 수감하자는 제안으로 이어진 반면, 범죄를 "바이러스"로 은유적으로 표현한 것은 원인을 찾고 사회 지향적인 해결책(빈곤 감소 및 교육 개선)을 제안하도록 유도했다.

 연구진은 또한 참가자들에게 그들의 제안에 영향을 준 것이 무엇인지 말해 달라고 요청했다. 은유적 표현을 언급한 사람은 소수에 불과했다. 두 그룹 모두 대다수는 텍스트에 제시된 통계를 언급했다(네 번째 단어를 제외하고는 두 그룹 모두 동일한 내용). 일부 보조 연구에서는 참가자들로 하여금 그들이 읽은 텍스트에서 누락된 단어를 채우도록 하여 은유에 대해 명시적으로 질문했다. "범죄는 도시를 황폐화하는……" 참가자의 약 절반이 그들이 읽은 은유("바이러스" 또는 "짐승")를 떠올릴 수 있었지만, 그렇게 할 수 있는지는 제시된 범죄 감소 방안에 대한 답변과 상관관계가 없었다. 연구진은 은유의 영향은 참가자들이 은유를 의식적으로 인지했는지 여부와 무관하다는 결론을 내렸다.

 또 다른 후속 실험도 언급할 가치가 있다. 여기서 연구자들은 텍스트를 구별하는 유일한 단어가 포함된 첫 문장을 맨 끝으로 옮겼다. 그 결과 후속 실험에서 나타난 두 그룹 간의 반응 차이가 사라졌다.* 이를 통해 연구진은 입증된 효과가 참가자들이 질문에 답할 때 단순히 연상한 것에 의존한 것이 아니라(만약 그렇다면 현재 중시 효과가 더 분명했을 것이다), 처음에 주어진 은유가 전체 이야기를 읽고 이해하는 데 영향을 미친다는 결론을 내렸다. 레이코프와 존슨이 말

---

*각 실험마다 다른 참가자를 사용했다.

한 바와 같이, 참가자들은 은유를 토대로 글을 읽고, 이해하고, 표현했다.

다른 실험에서도 은유 사용과 그 밖의 행동에 미치는 영향에 대해 비슷한 결과가 나왔다. 한 예시 연구에서 연구진은 참가자들에게 현재 주식 동향에 대한 논평을 읽게 하고, 능동적인 "행위 주체agent" 은유("주가가 더 높이 올라갔다")나 수동적인 "객체object" 은유("주가가 떠밀려 올라갔다")를 사용하여 주가가 상승하는 것으로 설명하도록 했다. 그러자 참가자들이 미래 주가를 예측해야 할 때 "행위 주체agent" 그룹에 속한 사람들이 "객체object" 그룹에 속한 사람들보다 주가가 계속 상승할 것이라고 말할 가능성이 더 높다는 것이 드러났다(Morris, Sheldon, Ames, & Young, 2007).

결론

은유는 전통적으로 생각했던 것보다 언어와 인지에 더 근본적인 요소이다. 은유는 시인이나 수사학자들이 사용하는 "언어적 장식"이 아니라 언어와 인지 전반을 구성하는 요소이다. 우리는 은유의 사용을 통해 현저하게 영향을 받는 방식으로 서로 그리고 주변 환경과 끊임없이 통합된다. 우리는 이러한 은유를 "기반으로 살아가고" 있으며, 은유는 우리의 행동을 지배한다. 현대 언어학은 이 현상의 구조와 메커니즘에 대한 상당한 지식을 포함하고 있으며, 우리가 1980년대 이후 언어 연구를 지배해 온 이론적 전제와는 다른 이론적 전제를 두고 있더라도 그 분석에서 배울 것이 많다. 행동 분석이 이 장에서 설명한 현상학적 분야를 어떻게 다룰 수 있는지 다시 설명하겠지만, 그 전에 위에서 설명한 관점에서 벗어난 언어 연구의 일부에 대해 잠시 시간을 할애하겠다. 오늘날 여러 면에서 행동 분석의 주장과 일치하는 입장을 취하는 언어학자들이 있다는 것이 밝혀졌기 때문이다.

Chapter
02

맥락 속 은유
Metaphors - in Context

일반적으로 인지 언어학, 특히 개념적은유이론은 구체적인 은유적 표현이 사용되는 맥락과는 무관해 보이는 가정된 "은유 스키마metaphor schema"에 초점을 맞추고 있다. 인지 연구는 실제로 사용되는 은유를 조사하지만, 주로 가정되는 근본적인 개념적 은유의 징후를 확인하기 위해 그렇게 한다. 따라서 현실적으로는 은유 사용에 영향을 미친 것과 이것이 인간 상호작용에 미치는 영향과 같이 실제로 사용되는 은유적 표현과 관련된 중요한 요소를 간과할 위험이 있다. 일반적인 은유적 패턴이나 주제를 설명하는 것과 사람들이 실제로 은유를 사용하는 방식을 연구하는 것 사이에 반드시 충돌이 발생하는 것은 아니다. 그러나 최근 몇 년 동안 많은 언어학자들은 개념적은유이론이 실제로 사용되는 은유와 은유가 사용되는 상황을 분석하는 도구를 제공하지 않기 때문에 제한적이고 불완전하다고 주장해 왔다. 이제 이러한 의견에 대해 좀 더 자세히 살펴보도록 하겠다.

인간 상호작용에서의 은유

은유는 다른 구절이나 제스처뿐만 아니라 사회적, 문화적, 의사소통적 맥락과도 연관되어 사용된다. 다른 형태의 의사소통과 마찬가지로 은유의 사용은 결코 맥락과 무관하지 않다. 가장 기본적인 맥락은 개인 간의 상호작용이다. 동일한 은유를 사용하는 다음 두 가지 상황을 살펴보자.

두 명의 동료가 직장에 대해 이야기하고 있다. 첫 번째 동료는 "나는 여기서 우리가 발언권을 갖지 못하는 것이 정말 싫어. 폴은 항상 모든 것을 결정하고 나머지 우리는 시키는 대로만 해야 하잖아."라고 말한다. 다른 동료는 "맞아, 폴은 틀림없이 이 배의 선장이야."라고 대답한다.

이를 첫 번째 사람이 "최근 여기가 꽤 혼란스러웠는데 폴이 상황을 잘 파악하고 있어서 다행이야"라고 말하고 두 번째 사람이 "맞아, 폴은 틀림없이 이 배의 선장이야"라고 대답하는 것과 비교해 보라.

두 가지 예에서 동일한 은유(선장으로서의 폴)가 사용되었지만 서로 다른 것을 나타낸다. 은유는 그것이 어떻게 구성되었는지에 따라 의미를 얻을 뿐만 아니라 은유가 사용되는 맥락도 청자에 대한 기능에 영향을 주며, 따라서 그 의미를 받아들이는 데에도 영향을 미친다. 이 두 가지 예에서 은유의 근원(배의 선장)은 두 가지 다른 기능을 가지고 있다. 첫 번째 예에서는 의사 결정권자이자 이의를 제기할 수 없는 지도자로서 선장의 역할이 부정적으로 부각되는 반면("그는 우리에게 강압적이야, 우리는 영향력도 없고, 자유도 없어"), 두 번째 예에서는 같은 은유임에도 불구하고 수완이 좋은 지도자, 심지어 구원자로서 해야 할 역할이 긍정적으로 해석된다("그는 일이 잘 굴러가게 해, 우리가 이 모든 것을 극복하게 해줄 거야"). 따라서 은유에 의미를 부여하는 것은 은유의 근원과 표적뿐만 아니며 은유가 사용되는 맥락도 그 의미에 중요한 기여를 한다(Ritchie, 2006; Wee, 2005).

개념적은유이론은 여러 가지 면에서 언어학 연구에 도전장을 내밀었다. 언

❷ 맥락 속의 은유

어학이라는 과학 분야는 사람들의 실제 말하기 방식을 연구하는 분야이므로 언어학에서의 은유 연구는 은유가 인간 언어의 특징으로서 어떻게 사용되는지에 초점을 맞춰 왔다. 인지 언어학은 화자가 인지하지 못하는 사이에 자동으로 작동하는 것으로 추정되는 인지 구조에 초점을 맞췄다. "최근 물가가 올랐다"라거나 "그는 학업 뒤처져 있다"고 말할 때, 우리가 의도적으로 "오를수록 좋다" 또는 "여정으로서의 삶"이라는 은유적 용어로 의미를 표현하려고 선택한 것은 아니다. 우리는 이러한 은유를 당연한 것처럼 말한다. 최근 인지 언어학 전반과 특히 개념적 은유에 의문을 제기한 언어학자들은 이러한 사실이나 레이코프와 존슨의 연구 결과의 중요성을 부정하지 않는다. 그러나 그들의 사고방식에 따르면, 근본적인(또는 대단히 중요한) 추상화된 은유에 대한 강조는 실제 은유적 표현과 그 표현이 사용되는 맥락을 연구함으로써 얻을 수 있는 것을 놓치게 만들 위험이 있다. 여러 면에서 이러한 강조는 행동 분석이 구체적인 행동과 이러한 행동이 발생하는 맥락에 초점을 맞추는 것과 자연스럽게 연관되어 있다. 문제의 핵심은 맥락의 중요성과 실제 말로서 "은유화"하는 것이다. 나는 다학제적 분석의 필요성, 언어가 사고에 미치는 영향, 결과물이자 과정으로서의 은유, 죽은 은유의 부활, 의도적인 은유 사용이라는 다섯 가지 주제로 이러한 관점의 중요한 시사점을 제시할 것이다.

▍학제 간 분석의 필요성

쾨베체시(2002, 2010)뿐만 아니라 레이코프와 존슨이 고안한 인지 언어학은 개념적이라고 하는 은유의 형태로 가정된 인지 스키마를 상당히 강조한다. 따라서 이러한 은유의 표현은 우리가 생각하고 행동하는 방식을 지배한다고 가정하기 때문에 매우 중요하다. 이러한 은유는 쉽게 "(돌에 새겨진 것처럼) 변경 불가능한 것carved in stone"이 된다. 예를 들어 "논쟁은 전쟁이다"라는 개념적 은유를 생각해 보자. 우리는 종종 그러한 은유를 당연한 것처럼 표현한다. "그녀는 그의 주장을 공중에서 저격했다", "그는 논쟁에서 모든 상대를 짓밟았다", "우리는 정면 공격으로 토론을 시작했다" 등등. 하지만 이것이 반드시 전쟁이라는 개념을 근원으로 삼고 있다는 것을 의미할까? 이러한 관용적인 표현이 사용될 때, 개념적 은유가 상호작용에 영향을 미치고 있다는 것은 자명할까? 전쟁을 직접 접하지 않고 말다툼이 흔하고 비디오 게임을 통해서만 전쟁을 경험하는 환경에서 자란 어린이가 있다고 상상해 보자. "그는 상대를 모두 짓밟았다"와 같은 표현은 실제 전쟁을 근원으로 한 은유와는 다르게 해석될 것이라고 가정하는 것이 합리적이지 않을까(Steen, 2011)? 중심적이고 추상화된 은유적 주제조차도 다양한 역사적, 맥락적 요인의 영향을 받아 시간이 지남에 따라 변화하는 역사적 발전을 가정하는 것이 더 합리적이지 않을까(Gentner & Bowdle, 2008)?

역사적, 사회적, 문화적 지식은 우리가 은유를 이해하고 사용할 때 지나치게 단순화하는 것, 즉 개념적은유이론이 환원주의가 될 위험에 처하는 것을 방지하는 데 중요한 역할을 하는 것 같다. 우리는 우리가 듣는 것과 전혀 다른 것을 표현할 수 있는 비유에 너무 많은 의미를 부여할 위험이 있다. 은유적 표현 방식도 의사소통의 필수적이고 본질적인 부분이라면, 우리가 해왔던 과학적 분석에서 벗어날 수 있다. 이와 같은 주장의 또 다른 측면은 은유의 근원이 종종 인간의 신체와 환경과의 구체적인 상호작용에서 비롯될 수 있다는 중요한 관찰이 환원주의적일 수 있다는 것이다. 이러한 관찰은 특정 은유의 근원이 무엇인지 파악하려고 할 때 문화적, 개인적 요인에 주목하지 못하게 할 우려가 있다.

신경생물학적 환원주의도 비슷한 위험을 안고 있다. 일반적인 인지 이론과 마찬가지로 인지 언어학자가 신경생물학적 설명 모델로 나아가는 단계는 어렵지 않다(Lakoff, 2008). 신경생물학이 은유의 사용을 적절하게 포함하여 인간 행동을 이해하는 데 중요한 기여를 하고 있음은 두말할 여지가 없다. 그러나 동시에 신경생물학의 주로 지배적인 입장은(인간의 모든 것을 뇌 기능으로 환원하는) 환원주의에 빠지게 할 수 있다. 그리고 이는 우리가 서로 및 환경과 상호작용하는 방식과 이것이 은유를 사용하는 방식에 미치는 영향에 대한 중요한 과학

❷ 맥락 속의 은유

적 이해로부터 멀어지게 할 수 있다(Ritchie, 2006; Steen, 2011).

인간의 행동을 근본적으로 형성하는 근원적이거나 핵심적인 은유적 주제를 의미하는 개념적은유이론은 환원주의적일 필요는 없다. 하지만 구체적인 역사적 맥락에서 사람들이 실제로 은유를 어떻게 사용하는지를 연구하여 보완할 필요가 있다.

언어가 사고에 미치는 영향

인지 언어학에서 사고는 말하기에 우선한다. 동시에 우리가 사용하는 언어가 우리의 사고와 일반적인 행동에 큰 영향을 미친다는 것을 보여 주는 수많은 경험적 연구 결과가 있다. 이 연구의 일부는 은유에 초점을 두고 있다. 1장에서 언급했듯이 사람들은 흔히 시간 개념을 공간적 은유와 관련지어 파악한다. 과거는 우리 뒤에 있고 미래는 우리 앞에 있으며, 적어도 영어(와 스웨덴어)에서 가장 일반적으로 시간은 수평축(뒤/앞, 왼쪽/오른쪽)에 놓여 있다. 그러나 나침반의 방위와 같은 고정된 외부 좌표나 해당 언어 집단의 전통적인 서식지를 묘사하는 강과 같은 환경의 영구적인 특징을 기준으로 시간을 이해하는 언어 집단도 있다(Fedden & Boroditsky, 2012). 중국어는 영어처럼 수평축을 따라 시간이 지나가는 공간 은유와 미래는 아래로, 과거는 위로 향하는 수직축의 공간 은유를 모두 사용한다. 반복된 연구에 따르면 영어만 사용하는 사람들은 비언어적 실험에서도 시간을 수평으로 움직이는 것처럼 인식하고, 중국어가 모국어인 사람들은 시간을 수직으로도 움직이는 것처럼 인식하는 것으로 나타났다. 예를 들어, 사람들에게 사건의 진행 과정을 묘사한 이미지(과일을 먹는 단계별 사진이나 유명 인사의 나이별 사진)를 보여 주고 컴퓨터 화면에서 커서를 가리키거나 움직여 "전후"를 표시하도록 요청하여 이를 실험할 수 있다. 또는 연구자가 참가자의 옆에 서서 두 사람이 같은 방향을 바라보도록 하고 손바닥을 위로 향하여(마치 무언가를 들고 있는 것처럼) 손을 내밀며 "이것이 점심 식사라면 아침 식사는 어디에 놓으시겠습니까?"라고 질문할 수도 있다. 또는 실험을 9월에 하고 있다면 "이것이 9월이라면 10월은 어디에 있을까요?"라고 질문할 수 있다. 그런 다음 참가자에게 말없이 몸짓으로 대답하도록 지시하고 연구자는 참가자가 이해하고 있는 시간의 "이동" 방향을 기록한다.

이러한 실험의 결과는 사람들이 말을 하지 않을 때도 언어적 관습에 따라 시간의 경험과 상호작용한다는 것을 보여 준다(Fuhrman, McGormick, Chen, Jiang, Shu, Mao, & Boroditsky, 2011). 또 다른 일련의 실험에서 퍼먼과 동료들은 중국어와 영어를 모두 구사하지만 서로 다른 수준의 숙련도를 가진 여러 그룹의 사람들을 조사했다. 그 결과, 중국어에 유창할수록 시간을 수직축으로 여길 가능성이 높다는 사실을 발견했다. 두 언어에 모두 능통한 사람들을 대상으로 실험을 진행했을 때, 연구진은 실제 실험 상황(예를 들어 지시를 내릴 때)에서 연구자가 사용하는 언어가 실험 결과에 영향을 미친다는 사실도 발견했는데, 연구자가 영어를 사용하는 경우 참가자들은 시간이 수평축에서 움직이는 것처럼 행동할 가능성이 더 높았고, 연구자가 중국어를 사용하는 경우 참가자들은 시간을 수직적인 현상으로 인식할 가능성이 더 높았다. 이러한 현상은 상이한 각 언어권의 이미지와 같은 다른 맥락적 요인에 의해서도 영향을 받을 수 있다.

문법적 관행과 같은 구어의 다른 요소를 조사하여 그것이 사고에 얼마나 영향을 미치는지 살펴보는 실험도 있다(Boroditsky, Schmidt, & Phillips, 2003; Fausey & Boroditsky, 2011). 한 가지 예로 성별과 관련된 서로 다른 관행을 들 수 있습니다. 스페인어와 독일어에서는 명사에 성별이 있으며, 일부는 여성형이고 다른 일부는 남성형이다. 연구진은 독일어에서는 여성형이고 스페인어에서는 남성형인 단어, 그리고 그 반대에 해당하는 단어를 선택한 다음(한 언어 또는 다른 언어를 사용하는) 참가자들이 특정 대상과 어떻게 상호작용하는지 연구했다. 그 결과, 두 언어 그룹 중 한 언어 그룹에 대상의 속성을 명시하도록 요청할 때 문화적으로 더 남성적인 형용사는 남성적인 성별의 대상에, 더 여성적인 특성은 여성적인 성별의 대상에 부여된다는 사실을 발견했다. 간단히 말하자면,

❷ 맥락 속의 은유

스페인어를 사용하는 사람들은 열쇠를 여성적인 것으로, 다리를 남성적인 것으로 간주하고 대상을 다양한 방식으로 연관시키지만, 독일어를 사용하는 사람들은 다리와 열쇠를 그 반대로 인식한다. 이 모든 것은 각 단어가 해당 언어에서 갖는 문법적 성별에서 비롯된 것이다. 한 가지 흥미로운 결과는 성별 일치성이 관찰력에 영향을 미친다는 것이다. 연구자들은 사람들에게 한 쌍의 사람과 사물로 구성된 사진을 보여준 다음 사람과 사물 사이의 유사점을 설명하도록 요청했는데, 그 사진의 한 장은 남성 또는 여성으로, 다른 한 장은 해당 사람의 성별과 같거나 반대의 문법적 성별을 가진 사물로 구성되어 있었다. 그런 다음 성별과 관계없이 두 사진 사이에 유사점이 나타나도록 사진을 배열했다. 이를 통해 연구진은 사람들이 성별이 일치할 때 그렇지 않을 때보다 유사점을 훨씬 더 잘 알아차린다는 사실을 입증했다.

언어마다 다른 문법적 차이도 우리에게 영향을 미치는 것으로 생각된다. 예를 들어, 영어와 스페인어에서는 흔히 사고에 대해 묘사하는 문법적 관행이 서로 다른데(영어에서는 사고에 연루된 사람을 능동태로 표현하는 경우가 많지만, 스페인어에서는 보통 수동태로 표현), 이는 기억에도 영향을 미치는 것으로 나타났다. 우리는 어느 정도는 우리가 사용하는 언어에 따라 주어진 일련의 사건에서 서로 다른 것을 기억한다(Fausey & Boroditsky, 2011).

따라서 구체적인 말, 즉 우리가 사용하는 언어는 단순히 생각을 표현하는 도구가 아니다. 반대로 우리가 생각하는 것과 행동하는 방식이 구체적인 언어적 관습에 의해 형성된다.

▌과정과 결과물로서의 은유

일반적인 개념적 은유를 연구하다 보면 결과물로서의 은유, 즉 그 내용에 초점을 맞추기 쉽다. 누군가 "판매 추세가 상승세를 타고 있다"거나 "그는 기량을 끌어올렸다"고 말하는 경우, 두 은유 모두 "위는 좋다"는 개념적 은유를 반영하고 있다. 그러나 이러한 것을 언급할 때마다 분석이 항상 중요한 것은 아니라고 하더라도 이러한 관찰은 많은 의문을 남긴다. 이러한 것을 발언할 때 어떤 일이 일어날까? 은유를 사용하는 것은 우리가 행하는 어떤 행동, 즉 "은유화"를 하는 것이다. 이 과정은 어떤 모습일까? 우리는 은유를 어떻게 만들까? 그리고 어떤 상황에서 어떠한 결과로 우리는 은유적으로 말하게 될까?

프랑크푸르트의 코넬리아 밀러 교수는 대표적인 언어학자이자 은유 연구자이다. 그녀는 은유를 단순히 인지적 산물로만 연구할 것이 아니라 우리가 하는 어떤 행동, 즉 인지적 활동으로 연구해야 한다고 강조한다(Müller, 2008). 그리고 이러한 인간의 활동을 이해하기 위해서는 언제 그것이 수행되는지, 언제 우리가 "은유화"를 하는지 연구해야 한다. 은유의 생성과 사용에 대한 이러한 강조를 통해 밀러 교수는 인지를 표상 과정이라기보다는 감각 운동 기능의 한 형태인 활동으로 간주하는 인지 과학의 현대 경향과 연결시킨다(Chemero, 2009; Noë, 2004). 이러한 관점은 행동 분석과 특정 역사적 맥락에서의 구체적인 행동에 대한 이해와도 일치한다. "인지 과정은 행동 과정이다. 즉, 사람들이 하는 행동이다."(Skinner, 1989, 17쪽).

죽은 은유가 되살아나다

전통적인 은유에 대한 논의는 "죽은", "얼어붙은", "화석이 된" 은유에는 관심이 덜했고, "살아있는" 은유에 초점을 맞추었다. "살아있는" 은유의 대표적인 예는 다음 시에서 사용되는 은유와 같이 하나의 실체가 예상치 못한 새로운 방식으로 다른 실체와 연결되는 새로운 은유이다. "깨어난다는 것은 꿈에서 낙하산으로 뛰어내리는 것이다."(Tranströmer, 2011, 3쪽). 죽은 은유는 너무 흔하거나 관습화되어 은유적 기능을 잃고 문자 그대로의 의미를 갖게 된 표현을 말한다. 이에 대한 명백한 예는 방금 표현이 은유적 기능을 "잃었다"고 썼을 때 사용한 단어이다. "의미를 잃었다"는 의미는 조금만 생각해 보면 적어도 은유적 뿌리를 가

❷ 맥락 속의 은유

지고 있다는 것을 알 수 있더라도 이제는 그것을 은유적이라고 생각하는 경우는 거의 없다.

개념적은유이론은 이러한 전통적인 관점을 뒤집었다(!). 이러한 "죽은" 은유는 전혀 사라진 것이 아니며 은유적 기능을 상실한 것도 아니라고 주장했다. 오히려 이 "죽은" 은유는 바로 그 은유적 특성을 통해 인간의 행동에 큰 영향을 미친다. 그것은 인간 인식의 근간이 되는 근본적이고 개념적인 은유에 기반을 두고 있으며, 그 영향력은 대부분 무의식적이거나 적어도 자발적이다. 우리 삶에 가장 큰 영향을 미치는 것은 이러한 개념적 은유이기 때문에 전통주의자들의 주장과는 달리 연구의 대상이 될 만한 것은 바로 이러한 "죽은" 은유이다.

1980년대 이후 은유에 대한 연구는 전통적 관점에서 개념적 은유 이론으로 방향을 전환했지만, 역설적으로 하나의 구분은 여전히 유지되고 있다. 즉, 굳어져 더 이상 은유로 인식되지 않는 '화석화된' 또는 '죽은' 은유와, 새롭고 '살아 있는' 은유의 이분법이다. 이들 각각의 의미에 대한 초점은 달라졌지만, 전통적인 분류 자체는 유지되어 왔다. 최근 은유 연구의 주요 성과 중 하나는, 은유가 실제 맥락 속에서 어떻게 사용되는지를 집중적으로 분석한 결과 다음과 같은 통찰을 얻게 되었다는 점이다: 이러한 이분법은 여러 면에서 허구적이라는 것이다. 실제로는, 죽은 은유조차도 일상 대화 속에서 '되살아나는' 경우가 자주 있다. 실제 대화를 분석함으로써, 죽은 은유나 관습화된 표현이 여전히 은유적 영향을 가지고 있는지를 가늠할 수 있는 단서들을 찾아낼 수 있다. 예를 들어 누군가가 "I shot his argument down in flames(나는 그의 주장을 불태워 격추시켰다)"라는 표현을 사용했다고 해서, 그 사람이 반드시 "논쟁은 전쟁이다 argument is war"라는 개념적 은유 틀을 실제로 인식하고 있다고 단정할 수는 없다. 그 표현은 단지 "내 주장이 더 논리적이었다"는 의미로 사용되었을 수도 있으며, 사용자에게는 더 이상 은유적 의미가 전혀 느껴지지 않는, 단순한 표현일 수 있다. 어떤 표현이 실제로 은유적 기능을 하고 있는지 판단하려면, 특정 상황에서 그 표현이 어떻게 사용되고 있는지, 구체적인 사례나 에피소드를 분석해야 한다. 밀러는 매우 관습화된 표현임에도 불구하고 실제로 은유적 기능이 작동한 분명한 사례를 제시하고 있다 (2008, 77쪽 이하 참조).

실제 대화에서 나온 다음 사례는 현재 40대가 된 여성의 첫사랑에 관한 것이다. 그녀는 학교 소풍에서 같은 반 남학생과 사랑에 빠졌던 이야기를 들려준다. 그녀는 당시 상황을 긍정적으로 묘사하지만, 남학생의 "우울함" 때문에 소풍이 "그늘졌다"고 말한다. 그녀는 "우울함"이라는 단어를 말할 때, 펼친 오른쪽 손바닥을 아래쪽으로 무언가를 누르듯이 움직인다. 그녀는 이 제스처를 두 번 반복한다. 밀러는 두 가지를 주목한다. 첫째는 우울이라는 단어는 라틴어로 "누르다"라는 뜻에서 유래했다는 점이다. 그러나 이 표현은 매우 관습화된 은유이며 이 여성은 이 단어의 어원에 대해 잘 알지 못했다. 둘째, 그녀는 대화 중에 "슬픔은 아래"는 의미를 담은 다른 언어적 표현을 사용하지 않으면서도 여전히 아래를 누르는 제스처를 사용한다는 것이다. 이 실제 상황에서 마치 "죽은" 은유적 표현이 다시 살아난 것처럼 보인다. 밀러의 표현을 빌리자면 "잠자던 은유가 깨어난 것"이다.

밀러와 다른 학자들이 개념적은유이론을 비판할 때 주로 지적하는 점은 은유적 기능의 분석은 실제 사건에 대한 연구를 통해서만 가능하며, 관용구의 내용만으로 해석하는 것은 불가능하다는 점이다. 특정 은유가 생성되었다는 사실이 반드시 은유적 과정을 의미하는 것은 아니다. 내용과 기능은 별개이다. 어떤 표현이 특정 기능을 가지고 있다는 것을 입증하려면 그 표현이 발화되는 맥락에서 분석해야 한다.

여기서 추가적인 의문이 생긴다. 첫사랑에 대해 이야기하는 여성의 제스처가 잠자는 은유가 깨어나는 것을 의미한다면, 맥락상 무엇이 은유를 깨웠을까? 이 대화에 대한 밀러의 분석은 답을 제시하지 않는다. 그러나 그녀는 다음과 같은 보다 원론적인 종류의 질문에 대해 논의한다. 은유적 과정은 어떤 모습일까? 은유적 과정의 특징은 무엇이며, 은유적 과정이 작동하는 맥락과 어떻게 상호작용하는가? 관계구성이론은 이러한 질문에 대한 해답을 제시하므로 4장에서 이에 대해 다시 다루도록 하겠다.

앞의 사례에서 은유적 표현은 무심결에 사용되었던 것 같다. 하지만 잠자는 은유가 깨어날 수 있다면 또 다른 흥미로운 질문이 제기된다. 대화하면서 의도적으로 그렇게 할 수 있을까? 그렇다면 어떻게 그렇게 할 수 있을까?

의도적인 은유 사용

현대 은유 연구는 은유를 죽었거나 살아 있는 것으로 분류하는 것은 불가능하다는 결론을 내린다. 특정 표현으로서의 은유(결과물로서의 은유)는 역사적으로 너무 관습화되어 대부분의 화자가 인식하지 못하는 것부터 완전히 새로운 은유적 발명품에 이르기까지 연속적으로 존재한다. 이 연속체의 한쪽 끝에는 위에서 언급한 우울함depressiveness이라는 단어가 있다. 또 다른 단어는 "움직이는 무언가로부터"라는 어원을 가진 감정emotion이라는 단어로, 이 단어를 사용하는 대부분의 사람에게 이 어원은 전혀 상관이 없다. 밀러는 이러한 유형의 은유를 "불투명"하다고 부른다. 깨어난다는 것은 꿈에서 낙하산으로 뛰어내리는 것이라고 하는 토마스 트란스트뢰메르의 시에 나오는 예는 이 연속체의 반대편에 있다. 이 은유를 접하는 사람은 누구나 그 은유적 본질을 이해할 수 있다는 점에서 은유로서 완전히 "투명"하다. 그러나 대부분의 은유적 표현은 이 두 극단 사이 어딘가에 존재한다. 예를 들어 "하늘을 찌를 듯이 칭찬하다"나 "햄스터가 쳇바퀴를 도는 것처럼"과 같이 오랜 사용 역사를 통해 매우 관습화된 표현도 이런 의미에서 투명하다고 할 수 있다. 여자와 첫사랑의 사례에서 볼 수 있듯이 완전히 불투명한 은유적 표현도 우리의 행동에 영향을 미칠 수 있다.

은유 사용의 의도성에 대한 질문은 은유의 불투명성 또는 투명성의 관점에서 완전히 답할 수 없다. 의도성은 은유의 고유한 특성이 아니라 은유를 언급하는 사람의 행동을 지칭하는 방식이기 때문이다. 그런데도 투명성의 극단에서는 새로운 은유가 의도적으로 사용되었다고 합리적으로 추측할 수 있기 때문에 이 연속체는 몇 가지 단서를 제공한다고 볼 수 있다. 사실 투명한 은유가 의도적이지 않은 경우를 상상하기는 어렵다. 그러나 은유는 청자가 이해하지 못했거나 청자에게 영향을 미치지 않을 때는 당연히 "잠들어 있는" 것이 될 수 있다.

따라서 은유를 의도적으로 사용하여 사람들에게 영향을 미치고자 할 때 새로운 은유를 창조하는 것은 자연스러운 일이다. 은유적 언어가 의사소통의 기본이라는 점과 새로운 은유의 필연적인 투명성(청자가 그렇게 이해한다고 가정할 때)을 고려하면, 은유가 새롭다는 이유만으로 화자가 청자에게 은유적 과정을 유발시킬 가능성이 매우 높다. 은유가 새롭다면 이 은유는 은유적인 것으로 이해될 것이다. 이것은 아마도 수사학과 문학에서 명백히 영향을 미치려는 의도로 새로운 은유를 자주 사용하는 이유를 설명한다. 이는 심리 치료에도 동일하게 적용되며, 치료자가 치료 상황과 관련된 새로운 은유를 만들어야 할 충분한 이유가 된다. 앞에서 지적했듯이, 여러 치료 모델에서는 이 방법이 종종 현명한 수단이라는 데 동의하는 것 같다. 동시에, 새로운 은유는 일상적인 상호작용에서 사용되는 모든 은유적 표현의 극히 일부분, 아마도 1% 정도에 불과한 것으로 알려져 있다(Steen, 2011). 은유적 표현이 일반적으로 의사소통의 중요한 부분이고 이러한 표현의 대부분이 어느 정도 관습화되어 있다면, "잠자는 은유를 깨우는 것"은 영향력이 있는 중요한 전략이다. 화자는 이미 확립된 은유를 의도적으로 사용하고 대화 상대가 이미 사용한 은유적 표현을 인용하고 발전시킴으로써 "잠자는 은유를 깨울" 수 있다. 나는 수년 전에 받았던 치료 세션에서 당시의 새로운 근무 환경과 이전 근무 환경을 비교하면서 "여기도 천국은 아니지만……"이라고 말했던 개인적인 일화를 기억한다. 그러자 심리학자는 "천국에 관심이 있나 보네요?"라고 말했다. 심리학자가 비교적 관습화된 나의 은유를 "깨우는" 방식 덕분에 유용한 대화를 나눌 수 있었다.

나의 경험에서 나온 이 예시처럼 은유에 관한 현대 언어학 연구와 이론에 대한 검토는 심리치료에서 은유를 어떻게 활용할 수 있는지에 대한 이 책의 맥락 속에 깔끔하게 들어맞는다. 이에 대해서는 임상 섹션에서 다시 다룰 예정이다.

❷ 맥락 속의 은유

▎결론

개념적은유이론은 은유에 대한 언어적 분석에 큰 영향을 미쳤으며, 이는 획기적인 것으로 평가된다. 동시에 최근의 연구는 무엇보다도 실제 은유 사용에 대한 분석을 강조함으로써 개념적은유이론과는 미묘한 차이를 보인다. 지금까지 도출할 수 있는 한 가지 중요한 결론은 "은유성을 확립하거나 활성화하는"(Müller, 2008, 215쪽) 과정 자체를 하나의 연구 분야로 삼아야 하며, 이것이 발생하는 맥락에 대한 지식이 과학적 이해를 높이는 데 필수적이라는 것이다. 또 다른 결론은 죽은 은유와 살아있는 은유로 구분하는 고전적 이분법은 오히려 연속체에 가깝다는 것이며, 이러한 점에서 대부분의 은유적 표현은 대화를 통해 "깨어날" 때 인간의 행동과 사고에 심대한 영향을 미치는 다양한 정도의 "잠자는" 은유라는 것이다.

이 모든 것은 정신 치료자의 상담실에서 이루어지는 의사소통 유형에 매우 중요한 의미가 있다. 이러한 문제를 본격적으로 다루기 전에 먼저 책의 이론적 전제로 돌아가 행동 분석에서의 은유 현상에 대한 대화의 역사적 개요부터 시작하겠다.

Chapter 03

행동 분석과 은유
Behavior Analysis and Metaphors

행동 분석의 주요 질문은 주어진 역사적 상황에서 어떤 요인이 사람의 행동에 영향을 미치는지, 그리고 행동에 영향을 미치기 위해 이러한 요인을 어떻게 변화시킬 수 있는가 하는 것이다. 특정 행위와 그 행위가 발생하는 맥락 사이의 관계가 관심의 대상이다. 일반적인 *기능* 분석은 항상 다음과 같은 질문으로 시작한다. "어떤 행동을 분석하고자 하는가?" 이 질문에 대한 답이 나오면 그다음 질문은 "이 행동에 영향을 미치는 순간에 관련된 요인은 무엇인가?"이다. 그리고 "분석 대상인 행동에 변화를 일으키기 위해 이러한 요인을 어떻게 재배치할 수 있을까?"

이러한 접근 방식은 어떤 의미에서는 매우 단순하지만, 잘못 이해되지 않도록 많은 설명이 필요하다. 이렇게 분석하고자 하는 인간의 행동 또는 행위는 원칙적으로 수행되는 모든 행위를 의미한다. 일상적인 용어로 행동이라는 단어는 다소 피상적인 연상을 일으킬 수 있다. 그것은 "표면"에만 존재하는 것으로

❸ 행동 분석과 은유

서 보다 "깊은 곳"에 존재하는 것과는 완전히 다른 본질을 갖는다는 점이다. 인간의 행동은 인간의 "내면"과는 대조적으로 "외적인 것"이다. 이것은 행동 분석가들이 거부하는 정의이다. 왜냐하면 이는 여러 측면에서 인간의 조건을 논의하기 위해 수 세기에 걸쳐 확립된 잘못된 은유의 결과라고 보기 때문이다(Skinner, 1989). 이 책의 주제인 은유의 힘과 다른 사람들이 접근할 수 없는 우리 안에 있는 것(신체 감각, 생각, 이미지, 감정)을 관찰할 수 있는 인간의 경험은 이러한 당혹스러운 분류에 기여하는 요인이다. 물론 이러한 경험을 "내면"이라고 말하는 것은 여러 측면에서 유용할 수 있지만, 행동 분석가들은 과학적인 이해를 위해서는 이러한 표현이 기만적이라고 주장한다. 인간 경험의 이 영역은 마치 "외적인 것"이라고 불리는 것과는 다른 원리의 작용을 통해 이해할 수 있는 다른 것으로 생각되기 때문이다. 역사적으로 이것은 분명히 일어난 일이며, 수 세기 동안 이것은 "영혼"의 영역이었다. 오늘날 영혼이 과학적 논의의 주제가 되는 경우는 드물지만, "정신"과 "정신 현상"이라는 개념은 동일한 목적을 갖는다. 즉, 이러한 현상은 외부 관찰자가 볼 수 있는 것과는 다른 것이라는 점을 암시한다. 반면에 행동 분석은 이러한 현상을 다른 인간의 행동과 동일한 원리를 통해 이해해야 한다고 주장한다. 누군가가 기억하고, 느끼고, 생각하는 것을 이해하려면 "외적인" 행동을 분석할 때와 동일한 질문을 던져야 한다. 우리가 살펴보고자 하는 감정, 생각 또는 기억은 무엇인가? 그리고 이 사람이 기억하거나 느끼거나 생각할 때 맥락에서 관련된 요소는 무엇인가? 그리고 변화를 원한다면 이러한 요소에 어떻게 영향을 미칠 수 있을까?

이런 식으로 "내면"에 대한 모든 논의를 거부한다고 해서 이러한 현상이 중요하지 않다는 뜻은 아니다. 그것이 요점이 아니다. 행동 분석은 바로 *이러한 현상에 대해 논의하는 방식*을 비난한다. 실제로 이러한 현상 자체는 인간 행동을 이해하는 데 중요한 역할을 하는 경우가 많다. 그리고 우리가 사람들에게 중요한 것을 말할 때 종종 이러한 단어를 사용하는 것은 분명한 사실이다. 우리가 "스티브는 일을 할 때 열과 성을 다한다"고 말할 때, 당연히 우리도 중요하다고 생각하는 일을 그가 하고 있다고 말하고 있는 것이다. "앤은 품이 큰 사람이다"라고 말하는 것은 무의미한 표현이 아니라 평소 앤이 어떻게 행동하는지에 대해 말하는 것이다. 즉, 현대인이라면 그녀의 성격을 어떤 신체적 크기로 해석하지는 않을 것이다. "파투마는 정신적으로 강하다"라고 말하는 것도 의미 없는 주장이 아니다. 그것은 평소 그녀의 행동 방식, 즉 그녀의 인내심이나 위기 상황에서 행동하는 능력에 대해 말하고 있는 것이다. 그러나 그 사람이 우리가 언급하고 있는 그 행동의 결정적인 요인인 특정한 종류의 "정신적 실체"를 가지고 있다는 인상을 주게 된다면 오해를 불러일으킬 수 있다. 행동 분석가들은 이러한 현상을 논의 대상자가 수행하는 행동으로 간주하는 것이 가장 좋으며, 우리가 이해하고 영향을 미치려면 이러한 행동과 그 행동이 발생하는 환경의 요인과의 상호작용을 분석해야 한다고 주장한다. *따라서 "행동"이라는 단어는 사람이 하는 모든 행위에 대한 행동 분석에 사용된다.* 축구를 하고, 미워하고, 기억하고, 물러서고, 슬퍼하고, 플루트를 연주하고, 포기하고, 지치고, 기뻐서 뛰는 모든 행동은 그 행동이 발생하는 환경의 요인들과 상호작용하는 행위로 분석할 때 가장 잘 이해할 수 있다. 이것이 행동 분석의 전제이다.

또 한 가지 설명이 필요한 것은 우리가 일반적으로 "과거력history"이라고 부르는 것을 어떻게 다루어야 하는 점이다. 지금까지 행동 분석에 대한 설명은 지금 여기에서 일어나는 일에 초점을 맞추었다. 사람이 하는 행동은 주어진 상황에서 이루어지며, 주로 관심을 두는 요인은 현재 작용하는 요인이다. 하지만 과거는 어떨까? 우리가 찾아야 하는 현재에 영향을 미치는 요인이 없지 않은가? 그렇다, 어떤 의미에서 이것은 당연한 일이다. 우리는 경험의 결과물이다. 스웨덴의 저명한 축구 선수 즐라탄 이브라히모비치와 같은 특정한 숙련된 축구 선수가 왜 그런 방식으로 축구를 하는지 알고 싶다면, 우리는 그가 재능이라는 것을 타고났다고 가정하는 것 외에도 그가 어떻게 축구를 배웠는지 살펴봐야 한다. 그리고 어떤 사람이 왜 괴로움에 시달리거나 사람과의 접촉을 피하는지 이해하려면 그 사람의 과거를 무시할 수 없다. 그러나 이브라히모비치의 경기를 이해하는 것뿐만 아니라 경기력에 영향을 미치고 싶다면 현재 영향을 미치는 요인이 특히 중요해진다. 그는 드리블할 때 무엇을 할까? 그리고 그 순간 어떤 요인이 그의 드리블과 상호작용할까? 그것이 바로 우리의 최종적인 관심이 놓여 있는 지점이며, 이는 순전히 실용적인 이유에서이다. 그것은 단순한 사실에 의해 좌우되는데, 바로 이러한 요인들만이 우리가 실제로 변화시킬 수 있는 유일한 것들이라는 점이다. 정신 치료의 초점인 행동 유형에도 동일한 논리가 적용된다. 현재 영향을 미치는 요인은 특히 실용적인 관심사이다.

외적 행동 및 내적 행동, 과거력 및 현재 영향을 미치는 요인에 대한 위의 주장은 일반적으로 *기능적 맥락주의functional contextualism*라고 하는 이론적 입장에서 비롯된 것이다(Gifford & Hayes, 1999). *맥락적contextual*이라는 단어는 주어진 행동의 맥락을 강조하기 때문에 사용되며, *기능적functional*이라는 단어는 맥락적 요인이 행동에 미치는 기능 또는 영향이 주된 관심사이기 때문에 사용된다.

▎언어에서도 마찬가지인 결과의 중요성

"인간은 세계에 영향을 미치고 세계를 변화시키며, 그들의 행동의 결과에 의해 다시 변화한다."(Skinner, 1957, 1쪽).

이렇게 스키너는 "언어적 행동", 즉 우리가 언어라고 부르는 것에 대한 책을 시작한다. 하지만, 이 문장은 스키너가 쓴 모든 글과 과학적 학문으로서의 행동 분석에 대한 서문 역할을 하기도 한다. 그러나 동일한 과정을 설명하되, "인간" 자체가 아니라 "인간"이 행동하는 맥락에서 출발하여 설명할 수도 있다. "세계는 인간에게 영향을 미치고 인간의 행동을 변화시키며, 이 행동에 의해 세계는 다시 변화한다." 스키너가 행동하는 인간에서 출발한 이유는 행동 분석이 인간의 행동을 예측하고 영향을 미치는 과학적 영역이라는 단순한 사실 때문이다. 그러나 "다른 쪽 끝에서" 시작할 수 있다는 것은 중요한 사실을 말해 준다. 그것은 행동하는 사람과 행동하는 맥락 사이의 상호작용에서 이해와 영향력을 모두 추구해야 한다는 것이다.

스키너는 위의 인용문을 논리적으로 확장한 *조작적 심리학*operant psychology이라는 개념을 창안했다. 우리는 환경을 조작하고 그 조작이 가져오는 결과에 의해 변화한다. 특정 행동은 특정 결과를 가져오고, 이는 비슷한 상황에서 비슷한 행동이 다시 일어날 확률에 영향을 미친다. 이브라히모비치가 특정 상황에서 공을 잡으면 빙글빙글 돌며 공을 뒤로 끌고 오른쪽으로 몰고…… 이 과정에서 그는 여러 맥락적 요소와 상호작용하며, 이러한 상호작용은 유사한 행동의 이전 결과에 의해 영향을 받는다. 한 남자가 제복을 입은 사람이 길에서 자신에게 다가오는 것을 본다. 맥박이 뛰기 시작하고 땀이 나기 시작하며 아마도 이전에 비슷한 생리적 반응을 보였던 때를 떠올리면서 그는 멈춰 서서 아래를 내려다보고 제복을 입은 사람을 피해 상점 창문 쪽으로 고개를 돌린다. 이 과정에서 그는 여러 맥락적 요인과 상호작용하며, 이러한 상호작용은 이전의 유사한 행동의 결과에 의해 영향을 받는다.

스키너가 그의 책에서 언어와 언어적 상호작용에 대해 다루면서, 그의 다른 어떤 책의 서문으로도 쉽게 사용될 수 있는 문장으로 시작한 것은 결코 우연이 아니다. 인간의 언어도 결과의 영향을 받는다. 우리가 무언가를 말할 때 이것 역시 결과를 가져오는 행위이며, 그 결과는 우리가 계속해서 어떻게 말해야 하는지와 일반적으로 어떻게 행동해야 하는지에 영향을 미친다. 이것은 언어가 조작적 행동이며 여러 측면에서 다른 행동과 동일한 인간 행동의 원칙을 따른다고 말하는 것과 같다. 따라서 이 책의 주요 주제인 은유로 돌아가서 행동 분석이 이 주제에 어떻게 접근했는지 이해하려면 인간의 언어, 특히 조작적 행동으로서의 언어에 대해 좀 더 전반적인 탐구를 해야 한다. 스키너는 반응이 그것이 발화되는 맥락과 어떻게 상호작용을 하는지에 따라 반응을 다양한 "언어적 조작자"로 분류했다. 여기서는 그가 은유 사용을 분석하는 것이 명명tact[역자주: 스키너의 언어이론에서 '명명'은 환경적 자극(예:사물,사건)을 언어적으로 표현하는 행동을 의미한다. (예: 아이가 사과를 보고 '사과'라고 말하는 것)](접촉 또는 촉각

❸ 행동 분석과 은유

에서와 같이)이라고 부르는 언어적 조작자의 틀 안에 있기 때문에 이 유형을 설명하는 데 한정하겠다(스키너가 설명하는 다양한 언어적 조작자에 대한 자세한 설명은 Törneke, 2010, 2장 참조). 스키너는 이 언어적 조작자가 여러 측면에서 가장 중요하다고 설명한다.

▌명명하기Tacting – 필수 기술

명명tact이란 유사한 반응의 이전 결과와는 별개로 바로 앞의 무언가에 의해 영향을 받는 언어적 반응을 의미한다. 응답을 하는 사람은 어떤 대상이나 사건과 접촉한다. 스키너의 말을 빌리자면 "명명은 특정 대상이나 사건 또는 대상이나 사건의 속성에 의해 주어진 형태의 반응이 유발(또는 적어도 강화)되는 언어적 조작으로 정의할 수 있다."(Skinner 1957, 81-82쪽). 명명된 대상(또는 활동)Tacted activity은 반응 바로 앞의 모든 활동을 말한다. 우리는 종종 의자가 있을 때 "의자"라고 말한다. 반응(우리가 말하는 것)은 의자에 의해 유발된다. "그가 뛰고 있다"고 말할 때 우리가 말하는 것은 특정한 방식으로 움직이는 누군가("그")의 존재에 영향을 받는다. 이러한 반응은 행동 분석에서 명명하기Tacting라고 하는 것의 예시이다. 우리는 행동이 강화된 오랜 학습 경험을 바탕으로 환경에 명명한다. 어렸을 때 우리는 소 앞에서 "소"라고 말하면 강화된 결과를 경험했다. 만약 소 앞에서 "야옹이"라고 말했다면 다른 결과를 경험했을 것이다. 일반적으로 우리가 말을 배울 때와 마찬가지로 명명하기에 영향을 미치는 것은 주로 사회적 상호작용의 결과이다. 우리의 말은 다른 사람들의 언어적, 신체적 행동의 형태에 따라 다양한 결과로 나타난다. 명명은 일상적인 용어로 "묘사하다", "이야기하다", "언급하다" 등과 같은 것을 의미한다. 행동 분석에서 독자적인 용어를 만든 것은 이러한 익숙한 단어와 문구가 모두 모호함을 야기할 수 있으므로 신중하게 정의된 용어가 필요하기 때문이다.

이상적이거나 순수한 명명은 그 앞의 대상이나 사건에 의해 전적으로 통제된다. 일상적인 언어에서 우리는 말하는 것이 "옳다"고 말할 수 있다. 다음 세대에게 이러한 방식으로 말하도록 가르치는 사회적 환경은 사회적 상호작용에 필수적이다. 이는 청자가 즉각적으로 접근할 수는 없지만 직접 접촉하지 않은 대상과 상호작용할 수 있게 해주는 현상을 화자가 명명하는 상황에서 가장 분명하게 드러난다. 누군가 개를 보고 "개"라고 말하면, 그 반응은 다른 사람에게 큰 영향을 미치고 그 사람이 행동하는 방식에 영향을 미칠 수 있다. 이러한 방식으로 환경을 명명하는 것은 "네 개의 눈이 두 개의 눈보다 낫다"는 사실을 활용할 수 있기 때문에 인간 협력의 기본이 된다.

특정 명명은 동일한 사물이나 사건에 의해서만 촉발되는 것이 아니다. 우리는 사회 환경이 옳다고 강화하는 것에 기반하여 다양한 사물을 "식탁"이라고 말하는 법을 배운다. 특정 공유되는 속성이나 특성을 가진 물체는 동일한 명명을 불러일으키는데, 세 개 이상의 "다리" 위에 놓인 평평하고 원형/직사각형/삼각형 표면은 "식탁"이라는 명명을 유발한다. 그러나 시골로 하이킹을 가서 소풍을 즐길 장소를 찾을 때와 같이 어떤 상황에서는 바위도 같은 역할을 할 수 있다. 이러한 방식으로 하나의 명명은 확장되어 여러 사물이나 사건에 의해 유발될 수 있다(Skinner, 1957). 확장된 명명은 매우 흔하고 순수하거나 정확한 명명은 매우 드물다는 것을 쉽게 알 수 있다. 우리가 명명을 하는 방식은 대개 부정확하다. 그러나 과학과 같이 "의미를 정확히 아는 것"이 중요한 분야에서는 순수한 명명이 특별히 요구될 수 있다.

▌은유-확장된 명명tact의 한 종류

스키너가 보기에 은유는 확장된 명명의 한 형태이다. 그는 다음과 같은 예를 들었다.

"한 어린이가…… 처음으로 탄산음료를 마시고는 '발이 저린 것asleep 같은 맛'이라고 말했다. *발이 저린 것* 같다는 반응은 이전에 발이 일부 마비된 것과 콕콕 쑤시는 자극인 두 가지 뚜렷한 자극 조건이 포함된 상황에서 학습된 것이

❸ 행동 분석과 은유

었다. 사회가 반응을 강화하는 데 사용한 속성은 마비된 것 같은 느낌이었지만, 아이에게는 콕콕 쑤시는 자극도 중요했다. 탄산음료를 마실 때 나타나는 유사한 자극이 이 반응을 불러일으켰다."(Skinner, 1957, 92-93쪽)

스키너의 예에서 아이는 자신에게만 국한된 경험, 즉 보통 내적 사건이라고 하지만 스키너는 사적 사건이라고 부르는 유형의 사건을 명명하고 있다. 어떤 사람이 "그녀는 테리어 같다"라는 반응을 유발하는 경우와 같이 모든 사람이 관찰할 수 있는 무언가에 의해 유발되는 확장된 명명도 같은 방식으로 이해할 수 있다. "테리어"라는 반응은 원래 특정 종류의 작은 개가 있을 때 학습된 후 사회 공동체에 의해 강화된 것이다. 이런 식으로 명명된 사람의 행동 중 무언가가 테리어의 관찰 가능한 속성과 공통점을 가지면(적어도 그렇게 말하는 사람, 즉 명명을 하는 사람에게는) 결국 확장된 명명을 갖게 된다. 이것은 원칙적으로 위의 예에서 바위에 "식탁"이라는 반응을 명명했을 때와 동일한 일련의 현상이다.

따라서 은유는 특정 언어 공동체에서 일반적으로 이러한 반응을 불러일으키는 대상이나 사건이 아닌 대상이나 사건으로부터 유발된 명명이다. 예를 들면, 이 언어 공동체에서 "테리어"라는 말은 특정 여성 앞에서 발화될 경우 일반적으로 강화되지 않지만, 그녀의 존재로부터 유발된 경우 확장된 명명이 된다.

그런 다음 스키너는 위의 분석을 통해 은유에서 더욱 순수하거나 정확한 명명이 발달하는 과정을 설명한다. 한 언어 공동체가 특정 성격을 가진 사람 앞에서 일반적으로 그리고 지속적으로 "테리어"라는 명명을 강화한다면, 그 반응은 더 이상 은유로 기능하지 않고, 이 책의 앞부분에서 사용한 용어를 빌리자면 "문자 그대로"가 될 것이다. 스키너는 이러한 현상을 확장된 은유적 명명이 더욱 순수한 명명으로 안정화되는 현상이라고 설명한다. 우리가 식탁에 다리가 있다고 말할 때 이러한 일이 발생하는 것이다.

아마도 독자들은 이제 우리가 토착어와 언어적 은유 연구에서 "죽은 은유와 살아있는 은유"라는 표제와 은유적 언어와 문자 그대로의 언어의 관계에 해당하는 것과 동일한 영역에 있다는 것을 알아차렸을 것이다. 그리고 현대 언어학에서와 마찬가지로 스키너에게 있어서도 문자 그대로의 것과 은유적인 것의 구분은 죽은 은유와 살아있는 은유 사이의 구분과 마찬가지로 모호하다. 언뜻 보기에는 별개로 보이는 언어 현상들이 자세히 들여다보면 서로 겹쳐 있다. 스키너의 글을 읽다 보면 그가 문자 그대로의 언어를 자명하게 일차적인 것으로 삼고 은유적 언어를 일종의 부수적인 것으로 간주하는 시기에 글을 썼다는 것을 확실히 알 수 있다. 이것은 그에게도 명백한 것처럼 보인다. 그가 은유를 "확장된" 명명이라고 한 것은 보다 순수하거나 정확한 명명이 일차적이라는 사실을 암시한다고 나는 주장할 것이다. 스키너는 라코프와 존슨을 몰랐던 시기에 글을 썼다.

위에서 언급한 문자 그대로의 언어가 일차적이고 은유적 언어가 이차적이라는 가정은 스키너 자신의 분석에 의해 반박되었다. 명명이란 언어 공동체에 의해 강화된 조작적 행동일 뿐이다. 진실이나 객관적이라는 의미에서 문자 그대로인 것은 없으며, 모든 것은 결과에 의해 영향을 받는 행동이다. 따라서 반응은 어느 정도 잘 작동할 수 있다. 스키너가 순수한 명명이라고 부르는 것은 특정 결과를 추구하는 경우 바람직하지만, 확장된 명명은 다른 맥락(예를 들면, 하이킹을 갔을 때 바위를 "식탁"이라고 부를 때)에서 더 잘 작동한다. 그리고 명명이 은유적이기보다는 정확하다는 것은 학습의 결과로 받아들여진다. 이는 개인의 학습 과정에서 은유적인 것을 포함한 순수하지 않은 명명이 정확한 명명보다 선행함을 시사하며, 이 둘 사이에는 명확한 경계가 없다는 점을 보여 준다. 또한 스키너는 "순수한 명명"은 언어적 행동에 실제로 존재하는 것이라기보다는 이상적인 것에 가깝다고 말한다. 따라서 스키너의 분석은 현대 언어학의 초기에 관찰한 은유적 언어와 문자 그대로의 언어의 관계에 대한 근본적인 견해와 동일하다. 이것들은 거칠고 일상적인 의미에서만 분리될 수 있을 뿐, 본질적으로 분리될 수 없는 두 가지 현상이다. 이 두 현상은 살아있는 은유-죽은 은유-문자 그대로의 언어라는 연속체를 따라 존재하는 현상이다. 스키너 자신은 이 용어를 사용하지 않고 은유-확장된 명명-명명tact-tact(비록 그 반대 순서이긴 하지만)

에 대해 썼지만, 이것 역시 연속체를 의미한다. 그리고 이 두 가지 연속체가 단순히 같은 것에 대한 다른 용어가 아니라고 하더라도 두 가지 관점 모두에서 우리가 논의하고 있는 언어적 연속체의 근본적인 과정을 발견할 수 있다. 다음 장의 관계구성이론에서 은유를 바라보는 관점을 탐구할 때 이 과정의 본질에 대해 다시 살펴볼 것이다. 하지만 먼저 스키너의 분석과 은유 사용에 대한 현대 언어학과의 가상 대화에 대해 몇 가지 다른 점을 짚어보겠다.

행동 분석과 언어학 – 유익한 결합인가?

언어학의 구성틀과 스키너의 분석이 서로 다른 전제에도 불구하고 겹치는 부분이 있다는 것을 비교적 쉽게 알 수 있다. 예를 들어 은유 연구에서 일반적으로 사용되는 용어(근원과 표적)를 살펴보면 스키너의 분석에 적용할 수 있다는 것을 알 수 있다. 따라서 확장된 은유적 명명을 불러일으킨 대상이나 사건은 표적의 예가 될 수 있고, 이에 대한 반응인 명명은 근원이 된다. 특정 여성을 보고 "그녀는 테리어 같다"라는 반응을 유발하는 경우, 현재의 언어학 용어에 따르면 그 여성은 은유의 표적이고 테리어는 근원이며, 탄산음료 맛이 "발이 저린 것 같다"라고 말한 아이에 대한 스키너의 설명에서는 미각이 은유의 표적이고 발이 저린 것 같다는 아이의 감각 경험이 근원이 된다. 누군가가 바위 표면을 쓰다듬을 때 "비단처럼 부드럽다"라고 말한다면, 스키너적 의미에서 그 반응은 확장된 은유적 명명이다. 그러나 이전 장에서 설명한 용어로 표현한다면 바위 표면(또는 바위 표면의 느낌)이 은유의 표적이고 비단(또는 비단을 만질 때의 감각)이 은유의 근원이라고 할 수 있다.

따라서 우리는 서로 다른 전제와 분석적 관점에서 공통의 현상학적 분야를 설명하고 있으며, 교차점은 분명하지만 당연히 차이점도 존재한다. 중요한 차이점 중 하나는 분석의 대상이다. 행동 분석에서 분석의 대상은 인간의 행동, 즉 말(또는 생각하기)이다. 최근의 심리학 및 언어학 연구에서는 이러한 말(또는 생각)의 산물인 은유에 초점을 맞추고 있다. 따라서 분석의 대상이 되는 것은 반응의 내용이다. 우리는 은유라는 발화를 그 자체로 하나의 대상으로 추상화한다. 물론 이 방법의 한 가지 약점은 실제 "은유화"와는 거리가 먼 더 추상적인 수준으로 나아간다는 점이다. 결국 은유는 항상 실제 상황에서 실제 사람들이 만들어내는 것이기 때문이다.

다시 말하자면, 2장에서 자세히 설명한 것처럼 많은 현대 언어학자들이 행동 분석을 통한 인지 언어학에 대한 비판에 매우 많이 공감하고 있음을 알 수 있다. 스틴(2011)이나 밀러(2008)와 같은 언어학자들은 인지 언어학이 은유가 사용되는 구체적인 맥락을 무시하고 은유를 생성하는 실제 과정을 면밀히 분석하지 않은 채 인간 행동의 산물로만 은유에 초점을 맞추게 될 위험이 있다는 문제점을 정확히 강조한다. 이미 논의한 바와 같이 스탠포드 대학교의 레라 보로디츠키와 그녀의 연구팀도 같은 생각을 하고 있다(Boroditsky, 2001; Boroditsky, Schmidt, & Phillips, 2003; Fausey & Boroditsky, 2011). 구체적인 언어 사용은 우리가 생각하고 일반적으로 행동하는 방식을 형성하므로 사람들이 "은유화"하는 맥락과 이러한 행동에 영향을 미치는 요인에 집중해야 한다. 밀러의 말을 다시 인용하자면 은유 사용은 "인지적 과정"이다(2008, 17쪽). 이 과정은 어떤 모습일까? 이에 대해서는 다음 장에서 다시 설명하겠다.

▌행동 분석에 내재된 문제

은유나 은유적 표현을 분석할 때 행동 분석에는 심각한 문제가 있다. 이는 이 장의 제목과 장 전체에서 행동 분석이 획일적인 과학이라는 의미를 담고 있지만, 우리가 하는 모든 주장에서 스키너와 그의 반세기 전 저술만을 언급하고 있다는 사실에서 가장 명확하게 드러난다. 스키너 이후 행동 분석가들은 은유 사용에 대해 어떤 말을 해왔을까? 거의 없다. 행동 분석의 과학적 입장에 대한 현대의 주요 논평(Catania, 2007)은 스키너와 일부 현대 언어학에 대한 설명을 제공하지만 은유적 측면에 새로운 것을 발전시키거나 가져오지는 않았다. 이것은 행동 분석의 더 큰 문제 중 하나로, 스키너 시대 이후 과학에서의 언어 분석이 어떻게 발전해 왔는지에 관한 문제이다. RFT를 창안한 연구 이전까지는 은유 사용에 대해 아무런 언급이 없었다. 스키너의 아이디어가 새로운 연구에 영감을 주거나 정보를 제공하지 않았고, 따라서 더 깊은 통찰을 얻지 못했다. 은유에 대한 이해뿐만 아니라 인간의 언어를 분석하는 실제 기반에서도 무언가 빠진 것이 있었다.

결론

행동 분석은 우리가 하는 모든 행동이 우리가 처한 상황에 영향을 받는다는 단순한 관찰에 기초한다. 이러한 상황의 중요한 요소는 이전 행동의 결과이다. 이는 바닥에 떨어진 물건을 줍는 것과 같은 단순한 행동뿐만 아니라 시를 쓰거나 괴로운 일을 곱씹는 것과 같은 보다 복잡한 행동에도 적용된다. 은유적 언어의 사용은 은유가 사용되는 맥락에 영향을 받는 행동과 같은 범주에 속한다. 이러한 점에서 행동 분석의 기본 철학은 은유 사용에 대해 일반적으로 더 많은 것을 말하며, 현대 언어학도 이에 대해 많은 부분을 동의하고 있다. 이러한 접점에 독자의 관심을 끄는 것이 이 장의 목적이었다. 그러나 보다 구체적인 분석 방법에 관해서는 50여 년 전에 스키너가 제시한 은유 이론보다 더 많은 것이 필요하다. 따라서 이제 행동 분석적 접근 방식을 발전시켜 나갈 것이다.

Chapter 04

은유 – 관계 사이에 관계 맺기
Metaphors - Relating Relations

관계구성이론은 인간의 언어와 인지를 분석하는 이론이자 연구를 위한 프로그램으로 지난 30년 동안 발전해 왔다. 이 이론은 수많은 실험실 연구를 기반으로 하며, 그 기본 원리가 과학적으로 잘 뒷받침되고 있다(Hayes, Barnes-Holmes, & Roche, 2001; Dymond & Roche, 2013; Törneke, 2010; Hughes & Barnes-Holmes, 2016). 그 원리와 관련된 은유와 유추analogies를 연구하기 위해 고안된 실험도 수행되었다(Stewart & Barnes-Holmes, 2001; Stewart, Barnes-Holmes, Roche, & Smeets, 2001; Stewart, Barnes-Holmes, & Roche, 2004; Barnes-Holmes & Stewart, 2004; Lipkens & Hayes, 2009; Ruiz & Luciano, 2011; 2015; Sierra, Ruiz, Flórez, Riaño Hernández, & Luciano, 2016). 이 이론의 가장 핵심적인 부분을 소개하면 은유와 은유 사용의 분석 방법을 이해하는 데 도움이 될 것이다.

❹ 은유 - 관계 사이에 관계 맺기

▎관계 맺기의 두 가지 기본 방식

"관계 맺기"는 다른 대상의 관점에서 한 대상과 상호작용하는 것으로 정의할 수 있다. 예를 들어, 나는 어떤 사과가 다른 사과보다 멀리 떨어져 있거나, 다른 사과보다 크거나, 다른 사과보다 더 붉다는 식으로 다른 사과의 관점에서 상호작용할 수 있다. 내가 하는 일은 이 사과를 다른 사과와 관계 짓는 것이다. 내가 두 대상(이 경우에는 두 개의 사과) 사이의 관계와 상호작용하고 있다고 말해도 같은 의미가 될 수 있다.

모든 생물은 이런 방식으로 주변 환경과 상호작용한다. 인간(및 다른 종)은 특정 대상(사과, 신문, 나무, 고양이, 다른 사람 등)뿐만 아니라 이러한 대상들 사이의 관계와도 상호작용할 수 있다. 한 동전이 다른 동전보다 크고, 두 마리의 개가 똑같고, 한 공이 다른 공보다 가까이 있고, 프랭크가 엘리자베스 바로 뒤에 도착하는 식이다.

이 모든 예에서 관계는 색상, 대비, 모양, 수, 크기 등 관계되는 대상의 물리적 특성 또는 시공간 안에서 대상이 차지하는 위치(예를 들면, 한 대상이 다른 대상보다 앞에 오거나 다른 대상보다 더 가까이 있는 것 등)에 따라 달라진다. 한 동전이 다른 동전보다 더 크고, 두 마리의 개가 동일한 외형을 갖고 있으며, 두 개의 공 중 하나가 다른 공보다 반응물에 지리적으로 더 가깝고, 엘리자베스 다음에 프랭크가 오는 식이다. 이처럼 각각의 고유한 특성을 가진 서로 다른 대상에 대한 순간적인 경험이 상호 관계를 결정짓는다고 할 수 있다. 이렇게 직접적인 관계를 맺는 수단은 시간이 지나면서 확장될 수도 있다. 우리는 과거에 확립되었던 대상과의 직접적인 관계를 기반으로 현재의 대상과 상호작용할 수 있다. 프랭크가 여러 차례 반복해서 엘리자베스 다음에 도착했다면, 우리는 엘리자베스가 도착할 때 프랭크도 곧 나타날 것처럼 행동할 수 있다. 음식이 나오기 직전에 종소리가 울린다면 우리는 종소리가 다시 들릴 때 곧 음식이 나올 것처럼 행동할 수 있다. 이것은 우리 인간에게만 적용되는 것이 아니며, 대부분의 다른 종들도 지금 당장 일어나고 있는 현상을 이전에 직접 경험했던 것과 관계 지을 수 있다. 따라서 우리는 대상의 물리적 특성과 그러한 관계에 대한 이전 경험을 바탕으로 대상들을 서로 관계 짓는다. RFT에 관한 교과서에서는 이러한 관계 맺기 방식을 *직접 관계 맺기direct relating*라고 하며, 이러한 유형의 관계를 *직접 관계direct relations*라고 한다.

인간은 대상의 물리적 특성이나 속성 그리고 그 대상이 시공간에서 차지하는 위치와 무관한 또 다른 관계 맺는 방법을 조기에 학습할 수 있는데, 이는 현재 또는 과거에 인류가 대상과 상호작용해 온 역사에서 사용되었던 것이다. 우리는 *사회적으로 승인된 맥락 단서socially approved contextual cues*, 즉 사회 공동체가 만들어내는 신호를 통해 대상들을 서로 관계 짓는 방법을 배운다. 예를 들어, 우리는 공이 "더 크다"는 특성이나 속성을 가지고 있기 때문이 아니라 "더 크다"라는 단서, 즉 "더 크다"라는 단어 때문에 공과 상호작용하는 법을 배운다. 내가 당신에게 물리적으로 서로 같은 크기의 파란색과 빨간색 공 두 개를 준다고 상상해 보자. 그런 다음 빨간색이 더 크다고 말하고 이제 어느 공이 더 작은 것인지 물어본다. 또는 두 기호 φ와 Δ를 보여 준다고 가정해 보자. 나는 당신에게 Δ는 10,000달러이고 φ는 Δ의 *두 배*라고 말한다. 당신이라면 둘 중 어떤 것을 선호하겠는가?

우리는 이와 같은 질문에 답할 때(파란색이 더 작다, 나는 φ를 원한다), 질문의 대상이나 현상과 관계 지어 답한다. 그러나 우리는 단순히 어떤 내재된 속성이나 이전 경험만으로 그 대상과 관계를 맺는 것이 아니라 다른 맥락 단서(말, 제스처)를 바탕으로 대상과 관계를 맺기도 한다. φ는 본질적으로 2만 달러의 가치를 가진 것이 아니며 파란색 공이라고 해서 빨간색 공보다 물리적으로 더 작은 것은 아니다. 그 누구도 두 개의 기호나 두 가지 색의 공에 대한 사전 경험은 필요하지 않다. 우리는 대상과 사건 사이의 속성 "이동한다"고 할 수 있는 공유 게임을 하고 있다. 이 "이동하는" 것은 "더 작은", "더 큰", "두 배만큼의" 등과 같은 임의의 맥락 단서를 기반으로 대상들을 관계 맺음으로써 이루어진다. 임의라는 것은 그 단서가 사회적으로 비롯된 것이며, 인간 사이의 상호작용을 통해 공통된 방식으로 창발했다는 의미이다. 이와 같이 단서에 기반하여 관계를 맺는 것은 주로 대상의 속성이나 특성 또는 시공간에서의 위치에 기반하여 설명한 첫 번째 관계 맺기 유형과는 다르다.

이렇게 만들어진 *간접 관계indirect relations*는 우리가 보통 상징적이라고 부르는 것이며, 인간의 "상징화"를 가능하게 하는 것이다. RFT에서 이러한 유형의 관계 맺기에 사용하는 전문 용어는 *임의 적용적 관계 반응arbitrarily applicable relational responding*으로, 이는 한 명 이상의 사람들이 행하는 하나의 반응(행동) 같은 것을 의미한다. 관계 반응이라고 하는 것은 단순히 그 행동이 관계 맺기의 한 유형이라는 것을 의미한다. 그리고 반응이 임의로 적용 가능하다는 것은 반응이 임의의 맥락 단서에 의해 통제되기 때문에 그것이 어떠한 것에도 적용될 수 있다는 의미이다. 우리 인간은 가능한 모든 방식으로 무엇이든 서로 관계 맺을 수 있다. 이 동일한 행동을 다른 용어로 표현하면 *관계성으로 틀을 만드는 것frame relationally*이다. 따라서 *관계틀이론relational frame theory*이라는 용어를 사용한다.

RFT에 따르면, 임의의 맥락 단서를 통해 대상과 현상을 관계 맺는 이러한 능력이 바로 인간 언어의 근간이다. 따라서 이 능력은 언어의 결과가 아니라 언어의 *근본적인 구성 요소fundamental building block*로 이해해야 한다. 유아의 언어 습득에서 핵심은 바로 이 능력을 배우는 것이며, 이 능력을 배웠을 때 우리는 말하면서 의미를 전달할 수 있고 말을 들으면서 이해할 수 있다.

▮ 다양한 관계틀

일반적으로 상징화 능력이라고 하면 한 가지가 다른 것을 의미하거나 대표하는 일종의 관계성을 말한다. "자동차"라는 단어는 실제 자동차를, "파스닙"이라는 단어는 실제 채소를, "퍼Per"라는 이름은 실제 사람을 나타낸다. RFT에서는 이러한 종류의 관계를 *대등 관계relation of coordination*라고 하며 가장 기본적인 관계틀이다. 그러나 다른 *관계틀relational frames*을 사용하여 다양한 방식으로 대상을 관계 맺을 수도 있다. 우리가 대상의 본질적인 속성이나 시공간에서 대상이 차지하는 위치에 기반하여 상호작용하는 모든 관계는 임의의 맥락 단서를 통해 설정할 수도 있다. 우리는 나뭇가지와 직접 관계(나무의 일부라는 관계)를 통해 상호작용할 수 있지만, 다른 사람과는 "초보자인 우리 중 한 사람"이라는 간접 관계를 바탕으로 관계를 맺을 수도 있다. 두 경우 모두 *계층 관계/hierarchical relation*라는 것이 존재한다. 이는 어떤 것이 다른 것의 구성 요소 또는 일부라는 의미로, 전자의 경우 나무의 본질적인 속성에 따른 직접 관계이고 후자의 경우 관계틀 형성을 통해 설정되는 간접 관계이다. 우리는 한 사람이 다른 사람보다 신체적으로 더 큰 사람으로 상호작용할 수 있고, 다른 사람보다 더 위대한 작가로 상호작용할 수도 있다. 이것은 *비교 관계/comparative relation*로, 첫 번째 경우는 직접 관계이고 두 번째 경우는 간접 관계이다. 우리는 프랭크의 바로 뒤를 따라 문을 열고 들어오는 엘리자베스와 상호작용할 수 있고, "내일 프랭크가 엘리자베스 뒤에 도착할 것이다"라는 사실과 상호작용할 수 있다. 첫 번째 예는 직접적인 종류의 *시간적 관계/temporal relation*이고, 두 번째 예는 관계틀 형성을 통해 설정된 시간적 관계(우리가 간접 관계라고 부르는 것)이다. 소위 미래("내일")는 임의의 단서를 통해서만 접촉할 수 있고, 직접적인 경험을 통해서는 불가능하다.

관계틀을 사용하면 우리는 직접 경험하지 않고도 대상의 물리적 특성을 통해 주변 사물에 원래는 없는 속성을 부여할 수 있다. 만화책은 "진귀한 것"이 될 수 있고, 셔츠는 "유행하는 것"이 될 수 있으며, 한 번도 먹어본 적이 없고 맛있는 냄새가 나는 요리도 "먹기 위험한" 것이 될 수 있다. 우리가 사건과 대상을 관계틀로 구성하는 방식은 다양한 요소가 우리의 행동에 영향을 미치는 방법을 결정한다. 이 점이 우리에게 중요한 핵심이다. 우리가 관계를 맺는 방식은 환경이 우리에게 미치는 영향력을 탈바꿈시킨다. 어떤 대상의 본질적인 속성이나 그 대상에 대한 과거 경험 때문만이 아니라 임의의 맥락 단서의 영향을 받아 형성된 다른 대상과 관계를 맺는 방식에 의해서도 그 대상을 피하는 것이 바람직하거나 필요해질 수 있다. 빌과 만난 적이 있는데 그 경험이 불안하다고 느꼈고 누군가 "라스는 빌과 똑같다"고 말한다면, 한 번도 만난 적이 없어서 라스가 어떤 사람인지 직접 경험하지 못했더라도 그를 피하고 싶을 수 있다. 당신은 라스와 빌을 관계 짓는 방식(그리고 빌과의 경험)에 근거하여 반응한다. 그리고 이러한 관계 맺기는 사회적으로 학습된, 본질적으로 임의적인 게임을 통해 이루어진다.

우리 자신과 우리의 행동, 우리의 자기 경험에 매우 중요하다고 생각되는 별개 유형의 관계틀은 바로 *직시적 틀*deictic framing*이다. 이는 우리가 어떤 관점을 확립하고 그에 따라 행동할 수 있는지, 그리고 이 관점이 어떻게 달라질 수 있는지를 말한다. 그가 *그때* 그렇게 말했다면 언제 그렇게 말했는지 확립된다. *그때*는 *지금*과 다른 관점을 나타낸다. *여기*는 *거기*와 반대되는 또 다른 관점이다. *나*는 *당신*의 관점과 다른 한 관점이다. 우리는 *그때* 일어날 것이라고 생각하는 것에 근거하여 *지금* 어떤 것과 관계 맺을 수 있고, 내가 특정 방식으로 행동하면 *당신*이나 *그녀*가 어떻게 행동할 것이라고 생각하는 것에 근거하여 *나*는 어떤 행동을 할 수 있다. 이러한 관점 취하기는 관계틀 맺기의 일종이다. 전문 용어로 이것은 임의 적용적 관계 반응의 한 예이다. 그리고 이러한 반응은 임의의 사회적 단서의 영향을 받아 발생한다. 따라서 "관점을 바꾸어" 다음과 같은 질문에 답할 수도 있다. "만약 당신이 나라면 당신의 성은 무엇입니까?", "만약 당신이 포르투갈에 있다면 서쪽에는 어떤 바다가 있습니까?"

직시적 틀은 시간과 공간의 연속성을 경험하는 데 특히 중요한 역할을 하는 것 같다. 어떤 의미에서 보면, 우리는 시공간의 변화와 상관없이 "같은 사람"이라고 경험한다. 지난여름에 참여했던 실제 활동을 떠올려보라고 한 다음 그 활동을 한 사람이 *당신*인지 확실하냐고 묻는다면 이상하게 생각할 것이다. 지난여름 거기에 있었던 사람이 "나였다"는 경험은 아마도 매우 명백할 것이다. 10

---

* 이는 그리스어 deixis(입증 demonstration)에서 파생된 용어로, 장소(여기), 시간(그때), 주체(그녀) 등 어떤 일이 일어나는 위치나 관점을 나타내는 단어나 표현을 가리킬 때 쓴다.

대 시절이나 심지어 학교에 입학하기 전의 사건을 떠올려보라고 해도 마찬가지다. 당신은 물론 "나"라고 부르는 사람이 외모, 자신과 타인에 대해 생각하는 방식 등 여러 가지 면에서 변했다는 것을 관찰할 수 있다. 그런데도 어떤 의미에서 "그 사람이 나였다"라고 경험하게 된다. 그때 거기에 있었고 그들을 "나"라고 불렀던 사람이 지금 이 모든 것을 기억하는 "나"와 동일하다. 이것은 어떤 논리적 결론보다 인간이라는 존재의 근본적인 경험 측면에 더 가깝다고 할 수 있다. 이 책을 읽는 지금과 완전히 달랐던 감정 상태(환희에 찬 기쁨 또는 깊은 절망)를 느꼈던 상황을 기억해 보라고 해도 마찬가지일 것이다. 그리고 동시에 "그 사람이 나였다"라는 느낌도 나타날 것이다.

이러한 연속성의 경험은 우리가 말로 표현하기 시작하는 순간부터 나-지금-여기로 요약할 수 있는 관점(우리 각자가 환경을 관찰하고 상호작용하는 독특한 관점)에 대해 이야기하고 점차 경험하도록 훈련받은 결과라고 가정할 수 있다. 그것은 공간(여기/거기)과 시간(지금/그때)이라는 서로 다른 직시적 틀의 조합이다. 우리가 경험하는 모든 것은 "나-지금-여기"에서 경험하는 것이다.

이러한 관점은 우리 자신을 관찰하기에 유리한 지점이기도 하다. 예를 들어, 우리는 어린 시절부터 변해왔음을 관찰할 수 있고, 다양한 생각을 하는 것을 관찰할 수 있으며, 한순간에는 한 가지를 기억하면서 다음 순간에는 다른 것을 기억하며, 다양한 여러 가지를 느낄 수 있음을 알아차릴 수 있다. 그러나 과거부터 "자신"이었던 존재와 거기에서 "자신"을 끊임없이 알아차리고 있는 존재를 동시에 경험하는 것, 그리고 이것이 의미하는 연속성이 인간 경험의 핵심이다. 모든 개인에게 고유한 이 관점은 직시적 틀의 결과로 생겨난 것이기 때문에 흔히 "직시적 나"라고 불린다. "우리 자신 안에서" 일어나는 현상(자기 생각, 감정, 기억, 신체 감각)에 대한 이러한 유형의 관계틀은 계층 틀(한 가지가 다른 것의 일부가 되는 것)과 결합하여 자기 행동 및 자기 자신과 상호작용하는 능력의 중심적인 측면이 된다(Luciano, Valdivia-Salas, Cabello-Luque, & Hernández, 2009). RFT에 따르면 일반적으로 우리가 자신과 상호작용하는 방식이 유연한 인간 행동에 매우 중요하기 때문에 이 책의 임상 부분에서 다시 다룰 것이다. 여기에 심리적 문제를 이해하고 그것에 영향을 미칠 수 있는 열쇠가 있다.

이상은 이 책의 주요 주제인 은유와 은유의 작동 원리를 다루는 데 도움이 되는 방식으로 관계구성이론의 핵심을 요약한 것이다. RFT와 그 배경 과학을 더 자세히 알고 싶은 독자는 기초 연구에 대한 구체적인 언급이 포함된 다른 개요 문헌(Dymond & Roche, 2013; Hughes & Barnes-Holmes, 2016; Törneke, 2010)을 읽어보는 것이 좋다.

관계틀 만들기와 은유

관계틀 만들기는 어릴 때부터 배우는 기술로, 대상의 본질적인 속성과 대상에 대한 즉각적인 경험과는 별개로 대상을 관계 맺을 수 있는 능력으로 이루어진다. 이러한 관계 맺기는 소리 조합(단어) 및 제스처와 같은 임의의 맥락 단서에 의해 조절된다. 가장 기초적인 경우, 우리는 한 대상이 다른 대상보다 "더 크다", 다른 대상보다 "나중에 온다", 다른 대상과 "같다", 다른 대상의 "일부이다", 다른 대상의 "아래에 있다", "거기에서 보인다"와 같은 단서를 바탕으로 두 대상을 관계 맺는다. 그러나 훨씬 더 복잡한 현상도 이러한 방식으로 관계 맺을 수 있다. 예를 들어, 우리가 일반적으로 "경험"이라고 부르는 현상의 유형을 지금까지 경험하지 않았지만 "나중에" 발생할 어떤 것(시간 틀의 맥락 단서)과 조직하여 마치 "비슷한 경험이 반복될 수 있다"는 식으로 행동할 수 있다. 그러나 이러한 경험 사이에 또 다른 유형의 관계를 확립할 수도 있다. 예를 들면, "비슷한 경험은 반복될 수 없다"는 그 경험을 미래에 일어날 수 있는 상황과 반대의 관계를 만든다. 이렇게 우리가 미래에 부여하는 "속성"이 우리의 행동 방식에 어떤 영향을 미칠 수 있는지 쉽게 알 수 있다. 과거에 일어난 매우 복잡한 현상(제2차 세계대전)은 현재 일어나고 있는 똑같이 복잡한 일(특정 정치적 사건), 그리고 미래에 일어날 수 있는 일과 나란히 놓일 수 있다. "지금 중부 유럽에서 일어나고 있는 일은 마치 2차 세계대전을 앞둔 상황과 같습니다. 우리는 반드시 이 흐름을 바꿔야 합니다."

   복잡한 현상은 그 자체로 관계의 연결고리를 구성하는 것이다. 역사적 사건(예를 들면, 제2차 세계대전 또는 중부 유럽의 시사 문제)에는 유사성, 비유사성, 시간, 혼합성(계층 구조) 등의 관계가 포함되어 있다. 개인적 경험도 마찬가지다. 이웃과 대화하는 경험에는 내가 한 말, 상대방이 한 말, 서로의 입장, 차이점과 유사점 등의 다양한 관계가 담겨있다. 이 대화를 영화에서 보았던 대화와 비교한다면, 각각 다른 여러 관계로 구성된 두 가지 복잡한 현상 사이에서 관계를 맺는 것이다. 서로 다른 복잡한 현상을 서로 관계 맺을 때, 우리는 관계 사이에 관계를 만드는 것이다.

   RFT에 따르면, 이것은 유추와 은유를 사용할 때 우리가 하는 것이 무엇인지 이해하는 데 가장 핵심이 된다. *우리는 관계 사이에 관계를 맺는다.* 우리가 관계 맺는 관계들은 종종 여러 가지 다른 관계로 이루어지기 때문에(예를 들면, 다양한 역사적 사건의 예), 우리는 관계형 네트워크 사이에 관계를 맺는다고 말할 수 있다.** 기본 원칙을 설명하기 위해 명확하고 비교적 간단한 몇 가지 예를 들어보겠다.

   피터와 루이즈는 한 꼬투리 속의 두 완두콩과 같다. 완두콩(유추의 근원)은 특정한 내재적 관계가 있다. 이와 같은 표현에서 의도한 관계는 아마도 유사성 중 하나일 것이다. 이것은 완두콩의 물리적 속성에 기반한 임의적이지 않은(직접적) 관계이다. 유추를 듣는 사람이 유추의 근원에서 이미 알고 있는 관계가 이제 그 표적(피터와 루이즈)에서 확립된다. 이는 "*~와 같다are like*" 형태의 임의의 맥락 신호를 통해 발생하며, 한편으로는 두 완두콩 사이의 대등 관계와 다른 한편으로는 피터와 루이즈 사이의 대등 관계가 확립된다(그림 4.1 참조). 대부분의 경우 유추와 은유에서 사용되는 임의로 확립된 관계는 대등 관계다. 특정

** 관계형 네트워크라는 용어는 기존의 어떤 대상을 지칭하는 것이 아니라 복잡한 방식으로 관계를 맺는 우리의 능력을 가리킨다는 점에 유의하라.

❹ 은유 - 관계 사이에 관계 맺기

관계(두 완두콩 사이의 관계)는 다른 관계(피터와 루이즈 사이의 관계)와 동일하거나 대등하다. 그러나 관계 네트워크의 일부를 형성하는 관계의 종류가 다양할 수 있다. 이 예에서는(두 완두콩 사이의) 유사 관계이지만, 유추 또는 은유의 표적에 따라 다양한 관계가 확립될 수 있다. 다음 예시를 살펴보자. *피터와 루이즈는 밤과 낮과 같다.* 여기서도 두 가지 관계(한편으로는 밤과 낮의 관계, 다른 한편으로는 피터와 루이즈 사이의 관계)가 대등하게 연결된다. 여기서 은유의 원천은 유사하지 않은 관계, 심지어는 반대되는 관계를 나타내고 있으며, 이것은 피터와 루이즈 사이에도 확립된 관계이다(그림 4.2 참조). 세 번째 예시는 다음과 같다. *피터와 루이즈는 고양이와 개와 같다.* 여기서 은유의 원천을 형성하는 관계의 연결고리는 '갈등의 관계' 등으로 요약할 수 있는 더 복잡한 관계 네트워크이다(그림 4.3 참조).

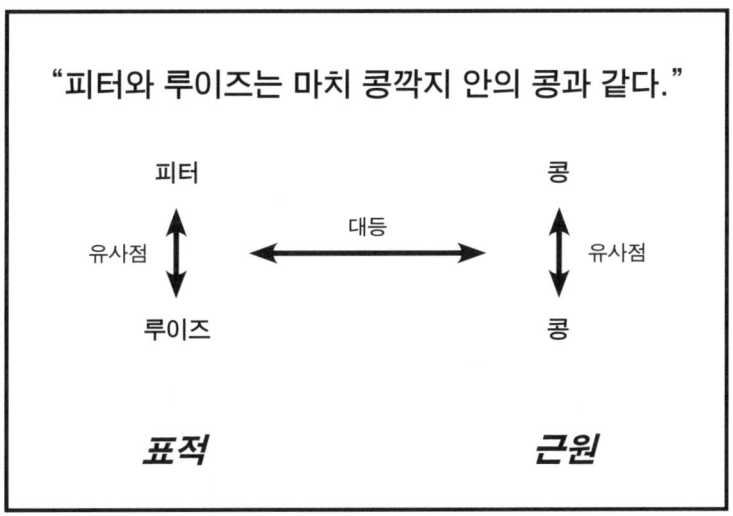

그림 4.1

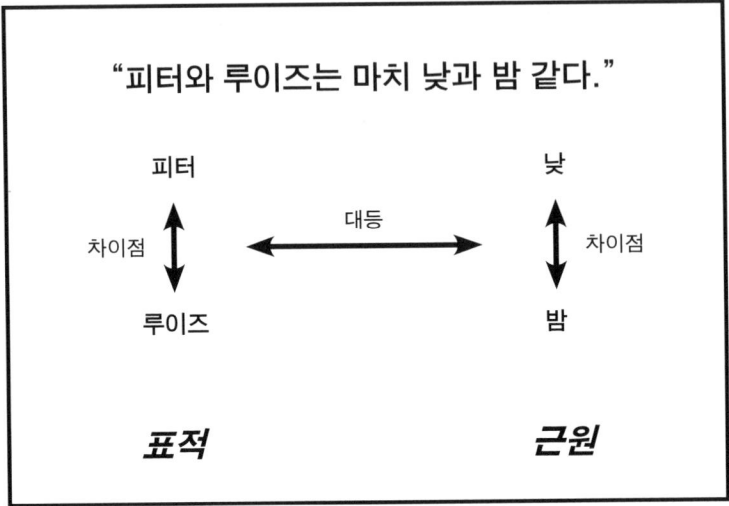

그림 4.2

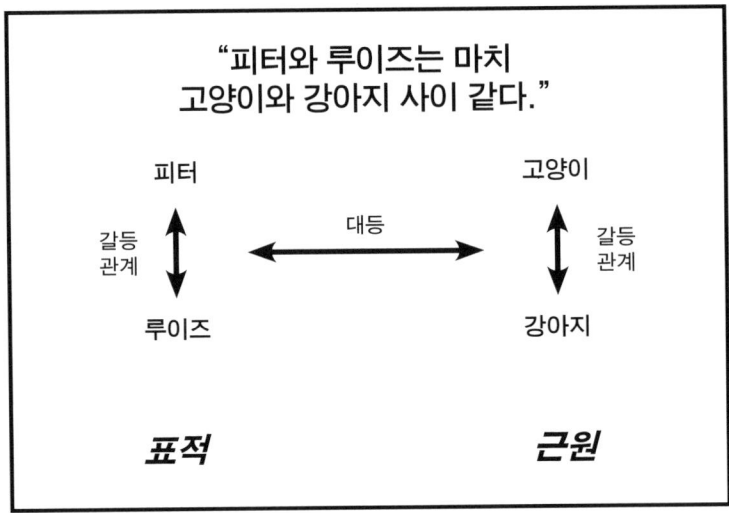

그림 4.3

또 다른 예가 있다. 한 남성이 매력적인 사람에게 다가갈 때와 같이 정말 하고 싶은 일을 할 때 주저하고 얼버무리는 행동을 한다. 관찰자는 이렇게 말할 수 있다. "그는 뜨거운 크림 주변을 맴도는 고양이 같다." 여기에는 두 가지 현상이 관계되어 있다. 남자의 머뭇거림(은유의 표적)과 고양이가 먹이를 원하면서도 불에 데고 싶지 않을 때 어떻게 행동할 수 있는지(은유의 근원)를 생각해 볼 수 있다.

이는 임의의 맥락 신호인 '~와 같이'를 통해 발생하며, 따라서 확립된 대등 관계는 임의적이거나 간접적이다. 두 가지 관계된 각각의 현상은 관계의 네트워크로 이루어지며, 그중 많은 부분이 직접적이다(각각의 특성에 따라 해당 현상의 서로 다른 측면 간의 관계이다). 이 예에서 관계된 두 가지 현상은 시간적 관계(특정 사물이 다른 것에 선행함)와 공간적 관계(거리/근접성)를 모두 포괄한다. 대체로 각 네트워크 내의 관계를 "회피 행동"으로 설명할 수 있다(그림 4.4 참조).

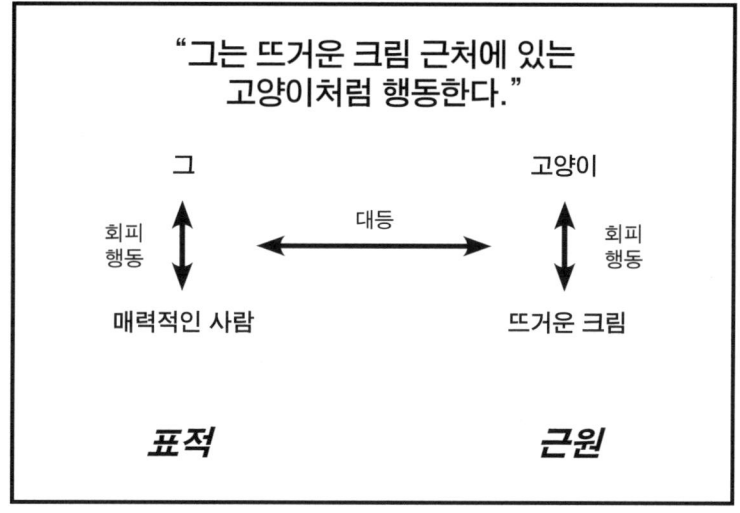

그림 4.4

직접 관계의 중요성

따라서 은유는 임의의 맥락 단서를 통해 확립된 간접(임의적) 관계뿐만 아니라 중추적인 기능을 하는 직접(임의적이지 않은) 관계로 구성된다. 피터와 루이즈가 서로 어떻게 관계를 맺고 있는지 설명하기 위해 다양한 은유적 표현이 사용된 위의 예를 생각해 보자. 이러한 다양한 은유의 근원(두 개의 완두콩, 밤과 낮, 고양이와 개 사이의 관계)은 특징이 있으며, 이러한 특징이 표적(피터와 루이즈 사이의 관계)에서도 강조될 때 은유가 적절하다고 간주된다. 잘 작동하는 은유에서는 근원이 표적보다 더 높은 수준의 특성이 있다. 두 개의 완두콩은 피터와 루이즈보다 더 닮았다. 하지만 피터와 루이즈 사이에도 유사점이 있으며, 바로 여기에 은유의 힘이 존재한다. 밤과 낮은 피터와 루이즈보다 더 차이가 크다. 하지만 그 차이점이 은유에 의미를 부여한다. 고양이와 개 사이의 관계가 근원으로 작용할 때도 마찬가지다. 피터와 루이즈 사이에서 어떤 종류의 갈등도 볼 수 없다면 은유가 부적절하다고 할 것이다. 그러나 아무리 감지하기 힘들더라도 갈등이 관찰된다면 근원은 표적의 이러한 특성을 명확히 하거나 그 특성에 초점을 맞추게 한다. 따라서 은유를 만들려면 다음이 필요하다.

1. 두 개의 관계 네트워크.
2. 이 두 개의 네트워크 사이의 대등 관계.
3. 은유의 근원을 형성하는 관계 네트워크는 은유의 표적를 형성하는 관계 네트워크보다 더 두드러지거나 명확한 성질의 측면/직접 관계/속성을 보유.
4. 이에 따라 표적의 중요성이나 기능이 변경된다.

누군가 알렉산더에 대해 "그는 큰 테디 베어다"라고 말하는 경우 "테디 베어"는 은유의 근원을 구성하는 관계 네트워크이며, 은유의 중심이 되는 측면이나 속성은 은유의 표적인 알렉산더보다 테디 베어에서 더 뚜렷하거나 두드러진다. 그러나 은유가 적절하게 되려면 듣는 사람이 알렉산더에서도 이러한 속성을 파악할 수 있어야 한다. 듣는 사람이 이러한 속성을 이미 보고 있을 수 있고, 이 경우 은유는 그 속성을 명확히 하거나 그 속성에 초점을 맞춰 알렉산더에서 그 속성이 "눈에 띄게" 한다. 그러나 때로는 은유 표적의 이러한 특성이 은유가 발화될 때만 듣는 사람에게 드러나기도 한다. 이것은 마치 은유의 표적을 구성하는 관계 네트워크의 속성이 은유를 통해 "드러나는" 것과 같다. 은유가 이러한 효과를 발휘할 때, 특별히 인상적이거나 적절한 것으로 경험된다. 그것은 무언가 새로운 것을 알려준다. 예를 들어 "깨어난다는 것은 꿈에서 낙하산으로 뛰어내리는 것이다"(Tranströmer, 2011)라는 표현을 생각해 보자. 대부분의 독자는 이 표현이 획기적인 유사성이라고 생각할 것이다. 은유의 근원(낙하산으로 뛰어내리기)을 구성하는 관계 네트워크는 그 표적(꿈에서 깨어나는 것)에서도 인식할 수 있는 특정 속성을 가지고 있다. 그러나 우리는 그 은유에 노출된 후에만 그 속성을 인식할 수 있다.

따라서 좋은 은유는 단방향적이다. 그 이유는 은유의 근원이 되는 속성이 표적에서 더 두드러지기 때문이다. 두 개의 완두콩이(분명히 비슷하다면) 피터와 루이즈와 닮았다고 말할 수 있다. 하지만 피터와 루이즈의 유사성이 두 개의 완두콩의 유사성에 거의 추가하는 것이 없기 때문에, 즉 완두콩의 유사성이 더 두드러지기 때문에 이 은유는 좋지 않은 은유이다. 테디 베어를 보고 알렉산더와 닮았다고 말할 수 있다. 그러나 언급되는 속성이 알렉산더보다 테디 베어에서 더 두드러지기 때문에 이 표현은 테디 베어에 대해 말해주는 것이 거의 없는 것처럼 느껴진다.

전형적인 은유의 이러한 단방향성은 더욱 고전적인 유추의 양방향성과 구별된다. "원자는 태양계와 같다"를 예로 들어보자. 이 유추는 보통(더 잘 알려진 것으로 생각되는) 태양계가 유추의 근원이 되고 원자가 그 표적이 되는 방식으로 사용된다. 그러나 언급된 속성(더 큰 대상을 공전하는 작은 대상이라는 공간 관계)은 두 가지 모두에서 똑같이 두드러진다. 따라서 원자의 단순화된 모델에는 익숙하지만, 태양계는 잘 모르는 사람이 있다면 원자를 근원으로, 태양계를 표적으로 하여 "태양계는 원자와 같다"고 말할 수 있다. "메르세데스와 BMW는 마치 사과와 배 같다"와 같은 유추도 매우 전형적인 예다. 언급된 속성(둘 다 자동차 또는 과일의 일반적인 종류에 속하는 항목)은 근원과 표적 모두에서 뚜렷하게 나타나므로 뒤집어 말할 수도 있다. 따라서 "사과와 배는 마치 메르세데스와 BMW와 같다"고 말하는 것도 똑같이 의미가 통한다. 이것은 피터와 루이즈는 한 꼬투리 속의 두 완두콩과 같다는 식으로 전형적인 은유를 뒤집어 말하는 것보다 훨씬 더 효과적으로 작동한다. 은유의 관련된 측면, 속성 또는 직접 관계가 은유의 표적보다 은유의 근원에서 더 두드러지기 때문에 은유는 단방향적이다.

관계구성이론과 현대 언어학

따라서 RFT에서 은유 사용은 임의의 맥락 단서를 기반으로 현상을 서로 관계 맺는 기본적인 언어 목록의 변형으로 간주한다. 근원과 표적은 임의의 맥락 단서를 통해 관련되는 다소 복잡한 관계 네트워크로 구성된다. 이러한 분석은 은유 사용을 전문으로 연구하는 현대 언어학자들이 제기한 것과 매우 유사하다. 특히 코넬리아 뮐러의 공헌에 대해서는 앞서 논의한 바 있다(Müller, 2008). 그녀는 행동 분석이 아닌 과학적 전제에서 현상을 설명하지만, 그녀의 설명에는 몇 가지 눈에 띄는 유사점이 있다. 그녀는 주어진 역사적 맥락에서 은유를 확립하는 행위 그 자체를 분석하는 것과 은유 사용이 "트라이어드triad"(그녀의 용어)를 이루는 방식이 중요하다고 강조한다. "트라이어드"는 고전적으로 언급되는 은유의 근원과 표적, 그리고 은유적 표현을 확립하는 다른 요소로 구성된다. 뮐러는 "하나의 개체 또는 과정 A가 있고, 이것은 두 개체 B와 C를 관계 지어 B의 관점에서 C를 볼 수 있다"(Müller, 2008, 30쪽)고 설명한다. 따라서 그녀는 언어(인지) 행위로 연결된 두 영역을 설명한다. RFT에 따르면 이러한 인지 과정은 임의의 맥락 단서를 근거로 두 네트워크 사이에 맺어진 대등 관계다. 따라서 RFT는 주어진 실험 상황에서 구체적인 은유화를 예측하고 그것에 영향을 미칠 수 있는 맥락 전제와 잠재적 도구를 갖고 있다. 이러한 점을 고려할 때 RFT는 은유를 연구하는 언어학자에게 제대로 작동하고 매우 유익할 수 있는 용어를 갖춘 연구 프로그램을 제공한다. RFT는 이 광범위한 연구 분야에서 검증할 수 있는 많은 자료를 끌어낼 수 있다. 잠재적으로 흥미로운 협업이 가능할 수도 있다.

❹ 은유 – 관계 사이에 관계 맺기

▌은유와 직시적 틀 만들기

이전 장에서 다양한 유형의 관계틀에 대해 논의한 바와 같이, 임의의 단서에 따라 다른 관점을 채택하는 능력인 직시적 틀 만들기는 매우 중요한 학습 기술이며 은유를 사용하는 데 중요한 역할을 한다. "그녀는 테리어다"라는 예를 생각해 보자. 표면적으로 이 말은 특정 여성과 특정 품종의 개만을 가리킨다. 그러나 자세히 살펴보면 참조 대상은 이 두 존재뿐만 아니라 이들과 상호작용한다고 가정할 수 있는 "암묵적 제3자"도 해당된다. 이 은유는 이 두 존재(에바와 테리어)가 서로 어떤 관계를 맺고 있는지만 말하는 것이 아니다. 이 은유는 한 사람(제3자, 아마도 은유를 듣는 사람)이 이 두 존재와 상호작용할 때 두 존재가 어떻게 유사한지를 말하고 있다. 이 은유를 더 완전하게 표현하거나 무엇이 무엇과 관계되어 있는지 정확히 설명한다면 다음과 같이 말할 수 있다. "에바와 소통하는 것은 테리어와 소통하는 것과 같다." 에바와 소통할 때 발생할 수 있는 결과가 테리어와 소통할 때 발생할 수 있는 결과와 비슷할 수 있다. 즉, 임의의 단서인 ~와 같다를 통해 확립된 유사성이다. "암묵적 제3자"의 존재는 보통 은유적 표현에서는 잘 드러나지 않는다. 하지만 듣는 사람(또는 다른 사람, 즉 관찰자 관점을 가진 사람)의 존재를 가정할 때만 그 발화가 작동한다. 그리고 이 가정은 대화에 참여하는 두 사람이 공유할 수 있는데, 청자에게 화자로서(그리고 화자에게 청자로서) 경험할 수 있는 능력이 우리의 언어적 역량의 일부이기 때문이다. "나"가 되어 "당신"과 "그/그녀"의 존재를 경험하는 것은 우리가 직시적 틀 만들기를 배울 때 확립되며, 심지어 명시적으로 드러나지 않을 때도 은유적 표현 안에 내장되어 있다. 예를 들어 토마스 트란스트뢰메르가 낙하산으로 뛰어내리는 것과 꿈에서 깨어나는 것을 동일시할 때 사용하는 은유에도 이것이 적용된다. 꿈에서 깨어난 사람과 낙하산으로 뛰어내리는 사람이 이미 있다고 가정하는 것이다. 이것은 1장에서 설명한 소위 개념적 은유의 상당수에도 동일하게 적용된다. "인생은 여행이다", "아이디어는 음식이다", "논쟁은 전쟁이다", "분노는 억압된 압력이다"와 같은 은유는 여행하고, 먹고, 논쟁하고, 싸우고, 화를 내는 사람이 있다는 것을 전제로 한다. 은유적 표현은 일반적으로 직시적 틀 만들기를 사용한다. 따라서 화자는 청자도 해당 경험을 공유한다는 가정하에 자신과 타인의 관점에 따라 말한다. 이러한 통찰을 통해 관계 맺는 것이 은유적 표현에 명시적으로 완전하게 포함되어 있지 않다고 하더라도 은유가 관계 사이에 관계를 맺는 것이라는 점을 더 명확히 알 수 있다.

인과 관계가 종종 핵심이 된다

그렇다면 이러한 더 복잡한 은유에는 어떤 관계가 관계되어 있을까? 우리가 다루고 있는 것은 다수의 관계로 구성된 관계 네트워크다. 주어진 예에서 어떤 관계가 중요한지 확인하려면 일반적으로 해당 발언이 발화된 맥락을 알아야 한다. 은유의 의미는 맥락과 무관하지 않다. 그와는 정반대로, 은유의 의미는 맥락에 따라 달라진다. 단순히 사용된 단어 외에도 청자와 화자가 어떤 관계인지, 은유에 부여된 "의미"가 무엇인지를 결정하는 다른 요소들이 있다. 이것은 행동 분석의 관점으로 이해되지만, 2장에서 언급한 바와 같이 많은 현대 언어학자들이 이 의견을 공유하고 있다.

"그녀는 테리어다"라는 은유로 돌아가 보자. 우리가 에바라고 부르는 여성이 토론 참여에 최선을 다하고 다른 사람이 자신의 의견을 무시하거나 반박하려고 하더라도 이를 굽히지 않을 때 이 은유를 사용한다고 가정한다. 이 은유의 핵심은 누군가가 테리어 및 에바와 상호작용한 결과라는 점이다. 이 은유의 중심적인 측면은 처음에는 테리어(은유의 근원)와의 상호작용에서 더 두드러지지만, 발화될 때는 에바(은유의 표적)와의 상호작용에서 명확해진다(또는 발견된다). 이 상황에서 우리는 이 은유의 의미를 "에바를 상대한 결과는 테리어를 상대한 결과와 같다"라고 설명할 수 있다. 이 경우 그 결과는 격렬한 저항의 경험으로 설명할 수 있다(그림 4.5 참조). 에바를 한 번도 만난 적이 없는 사람은 이 정보를 통해 어떤 식으로든 큰 도움을 받을 수 있으며, 이는 그가 에바와의 관계에서 어떻게 행동할지에 영향을 미칠 수 있다.

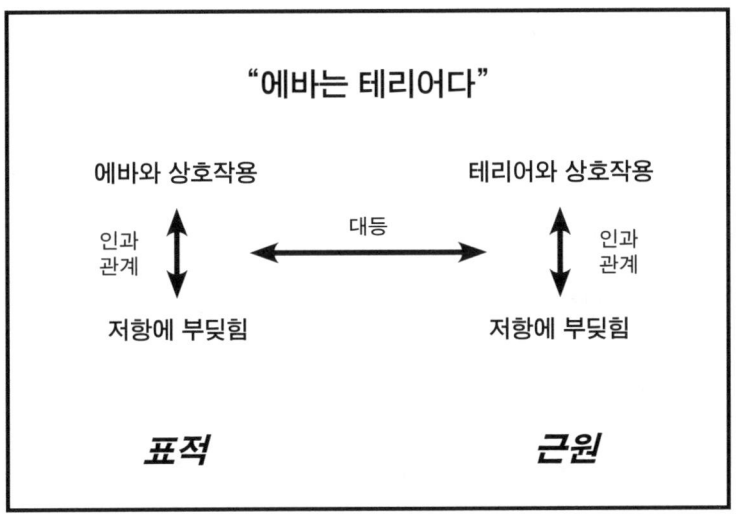

그림 4.5

은유가 자신의 행동과 다른 사람의 행동 모두에 영향을 미치기 위해 자주 사용된다는 점은 아마도 인과 관계가 많은 은유의 관련된 관계 네트워크에서 매우 흔한 이유가 될 것이다. 영향을 미친다는 것은 효과가 있고 결과를 얻는다는 의미다. 이것은 행동의 근본적인 측면이며, 따라서 언어의 핵심이기도 하다. 원하는 결과를 얻을 가능성을 높이는 무언가를 말하는(그리고 생각하는) 능력은 개인과 집단 모두의 생존에 필수적이다. 따라서 이러한 방식으로 기능하는 은유는 행동을 위한 규칙, 조언 또는 지침을 구성한다고 할 수 있다. 그런 경우 은유는 행동과 그로 인해 발생하는 결과 사이의 연관성을 설명한다. 지침을 이해하고 따르는 능력은 언어의 가장 중요한 결과로 간주되며(Catania, 2007), 은유 사용은 이 목록의 하위 집합이다. 따라서 레이코프와 존슨의 말을 바꿔 표현하면 (1장 참조), 우리가 "살아가는" 은유는 행동의 결과를 설명한다. 즉 인과 관계가 관련된 현상에 결정적으로 중요하다. 몇 가지 예를 더 들어보자.

하루 업무를 막 끝낸 사람이 아직 책상에 앉아 일하는 동료에게 "이대로 가면 벽에 부딪힐 거야"라고 말한다. 너무 열심히 일하는 것의 결과는 "벽에 부딪히는 것"의 결과와 대등 관계에 놓여 있다(그림 4.6 참조). 한 축구팀의 중요한 경기의 전반전이 끝나고 선수들이 후반전을 위해 탈의실을 나설 때 코치가 "이제 나가서 거래를 성사시켜!"라고 말한다. 어떠한 방식으로 경기하는 것의 결과는 "거래를 성사시키는 것"의 결과와 동일시된다(그림 4.7 참조).

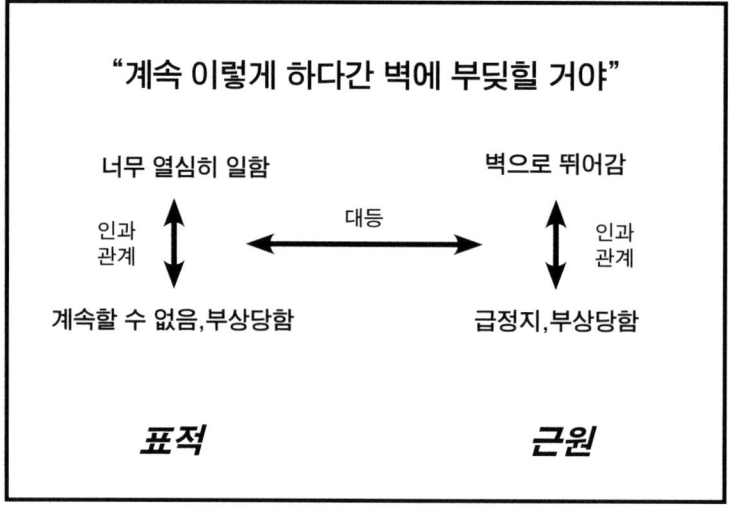

그림 4.6

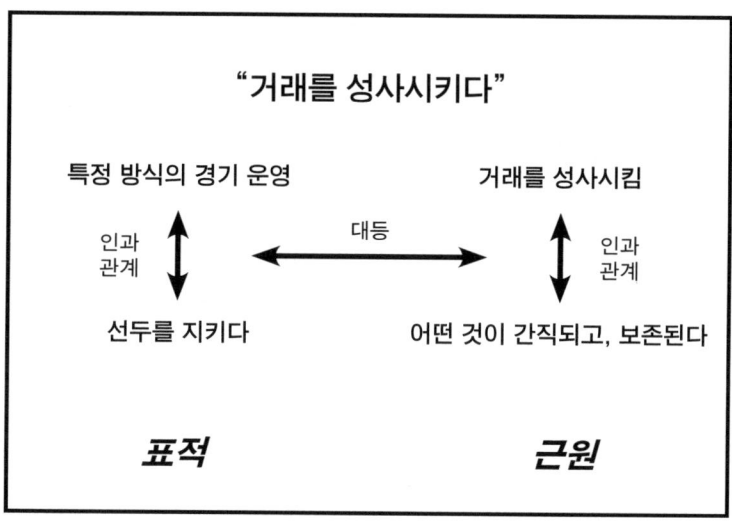

그림 4.7

결론

관계구성이론에 따르면 특정 행동 레퍼토리는 언어의 근간이 된다. 즉 단순한 물리적 속성과 현상들 사이의 관계를 직접 경험하는 대신에 임의의 맥락 단서에 기반하여 현상들 사이에 관계를 맺는 능력이 핵심이다. 결과적으로 우리는 이론적으로는 어떠한 것이든 가능한 모든 방식으로 서로 관계 맺을 수 있다. 이 기술이 은유가 작동하는 방식, 즉 관계 사이에 관계 맺기다. 은유는 대등 관계에 나란히 놓인 두 개의 관계 네트워크로 구성된다. 여기에서 은유의 근원을 제공하는 네트워크가 은유의 표적을 제공하는 네트워크보다 더 두드러진 속성 또는 측면을 가지고 있다. 은유 사용은 언어 행동에 필수적인 것이며, 다른 사람 및 물리적 환경과 상호작용하는 방식에 영향을 미치는 데 사용된다.

Chapter 05

임상 연구에서의 은유
Metaphors - Relating Relations

서론에서 언급한 바와 같이, 은유가 얼마나 유용한지에 대해서는 다양한 정신치료 학파가 동의하고 있다. 하지만 그 이유와 방식에 대한 많은 질문에는 아직 과학적인 답을 내놓지 못하고 있다. 은유 사용과 치료 결과 사이의 관계에 관한 질문은 특히 까다로운 문제다(McMullen, 2008). 그러나 다양한 유형의 중재를 비교하고 상호 평가하는 연구가 부족함에도 불구하고 그 연구 분야가 전무하지는 않다. 구체적인 치료 상황에서 은유 사용을 기록하여 필수적인 변수에 대한 결론을 도출하려고 하는 많은 연구가 있으며, 대부분은 정신역동 또는 감정 처리(예: Greenberg & Pavio, 1997) 모델로 작업하는 연구자 및 치료자가 수행한 연구들이다.

이러한 연구의 대부분은 동일한 방식을 따른다. 즉 진행 중이거나 특히 초기 단계에 있는 특정 치료법을 선택한 다음, 치료의 일부 또는 전체 과정을 추적하며 치료자와 내담자 사이의 상호작용을 기록한다. 그런 다음 대화에서 사용된 은유를 코딩하면 치료자나 내담자의 은유 사용, 또는 많은 후기 연구처럼 양쪽 모두의 은유 사용에 초점을 맞출 수 있다. 연구 대상인 변수는 사용된 은유의 수, 특정 은유를 시작한 사람, 이 은유가 창안되었는지 여부, 가장 많은 은유를 사용하는 사람, 반복되는 주제 등이 될 수 있다. 일부 연구는 이를 통해 전체적인 치료 결과 및/또는 기타 지표와 상관관계가 있는 자료를 제공한다. 어떤 연구에서는 또 다른 자료 수집 단계가 있다. 이를 통해 연구자가 기록된 치료 세션에서 특정 측면에서 흥미롭다고 판단되는 구체적인 치료 장면을 선택하여 치료자와 내담자에게 보여 주고 그 당시에 그것을 어떻게 경험했는지, 그리고 그 과정이 얼마나 중요하다고 평가하는지 물어보는 것이다. 그다음 이 자료는 은유 사용과 치료 결과나 과정 변수 사이의 상관관계를 찾는 데 사용된다. 이러한 연구는 일반적으로 적은 수의 사례(3~6개)로 구성되지만, 훨씬 더 큰 규모인 경우도 있다(McMullen & Convey, 2002).

이러한 연구를 통해 어떤 결론을 도출할 수 있을까? 연구자들 자신도 자주 지적하듯이, 연구의 규모 때문에 그 결론을 신뢰할 수 없다. 그러나 몇 가지 발견들은 반복되는 결과로부터 어느 정도의 타당성을 부여받는다. 특히 그러한 발견들이 은유 사용에 대해 일반적으로 알고 있는 위에서 언급한 연구의 결과와 일치하는 경우에 그렇다.

- 치료에서 사용되는 은유의 수는 효과의 중요한 지표가 아닌 것 같다(Angus, 1996). 치료자나 내담자가 사용한 은유의 총 개수가(다른 변수의 측면에서) 좋은 결과와 상관관계가 있다는 연구도 있지만, 다른 연구들은 그 반대의 결과를 보인다(McMullen, 2008). 또한 사용된 은유의 개수 자체가 효과적인 치료를 예측한다는 가설은 은유와 그것의 언어적 기능에 대해 우리가 흔히 알고 있는 것과 모순되는 것 같다. 은유는 도움이 된다거나 도움이 되지 않는다고 말할 수 있는 전문적인 언어 도구가 아니라 단지 언어를 구성하는 기본 요소이다. 우리가 더 많이 말할수록 더 많은 은유를 사

용한다(Angus & Korman, 2002). 따라서 건설적이든 파괴적이든 모든 말하기와 사고방식에 은유가 들어 있을 것이라고 예상하는 것은 합리적이다. 이는 또한 임상 연구 결과와 일치하는 것으로 보인다.

- 긍정적인 결과 또는 과정 지표와 상관관계가 있는 것으로 보이는 은유 사용의 한 유형은 치료자와 내담자가 협력한 은유이다(Angus, 1996; Angus & Rennie, 1988; 1989). 이러한 은유는 대화에 도입된 후 두 사람 모두에 의해 "공동 창작"(개발 및 사용)되는 은유이다. 누가 그런 유용한 은유를 시작했는지는 그다지 중요하지 않은 것 같다. 또한 이러한 결과는 특히 치료 목표와 관련하여 치료 효과의 긍정적인 지표인 치료자-내담자 협력에 대해 우리가 일반적으로 알고 있는 것과 일치한다(Tryon & Winograd, 2011).

- 내담자가 사용하는 은유는 보통 내담자가 가진 문제의 핵심 주제를 포함하고 있다(Levitt, Korman, & Angus, 2000; Angus & Korman, 2002; McMullen, 2008). 이는 치료자가 내담자가 사용하는 은유, 그것의 연관성 및 암시된 내용을 탐색하고 지속적인 대화에서 이 자료를 사용하기 위해 모든 노력을 기울여야 함을 시사한다. 이 결론은 은유가 언어의 기반이라는 생각과도 일치한다. 말이 은유적일지라도 "입은 마음에 가득 찬 것을 말한다". 은유를 사용할 때 우리가 하는 말이 특히 "마음에서 우러나오는" 것일 수도 있다.

- 치료 상황에서 핵심 은유를 찾을 때 "죽은" 은유와 "살아있는" 은유의 차이는 중요하지 않아 보인다. 죽거나 석화된 것처럼 보이는 은유조차도 변화만큼이나 이해에 필수적인 것으로 밝혀질 수 있다(McMullen, 1989; Rasmussen & Angus, 1996). 이러한 점에서도 결론은 현대 언어학자들이 은유에 대해 보다 일반적으로 저술한 것과 일치한다(Müller, 2008).

- 중요한 은유적 주제는 성공적인 변화를 위한 대화가 이루어질 수 있는 틀을 제공할 수 있다(McMullen, 1989; Angus, 1996). 효과적인 치료와 덜 효과적인 치료를 비교하는 연구를 했을 때, 연구자들은 효과적인 치료는 핵

심 "은유적 주제"가 특징이라는 점을 발견했다. 이 핵심 "은유적 주제"는 치료가 진행됨에 따라 발전되고 이 주제와 연결된 개별 은유를 통해 반복된다. 내담자가 가진 문제의 변화는 은유적 주제의 틀 안에서 내담자의 말하기 방식에도 반영된다. 예를 들면, 내담자가 처음에 자신을 "구석에 갇혀 있다"고 묘사했다면 나중에는 "더 자유롭게 움직일 수 있는" 능력에 대해 말할 수 있다. 다른 내담자가 처음에 아내와 "전쟁 중"이라고 묘사했다면, 성공적인 치료 과정이 끝난 후에는 아내와 "평화를 이루었다"고 묘사하거나 전쟁에서 "승리하고 있다"고 말할 수 있다. 이러한 결과가 언어학자들이 은유적 표현의 메커니즘이라고 말한 것과 일치한다는 점에 다시 한번 주목할 필요가 있다.

- 치료자가 계획적으로 은유를 사용하면 내담자는 치료자가 한 말을 기억할 가능성이 높아진다(Martin, Cummings, & Hallberg, 1992).

언어학자의 정신 치료 연구

최근 몇 년 동안 언어학자들은 정신 치료에서 은유가 사용되는 방식에 관심을 가져왔다(Needham-Didsbury, 2014; Tay, 2013; 2016a; 2016b; Tay & Jordan, 2015). 정신 치료의 효과에 대한 관심이 부족하기 때문에 언어학자들의 연구와 분석은 고전적인 의미에서 임상적이라고 할 수는 없다. 그러나 실제 임상의 상호작용을 다루기 때문에 여전히 이 주제에 해당된다. 2장에서 은유를 그것이 사용되는 맥락의 관점에서 이해해야 하며 치료적 상호작용은 그러한 맥락 중 하나라고 설명했다. 이 언어학자들은 이러한 설명을 전제로 은유의 정신 치료적 기능을 살펴본다. 연구와 분석은 주로 질적이며 현대 언어 은유 이론의 관점에서 임상적 상호작용을 탐구하려고 노력한다. 이에 대한 야심 찬 예로 데니스 테이의 저서 『심리 치료에서의 은유Metaphor in Psychotherapy』가 있다. 이 책은 기술적 및 규범적 분석(2013)을 들 수 있고 실제 치료 세션의 녹취록을 사용하여 언어적 상호작용의 다양한 측면을 탐구한다. 다음에 제시하는 내용은 주로 그의 연구를 바탕으로 한 결론이다.

- 전형적인 치료 대화에서 은유적 말하기에 사용되는 원천은 체화된embodied 것, 문화적인 것, 개인적인 것으로 구분할 수 있다. 우리의 몸과 주변 환경과의 신체적 상호작용이 은유적 말하기의 일반적인 근원이라는 점은 정신 치료에서의 은유에도 해당되는 사실이다. 문화적이고 개인적인 측면도 흔히 드러난다. 누군가가 회의의 분위기에 대해 "방콕의 주차장처럼 뜨거웠다"고 말하는 경우, 열기에 대한 신체적 경험이 은유적 표현의 원천인 것이 분명하다. 하지만 태국의 수도에 대한 개인적인 경험도 은유적 표현의 원천일 수 있다.
- 은유는 종종 문제 해결에서 "개념적 약속"의 역할을 한다(Brennan & Clark, 1996). 은유는 대화 파트너 중 한 명에 의해 도입되고 이후 치료자와 내담자 모두에 의해 처리되어 문제나 어려움, 해결책이나 행동 수단이 공식화되는 그들의 공유된 표현 양식의 핵심 구성 요소가 된다.
- 정신 치료 대화에서 은유 사용의 지속성을 추적할 수 있는 것처럼, 어느 정도의 가변성도 관찰할 수 있다. 지속성은 일반적으로 치료자와 내담자 모두 동일한 목표에 대해 동일한 원천에 의존할 때 나타난다. 예를 들면, 내담자와 아내의 관계를 "전쟁"이라고 계속 언급하면서 그들이 어떻게 전투를 치르는지, 누가 먼저 공격하는지 등을 이야기할 수 있다. 여기서 두 사람은 동일한 표적(내담자의 관계)에 대해 주어진 근원(전쟁)을 반복적으로 사용하면서 함께 은유를 발전시켜 나간다. 치료자와 내담자 중 한 명이 이전에 사용했던 근원을 다른 표적에 사용하면 경험이나 행동의 다른 측면 사이에 유사성이 확립된다. 예를 들면, 내담자가 이전에 자신의 관계를 전쟁에 빗대어 말한 후 자신의 직업에 대해 말할 때 "나는 거기에서도 전쟁 중이다"라고 한다면, 근원(전쟁)이 새로운 표적(내담자의 직업)에 적용된 것으로 볼 수 있다. 서로 다른 근원이 하나의 동일한 표적에 사용되는

경우도 흔하다. 예를 들면 내담자의 관계를 전쟁에 빗대어 자주 언급한 후 "갈림길에 도달했다"고 말하는 것이 이에 해당된다. 내담자의 관계는 여전히 은유의 표적에 해당되지만 그 근원은 "전쟁"에서 "여행"으로 바뀌었다. 이러한 종잡을 수 없는 사건은 새로운 관점을 제시하거나 현상(이 경우에는 관계)에 대한 설명을 수정하여 새로운 발전의 기회를 제공할 수 있다. 그러나 은유의 근원과 표적이 자주 중단되고 바뀌는 것은 대화에 문제가 있음을 의미한다.

- 은유는 정신 치료 대화의 특징일 뿐만 아니라 치료 자체에 대해 이야기할 때도 영향을 미친다. 치료를 여행, 공동의 프로젝트, 누군가가 마음에 쌓인 것을 털어놓을 기회, 도구를 습득하는 방법, 감정을 처리하거나 과거를 받아들이는 수단으로 설명한다면, 그것은 치료자와 내담자가 치료 상황에서 실제로 어떻게 행동하는지에 대한 여러 가지 다양한 의미를 암시하게 된다.

▌연구의 단점

이 장의 서두에서 지적했듯이, 임상 연구에는 명확한 답이 없는 질문이 많이 있다. 은유에 대한 임상 실제와 기초 연구 사이의 간극은 경험적 전통의 임상가와 연구자들에게 오랫동안 인식되었다(McCurry & Hayes, 1992; Stott et al. 2010). 일부 연구자들은 이것이 단지 이 분야가 너무 복잡하거나 임상 연구의 수가 너무 적기 때문이 아니라 일반적으로 사용되는 접근 방식 자체가 상당히 많은 원칙적 어려움을 안고 있기 때문이라고 말한다. 이 주장은 이 주제를 요약한 린다 맥뮬런의 에세이(McMullen, 2008)가 가장 설득력 있게 제시하고 있다. 그녀가 내린 결론은 행동 분석적 관점에서 이 주제에 접근하는 사람에게 특히 흥미롭다. 비록 그녀가 이 심리학 분야를 언급하지는 않았지만, 그녀가 기술한 내용은 이 분야의 가정과 거의 일치한다. 그녀는 연구마다 주요 현상에 대해 서로 다른 정의를 사용하는 경우가 많으며, 이로 인해 지식 기반을 구축하고 연구 결과를 재현하기가 어렵다는 점을 언급하며 글을 시작한다. 따라서 보다 명확한 정의가 필요하다. 또한 그녀는 임상 연구가 실제 은유 사용과 은유가 발생하는 맥락을 충분히 고려하지 않았다고 주장하며, 에세이 제목을 "맥락 안에 놓기"로 정했다. 그녀는 은유 자체에 초점을 맞추는 것은 실수일 수 있으며, 이는 언어를 맥락과 무관한 것으로 보는 견해와 관련된다고 주장한다. 또한 "특정 맥락에서 화자와 청자 사이의 대화가 무엇을 *성취하는지*에 초점을 두도록 하는 언어의 전략적 사용"을 강조하면서 언어에 대한 더 기능적인 접근 방식을 지지한다(McMullen, 2008, 408쪽, 필자 이탤릭체). 그녀는 은유 사용에 초점을 맞추는 대신, 이러한 기능적인 접근 방식을 통해 우리를 임상적으로 의미가 있는 현상에 대한 주된 관심으로 안내할 것이며, 그다음에는 바로 이러한 맥락에서 은유가 작동하는 방식에 대한 관심으로 유도할 것이라고 말한다.

언어학자 데니스 테이는 은유 사용에 대한 기존 연구에서 공유된 정의가 부족하다는 문제를 지적하며(Tay, 2013), 정신 치료에 주된 관심을 가진 학자들이 언어학 연구와 은유 이론의 발전에 무지한 경우가 많다고 언급한다. 동시에 그는 자신의 과학 분야에서는 정신 치료 연구에 대한 지식이 부족함을 지적하고 협력을 촉구하며 이를 달성할 수 있는 방안을 제시하고 있다(Tay, 2014; 2016c).

결론

은유 사용에 대한 임상 연구는 특히 특정 은유 사용과 구체적인 치료 결과 사이의 연관성과 관련하여 해결되지 않은 많은 질문을 남겨두고 있다. 그러나 지금까지 수행된 연구에 따르면 은유적 언어는 정신 치료에서 흔하게 사용되며, 핵심 주제가 문제 설명과 해결 시도 모두에서 은유로 나타나는 경우가 많다는 것을 알 수 있다. 이는 일반적으로 은유가 만연해 있다는 점을 고려하면 예상할 수 있는 것이다.

❺ 임상 연구에서의 은유

하지만 현재까지의 연구를 통해 몇 가지 잠정적인 결론을 내릴 수 있다. 치료적 대화에서 중요한 것은 사용된 은유의 수가 아니라 핵심 주제와 관련된 은유를 공식화하는 치료자와 내담자 사이의 협력인 것처럼 보인다. 죽은 은유와 살아있는 은유 간의 고전적인 구별도 결정적인 의미가 없는 것으로 보인다. 이는 언어와 사고에서 은유의 기능에 대해 우리가 알고 있는 것, 특히 언어학 연구를 통해 알고 있는 것이 정신 치료에도 적용되는 한 가지 예시다. 이는 실제 치료 대화를 분석하는 언어학자들에 의해서도 확인되었다. 이들은 협력하여 핵심 주제의 은유를 공동으로 공식화하는 능력이 정신 치료에서 매우 중요하다는 결론을 내린다. 이 책의 임상 섹션에서 이 아이디어를 다시 다룰 것이다.

Chapter 06

우리는 무엇을 배웠나?
What Have We Learned?

이 짧은 장에서는 현대의 은유 연구를 검토하여 얻은 주요 결론을 요약하여 제시할 것이다. 그리고 이를 통해 더 깊은 수준의 학문적 연구와 이론에 익숙해지는 데 무관심한 독자에게 지름길을 제공하고자 한다. 이번 6장에서 1장부터 5장까지의 개요를 읽고 바로 임상 적용 파트로 넘어갈 수도 있다. 하지만 당면한 문제를 더 철저히 이해하기 위해 다시 읽어보는 것을 권한다. 물론 이는 전적으로 독자의 선택에 달려 있다. 다음 요점은 현대 과학이 은유와 그것의 사용에 대해 알려주는 것을 요약한 것이다.

- 은유는 "언어적 장식"이나 문자 그대로의 언어의 부속물이 아니라 언어의 근본적인 구성 요소다.
- 우리가 매일 언어를 사용하는 방식은 주변 환경, 서로, 그리고 우리 자신과 상호작용할 때 끊임없이 은유를 사용한다는 사실을 무심코 드러낸다. 심

❻ 우리는 무엇을 배웠나?

지어 우리가 그렇게 하고 있다는 사실을 인식하지 못할 때도 지속적으로 은유를 사용한다. 우리는 여름을 "기대하고look forward", 주말에 어디론가 떠나고 싶어 마음이 "기울어지며incline toward", 누군가의 말을 "받아들이거나buy", 혹은 "흘려 보낸다brush it aside". 우리는 분노로 "끓어오르고boil" 공포에 "얼어붙는다freeze".

- 은유는 한 가지를 다른 것의 관점에서 말하는 것으로, 더 낯설거나 불분명하거나 추상적인 현상(은유의 표적)을 더 익숙하거나, 명확하거나, 구체적인 현상(은유의 근원)과 관련지어 설명하는 것이다.

- 은유 사용은 일반적으로 인간의 행동에 영향을 미치는 매우 강력한 도구이다.

- 언어를 문자 그대로의 언어와 은유적/비유적 언어로 분류하는 전통적인 방식은 조잡하고 일상적인 의미 외에는 거의 쓸모가 없다.

- 은유는 살아있는 은유와 죽은 은유로 명확하게 분류되지 않는다. 죽은 은유는 자주 대화에서 되살아나 화자와 청자 모두에게 상당한 영향력을 발휘할 수 있다.

- 은유는 항상 맥락 속에서 발화된다. 은유 사용을 이해하려면 항상 은유가 사용되는 맥락 안에서 은유를 분석해야 한다.

- 행동 분석의 원칙은 은유 사용에 대한 언어학 분석의 현대적 경향과 여러 면에서 일치한다. 은유는 기능적으로 이해되어야 하는 행동, 즉 청자에게 미치는 영향의 측면에서 이해되어야 하는 행동이다.

- 일반적으로 언어의 핵심에 있는 행동 레퍼토리는 은유 사용의 핵심에도 있다. "언어적 행위Languaging"는 관계 맺기의 특별한 방법, 즉 관계의 틀을 만드는 것이다. 관계구성이론은 우리가 은유화할 때 하는 것, 즉 관계 사이에 관계를 맺는 것에 대한 정의를 제공한다.

- 은유는 정신 치료 대화에서 매우 흔하게 사용되며, 중요한 은유적 주제는 변화를 위한 대화가 효과적으로 이루어질 수 있는 틀을 구성한다.

Part 1 은유 - 과학적 분석

- 치료자와 내담자가 은유의 사용 및 개발에서 서로 얼마나 협력하는지는 정신 치료의 예후에 중요하다.

PART
02

치료 도구로서의 은유
Metaphors as Therapeutic Tools

Chapter 07

세 가지 핵심 전략
Three Core Strategies

이 장에서는 정신 치료에서의 은유 사용에 대한 연구를 요약 검토한 린다 맥뮬런이 내린 결론을 출발점으로 삼겠다(McMullen, 2008). 그녀는 "맥락적 접근이 수반하는 것이 무엇인지 생각하는 한 가지 방법은 은유 자체가 아니라 임상적으로 관심 있는 사건에 초점을 두는 것이다……"(408쪽)라고 썼다. 그녀는 은유 사용이 주어진 치료 대화에서 가질 수 있는 특정 기능을 강조함으로써 자신의 아이디어를 발전시킨다. 은유를 사용하는 것은 하나의 행동이며, 그 요점을 이해하려면 은유가 발화되는 맥락에서 은유가 가져오는 결과에 관심을 가져야 한다.

▎임상적 관심 분야

그렇다면 우리가 주목해야 할 임상적 관심사는 무엇일까? 이 질문에 대한 답을 찾는 것이 이번 장의 목적이다. 이 장의 첫 번째 전략은 검색 범위를 넓히는 것이다. 증거 기반 심리 치료 모델에서는 어떤 영역을 강조할까? 이러한 모델 중에서 어디를 주목해야 하는지에 대한 합의가 있을까? 어느 정도는 있다고 생각하며, 경험적으로 뒷받침되는 현재의 정신 치료 모델을 바탕으로 동기 부여, 정신 교육, 사고, 노출, 정서 처리, 관계, 선제적 행동의 7가지 영역에 대해 설명하는 것으로 시작하겠다. 이러한 서로 다른 영역은 잘 정의되어 있지도 않고 서로 명확하게 구분되지도 않지만, 보다 근본적인 원칙을 찾기 위한 출발점 역할을 해야 한다. 나는 나중에 관계구성이론(RFT)이 심리적 문제의 주요 측면과 우리가 주목해야 할 임상 과정을 설명하는 데 사용될 수 있다고 주장할 것이다. RFT는 임상 개입의 다양한 측면을 분석하는 데 사용될 수 있다(Törneke, 2010; Villatte, Villatte, & Hayes, 2016). 여기서는 RFT를 사용하여 다양한 근거 기반 정신 치료 모델에서 합의된 영역을 요약하여 설명할 것이다. 또한 세 가지 기본 정신 치료 전략을 공식화하여, 이를 통해 사람들이 변화하도록 돕기 위해 은유를 활용하는 방법에 대한 지침을 제공할 것이다. 우리가 자신의 행동과 상호작용하는 방식에 초점을 맞출 것이다. 하지만 앞서 말했듯이 먼저 그물을 넓게 치는 것부터 시작하겠다.

▮동기 부여

　동기는 다양한 유형의 정신 치료에서 중요한 변수로 간주된다. 동기는 치료의 전제 조건(Craske & Barlow, 2014; Franklin & Foa, 2014)이거나 치료의 초점이 되는 특정 영역(Payne, Ellard, Farchione, Fairholme, & Barlow, 2014)이다. 이 현상학적 영역을 대상으로 하는 개입에 특히 중점을 두는 모델 중 하나는 동기강화면담(MI)이다(Miller & Rollnick, 2013). 이 면담 방법은 약물 재활에 뿌리를 두고 있지만 일반적인 적용이 가능하다(Lundahl & Burke, 2009). 심리 상담의 다른 어떤 모델도 치료자의 접근 방식 중 어떤 측면이 변화를 촉진하는지를 이해하는 데 많은 연구를 할애하지 않았다(Miller & Rose, 2009). 핵심은 MI에서 치료자가 공감적이고 성찰적인 대화를 통해 내담자가 변화해야 할 그만의* 이유를 탐색하도록 돕고, 내담자 스스로 변화를 일으키려는 의지와 능력을 새롭게 형성하면 실제로 변화가 일어날 가능성이 더 높아진다는 것이다. 이와 같이 변화를 원하고 변화할 수 있다는 점에 대해 대화하는 방식("변화 대화")은 변화를 예측한다. 많은 연구가 내담자가 대화에서 자신을 표현하는 방식이 향후 실제 행동의 변화와 어떤 상관관계가 있는지 조사하는 데 집중했다. 특히 대화가 진행되는 동안 내담자가 그의 전념을 표현하는 방식이 발전해 나가는 경우 내담자의 향후 행동 변화를 예측할 수 있다는 사실이 밝혀졌다(Amrhein, 2004). 또한 치료자가 MI의 원칙에 따라 행동할 때 내담자가 이러한 방식으로 그 자신을 표현할 가능성이 높아진다는 것도 밝혀졌다. 치료자의 태도는 내담자가 특정 종류의 "변화 대화"를 하도록 장려할 수 있으며, 이는 결국 성공적인 변화의 지표가 된다.

행동 분석적 관점에서 보면 이것이 어떻게 작동하는지 비교적 쉽게 알 수 있으며, 이러한 설명 모델은 MI 자체가 지지하는 모델과 다르지 않다(Christoffer & Dougher, 2009). MI의 원칙에 따라 행동하는 치료자는 내담자가 그의 불안의 다양한 측면을 판단 없이 자유롭게 공식화할 수 있는 공감적 대화를 제공한다. 또한 치료자는 내담자의 양가감정에 대한 다양한 측면에 대해 대화하고 대안들을 공개적으로 평가하도록 적극적으로 장려한다. 이렇게 하면 내담자가 여러 가지 가능한 전략과 그에 따른 결과를 말로 표현할 가능성이 높아진다. 따라서 내담자가 자신의 대안들을 더 잘 평가할 수 있게 되면 자신의 목적에 전념하게 될 가능성이 높아진다. 이러한 전념은(내담자가 중요하다고 생각하는 것을 공식화함으로써) 그가 성취하고자 하는 것과 더 큰 정서적 연결을 제공한다. 또한 이것은 내담자와의 대화를 통해 특정 지위를 얻은 사람 앞에서 수행되는데, 이는 내담자가 약속한 것을 이행할 확률을 높이는 또 다른 요인이다.

ACT(수용전념치료)는 동기 부여 작업에 중점을 두는 또 다른 정신 치료 모

---

* 앞으로는 간편함을 위해 내담자를 "그"로, 치료자를 "그녀"로 지칭하겠다.

델이다. ACT 역시 MI 이상으로 행동 분석에 바탕을 둔 치료 모델이다. "전념"과 가장 중요한 바람직한 결과(가치)를 내담자가 공식화하도록 돕는 치료자의 역할이 이 모델의 핵심 중 하나이다. ACT의 또 다른 측면은 MI의 한 측면과 유사하다. ACT에서는 "창조적 절망감"이라는 용어로 지칭하는 것으로서, 치료자가 내담자에게 질문을 하여 그가 문제를 다루기 위해 시도한 전략을 파악하는 것이다. 개방적이고 솔직한 대화를 통해 내담자가 자신의 특정 문제를 해결하기 위해 기울인 노력의 합리적인 측면을 설명한다. 동시에 내담자는 자신의 직접적인 경험을 바탕으로 이러한 전략과 지금까지의 결과 사이의 연관성을 탐구하도록 격려받는다. 따라서 "절망감"은 현재의 전략과 그 전략이 실패한 경험을 의미하며, "창조적" 부분은 현재의 전략과 원치 않는 결과 사이의 연관성을 확인함으로써 내담자가 대안 전략에 더 쉽게 접근하게 될 가능성을 뜻한다. MI에서와 마찬가지로 ACT에서는 치료자의 설득이나 주장을 통해서가 아니라 내담자가 자신의 지속적인 행동의 기초가 되는 경험과 소망을 탐색하도록 돕는 대화를 통해 이를 성취하는 데 중점을 둔다. 두 모델 모두 내담자가 스스로 공식화한 가치(자신이 중요하다고 생각하는 것)를 동기 부여 작업의 핵심 요소로 강조한다.

정신 교육

대부분의 정신 치료 모델은 보통 치료의 도입 단계에 교육이나 정보 제공의 요소를 포함하고 있다. 예를 들어 고전적인 정신역동치료처럼 이러한 요소를 강조하지 않는 치료라고 하더라도 치료자가 치료 과정과 내담자에게 기대하는 것에 대해 어느 정도의 정보를 제공한다면 이러한 요소는 여전히 존재하게 된다. 그러나 대부분의 인지행동치료(CBT)의 변형에서 정신 교육은 절차적으로도 그렇고 치료에 중요하다고 여겨지는 다른 현상학적 영역의 측면에서도 그렇고 치료에 중요한 것으로 간주된다. 고전적 인지치료는 내담자에게 무엇을 기대해야 하는지에 대한 정보를 제공하거나 "내담자를 모델 맞게 사회화"하는 데 많은 시간을 할애한다(Young, Rygh, Weinberger, & Beck, 2014). 노출치료도 마찬가지로(Neudeck & Einsle, 2012) 내담자에게 치료 과정과 그 이유에 대한 설명을 제공한다. 그러나 다른 것들에 대한 교육도 제공된다. 불안이 무엇이며 인간 심리에서 불안이 차지하는 자연스러운 위치에 대한 직접적인 정보는 모든 종류의 불안 장애를 위한 CBT에 포함된다(Craske & Barlow, 2014). 특정 형태의 "감정 학교affect school"도 흔하다(Mennin, Ellard, Fresco, & Gross 2013; Payne et al., 2014). 변증법적행동치료(DBT)에서는 집단 기술 훈련의 대부분이 순수 교육으로 이루어진다(Linehan, 2015). 우울증 치료에 대한 가장 나은 경험적 근거가 있는 두 가지 치료 모델인 행동활성화(Martell, Addis, & Jacobson, 2001)와 대인관계치료(Weissman, Markowitz, & Klerman, 2000)는 우울한 상태의 메커니즘에 대한 교육을 포함한다. 스키마치료에서는 내담자에게 스키마에 대해 가르친다(Young, Klosko, & Weishaar, 2003). 고전적 정신역동치료에서 교육 요소는 상대적으로 작지만, 현대적 형태에서는 그렇지 않다. 감정공포치료(McCullough, Kuhn, Andrews, Kaplan, Wolf, & Lanza Hurley, 2003)와 정신화중심치료(Bateman & Fonagy, 2006)는 모두 뚜렷한 정신 교육적 경향이 있다. ACT는 언어적 함정에 빠지기 쉽다는 이유로 일부 형식적인 교육과 정보 제공에 대해 경고하고 학습의 경험적 측면을 강조한다. 하지만 이 역시 교육의 한 형태이며, 직접적인 교육이 아닌 경험적 요소를 통한 것이다.

사고

사고는 인지치료의 핵심이다. 사람들이 생각하는 방식과 그것이 심리적인 장애에 미치는 역할에 대한 관심은 적어도 1970년대부터 정신 치료 분야(그리고 우리 문화 전반)를 지배해왔다. 이러한 접근 방식은 인지치료의 아버지라 불리는 아론 벡이 인용한 그리스 철학자 에픽테토스의 다음 문장으로 요약된다. "인간은 대상이 아니라 대상을 바라보는 관점 때문에 불안하다."(Beck, 1976). 이를 염두에 둔다면 치료자의 가장 중요한 역할은 내담자가 자신의 상황, 증상 또는 문제의 다른 측면을 "인지"하는 방식에 영향을 미치는 것이다. 이 작업은 내담자가 생각하는 방식을 바꾸는 것이다.

최근 몇 년 동안 CBT 분야의 많은 연구자와 이론가들은 이러한 가정에 반론을 제기하고 있다(Longmore & Worrel, 2007). 그러나 논쟁의 대상은 인간의 인지가 심리적 문제에서 중요한 역할을 한다거나 사고가 치료의 중요한 초점이라는 의견에 의문을 제기하는 것보다는 사고와 다른 행동 사이의 연관성을 어떻게 이해하고 치료 전략을 어떻게 설계할 것인가에 있다. ACT는 인지 모델에 대한 비판의 목소리가 가장 큰 치료 모델이다. 3장에서 살펴본 것처럼 ACT는 사고도 다른 모든 미묘한 인간의 행동(느낌, 기억)과 마찬가지로 다른 행동과 동일한 원리로 이해해야 한다는 기본 개념에 기반한 행동 분석에 바탕을 두고 있다. 사고는 개인의 현재 상황과의 상호작용을 통해 발생하는 행동이지 "내면에서 나오는" 것이 아니다(Hayes, 1994; 1998). 따라서 치료의 초점은 인지의 내용보다는 사고와 상호작용하는 방식에 맞추어져 있다. ACT와 DBT는 모두 생각을 있는 그대로 바라보고 수용과 수인에 초점을 두는 연습을 강조한다(Linehan, 1997). 그러나 사고는 인간 심리와 치료에 상당한 의미를 지닌 필수적인 인간 활동으로 당연하게 여겨지고 있다.

오늘날 인지치료 모델 중에는 이론적 기반이 벡의 원래 모델에 근접해 있음에도 불구하고 ACT와 많은 유사점을 공유하는 모델이 있다. 가장 대표적인 예가 메타인지치료이다(Wells, 2005). 메타인지치료에서도 변화가 필요한 전략인 활동으로서의 사고에 중점을 두는 반면, 사고 내용의 중요성은 원래의 인지 모델과 비교해 덜 강조된다. 치료의 목표는 내담자가 자신의 문제가 있는 생각을 수정하는 것이 아니라 그것에 다른 방식으로 상호작용(반응)하는 방법을 배우는 것이다. 또 다른 예로는 마음챙김 기반 인지치료(Segal, Williams, & Teasdale, 2001)가 있는데, 이 역시 자기 생각과의 정형화된 상호작용을 주요 문제로 파악하고 대안 전략을 연습하는 데 치료의 초점을 둔다. 정신화를 강조하는 특정 유형의 현대 정신역동치료에서도 유사점을 발견할 수 있다(Bateman & Fonagy, 2006).

이러한 모든 모델에는 우리가 생각하는 방식과 이것이 심리적 문제에 영향을 미치는 방식을 이해하려는 노력이 핵심적이며, 적어도 암묵적으로 포함되어 있다. 예를 들어, 정신 교육을 활용하는 모든 치료법은 내담자가 그 후의 맥락에서 논의된 내용을 기억(즉, 생각)할 것이라는 가정을 전제로 한다. 치료자의 역할 중 하나는 치료 상황에서 이러한 가능성을 높이는 방식으로 행동하는 것이다.

▮ 노출

노출은 다양한 영역에서 가장 강력한 경험적 지지를 받는 심리치료 전략이다(Barlow, 2002; Neudeck & Wittchen, 2012). 노출은 거의 모든 유형의 심리적 문제에 대한 치료 모델의 구성 요소이기도 하다(Barlow, 2014). 노출의 기본 개념은 내담자가 불안이나 다른 부정적인 감정의 유발 요인에 다가가도록 하고 이러한 유형의 상황이 일반적으로 유도하는 경직된 전략을 채택하지 않도록 권고하는 것이다(반응 방지). 전통적으로 연구자들은 부정적인 감정이 점진적으로 약화됨으로써 변화가 이루어진다고 강조해 왔다. 최근에는 위기 상황에서 내담자의 행동 레퍼토리의 가변성 또는 유연성이 클수록(반응 확장) 새로운 학습을 통한 변화의 가능성이 높아진다고 하는 다른 측면이 부각되고 있다(Craske, Treanor, Conway, Zbozinek, & Vervliet, 2014).

노출은 치료자의 앞에서 이루어지거나 내담자 스스로 노출하는 방식으로 이루어질 수 있다(Craske & Barlow, 2014; Franklin & Foa, 2014). 먼저, 내담자와 치료자는 내담자의 문제와 관련이 있고 문제적 회피와 연관된 상황 유형(예를 들면, 거미 공포증이 있는 내담자에게는 실제 거미, 사회불안장애가 있는 내담자에게는 사회적 상호작용, 외상후스트레스장애(PTSD)가 있는 내담자에게는 고통스러운 기억과의 접촉, 강박장애(OCD)가 있는 내담자에게는 일반적으로 강박 행동을 유발하는 상황, 광장공포증이 있는 내담자에게는 개방된 공간)을 함께 기입하거나 고안할 수 있다. 그러나 회피의 대상에 노출하여 새로운 전략을 연습하는 원칙은 물론 내담자도 스스로 적용할 수 있으며, 종종 치료 회기 사이에 과제로도 활용할 수 있다.

많은 유형의 심리적 문제에서 노출치료는 "최고의 기준golden standard"으로 평가되며, 강박 장애(Franklin & Foa, 2014), 특정 공포증(Ollendick & Davis, 2013), 외상후스트레스장애(Foa, Hembree, & Rothbaum, 2007)와 같은 문제의 전체 치료 모델을 구성하는 경우가 많다. 그러나 ACT(Hayes, Strosahl, & Wilson, 2012), DBT(Neacsiu & Linehan, 2014), 범진단적 모델 통합 프로토콜(Payne et al., 2014)과 같이 다양한 개입을 포괄하는 광범위한 치료 모델에서는 일반적으로 노출 원리를 중요한 요소로 인식하고 있다.

감정 처리

이 치료 원리는 앞의 치료 원리와 매우 많은 부분이 겹친다. 노출치료는 부정적인 감정및 인간이 두렵고 고통스러운 감정을 피하기 위해 역기능적으로 행동하기 쉽다는 사실에 초점을 둔다. 이러한 점에서 감정 처리와 이에 대처하는 방법을 특히 강조하는 모델과 많은 접점이 있다(Greenberg & Pavio, 1997). 경험 회피(감정, 생각, 신체 감각과 같은 자신의 반응을 회피하려는 목적으로 행동하는 것)는 중요하고 문제가 있는 심리적 과정이다(Hayes, Wilson, Gifford, Follette, & Strosahl, 1996; Chawla & Ostafin, 2007). 대부분의 증거 기반 치료 모델에서는 다양한 이론적 공식에도 불구하고 혐오적인 감정 상태를 수용하고 새로운 학습을 하는 것이 매우 중요하다고 본다(Bleiberg & Markowitz, 2014; Foa, Huppert, & Cahill, 2006; Hayes, Strosahl & Wilson, 2012; Linehan, 1993; Monson, Resick, & Rizvi, 2014; Payne 등, 2014; Roemer & Orsillo, 2014; Young et al., 2003).

관계

치료자와 내담자 간의 관계는 변화를 위한 중요한 촉매로서 정신 치료의 역사 전반에 걸쳐 논의되어 왔다. 다양한 정신 치료에서 관계적 요인과 치료 결과 사이의 연관성이 연구를 통해 밝혀졌다(Flückiger, Del Re, Wampold, Symonds, & Horvath, 2011). 그러나 동시에 특정 기법에 초점을 두는 것과 이른바 치료적 동맹(Norcross & Lampert, 2011)이 서로 대립하는 것으로 양극화되어 논의되어 왔다. 행동의 관점에서 볼 때 이러한 양극화는 놀랍다. 내담자와 치료자 간의 치료 동맹이 어떻게 발전하는지는 두 사람이 서로에게 행동하는 방식과 상호작용하는 방식에 따라 크게 달라진다. 또한 치료 목표에 대한 협력이 치료 결과에 영향을 미친다는 것도 알고 있다(Tryon & Winograd, 2011). 즉, 치료적 대화에서 최적의 협력과 동맹이 형성되도록 하는 것이 치료사의 역할 중 하나이다.

동기 부여의 원칙에서 설명한 것과 마찬가지로, 증거 기반 전통의 다양한 치료 모델에서는 각각 다양한 정도로 치료의 전제 조건이자 변화 작업의 핵심으로서의 관계를 강조한다. 최근 수년간 DBT, ACT, 기능분석정신치료(FAP)와 같은 모델에서 내담자와 치료자의 상호작용에 더 많은 관심을 기울이고 있다(Kohlenberg & Tsai, 1991). 이러한 모든 모델이 기본적인 행동 분석 원리를 직접적으로 적용한 것은 우연이 아닐 것이다. 이러한 출발점은 필연적으로 다음과 같은 결론으로 이어진다. 치료자가 내담자의 문제와 관련하여 직접적으로 접근할 수 있는 것은 내담자와의 상호작용에서 그 문제가 어떻게 나타나는지뿐이며, 그 외의 모든 것은 내담자(또는 제3자)의 간접적인 보고에 불과하다. 치료자가 직접적으로 영향을 미칠 수 있는 유일한 기회 역시 그녀의 내담자를 실제로 만나는 경우에만 한정된다. 따라서 내담자와 치료자 간의 만남과 그들이 형성하는 상호작용은 매우 중요하다. 다시 말해, 치료에는 두 가지 장면이 있다고 할 수 있다(Ramnerö & Törneke, 2008; Törneke, 2010). 첫 번째 장면은 내담자와 치료자가 만나서 실제 치료 과정이 진행되는 장면이다. 두 번째 장면은 첫 번째 장면 밖의 내담자의 삶으로, 내담자가 변화를 바라는 곳이다. 치료자는 직접적인 개입을 위해 첫 번째 장면에만 접근할 수 있다. 그녀는 두번째 장면에 대해서는 오직 이야기만 할 수 있다. 따라서 첫 번째 장면의 치료 경험이 두 번째 장면(내담자의 삶)으로 어떻게 일반화될 수 있는지가 모든 정신 치료의 핵심 질문이다.

이러한 행동적 배경이 없는 치료 모델도 "첫 번째 장면"의 상호작용을 강조하고 그에 따른 치료적 개입을 지지한다(Safran & Segal, 1990; Safran & Muran, 2000). CBT 분야의 다양한 모델을 검토한 결과, 치료자와 내담자 간의 관계를 직접 개입해야 할 영역으로 특별히 강조하지 않는 모델에서도 여전히 이러한 관계를 다양한 정도로 활용하고 있음을 명확히 알 수 있다(Barlow, 2014). 치료자와 내담자 간의 특유의 관계는 정신역동치료의 고유 영역이기도 하다(Wachtel, 2011).

선제적 행동

선제적 행동은 물론 내담자가 핵심적이고 중요하다고 생각하는 상황에서 새롭고 다른 행동을 채택할 가능성을 높일 수 있게 도움을 받는다는 점에서 모든 치료의 목적이라고 할 수 있다. 이러한 일반적인 진리를 상세히 논의하는 치료 모델은 우울증 치료를 위한 행동 활성화(Dimidjian, Martell, Herman-Dunn, & Hubley, 2014; Martell 등, 2001)이며, 그 핵심은 행동 전략을 세심하게 적용하는 것이다. 내담자는 다양한 관련 상황에서 자신이 하는 행동 및 이러한 구체적인 행동과 증상(주로 우울증 치료에서 내담자의 기분) 사이에 존재하는 상관관계를 관찰하도록 훈련한다. 이러한 분석을 출발점으로 삼아 치료자와 내담자는 내담자가 시도할 수 있는 대안 전략을 찾는다. 이 접근 방식은 행동 분석에서 *기능 분석functional analysis*이라고 지칭하는 임상적 변형이다(3장 참조).

그러나 행동 활성화 모델이 이 점에 대해 특별히 두드러지긴 하지만 구체적인 행동에 영향을 미치는 동일한 원리는 대부분의 증거 기반 치료에서 필수적인 부분이다. 예를 들면, 대인관계 치료에서 치료자는 역할극을 활용하여 대인관계 전략을 연습하고 내담자가 사회적 활동을 늘리고 변화하도록 적극적으로 격려한다. DBT에서는 구체적인 기술 훈련이 치료의 중요한 요소다(Linehan, 1993; Neacsiu & Linehan, 2014). 인지치료는 이론적 근거는 행동 활성화와 다르지만 거의 항상 구체적인 행동과 과제 형태의 실습에 중점을 둔다(Clark, Ehlers,

Hackmann, McManus, Fennell, Grey 등, 2006; Young 등, 2014). 마음챙김 인지치료(Segal 등, 2001)와 같이 주로 우리의 생각과 관계 맺는 방식에 중점을 두는 치료 모델도, 치료의 중요한 부분은 내담자 자신의 실제적이고 구체적인 연습이기 때문에 구체적인 행동이라는 뚜렷한 요소를 포함하고 있다. ACT에서 치료자는 내담자가 자신이 가치를 부여하는 것에 따라 구체적인 행동 변화를 일으킬 가능성을 확인하고 그 가능성을 높이기 위해 지속적으로 작업한다(Hayes, Strosahl, & Wilson, 2012).

더 근본적인 원칙을 찾아서

지금까지 다양한 증거 기반 정신 치료 모델에서 중요하게 여기는 영역을 대략 살펴보았다. 물론 일곱 가지 영역으로 분류한 것은 어느 정도는 임의적이며, 당연히 같은 내용을 다른 분류로 설명할 수도 있다. 통합 프로토콜이라고 일컬어지는 비교적 새로운 초진단적 치료 접근법은 다양한 치료 모듈에서 사실상 동일한 영역을 다루고 있다. 이러한 사실을 통해 이 리뷰가 일반적으로 중요하다고 생각되는 내용을 다루고 있다는 점을 확인할 수 있다(Barlow, 2014; Payne et al., 2014).

하지만 나는 이 장의 서두에서 이렇게 엄밀하지 않게 정의되고 광범위하게 범주화된 영역에서부터 심리적 변화의 더 근본적인 원리로 나아가고, 이러한 원리를 정신 치료에서 은유 사용의 기준으로 활용할 것을 약속한 바 있다. 이렇게 폭넓고 일반적인 영역에서 출발하는 이유는 이 영역에 대한 광범위한 합의가 존재하기 때문이다. 이러한 영역을 더 근본적인 원리의 관점에서 이해할 수 있다는 것이 확실하게 입증된다면, 표면적으로 다양한 치료 전략과 기법을 분석하여 그것들의 핵심 주제를 개발할 수 있다. 이를 통해 은유 사용과 관련하여 우리가 찾고 있는 더 구체적인 초점을 얻을 수 있다.

이 논의에서 내가 사용하고자 하는 용어는 *심리적 유연성psychological flexibility*

과 그 반대 개념인 *심리적 비유연성psychological inflexibility* 또는 경직성으로, 최근 많은 학자들이 넓은 의미의 심리적 건강, 더 명확하게는 다양한 종류의 정신병리에 중요하다는 점을 밝혀냈다(Bond, Hayes, Baer, Carpenter, Guenole et al, 2011; Bryan, Ray-Sannerud, & Heron, 2015; Gloster, Klotsche, Chaker, Hummel, & Hoyer, 2011; Kashdan & Rottenberg, 2010; Levin, Luoma, Vilardaga, Lillis, Nobles, 등, 2015; Levin, MacLane, Daflos, Seeley, Hayes, 등, 2014). 또한 이러한 용어는 ACT의 치료 전략을 이해하는 데 핵심적인 역할을 한다(Ciarrochi, Bilich, & Godsel, 2010; Hayes, Strosahl, & Wilson, 2012). 노출을 통한 새로운 학습의 분야에서 사용되는 이에 상응하는 개념은 *가변성variability*(Craske et al., 2014.)이다. 이는 유연성을 얻기 위해(다양한) 치료 상황에서 확립되어야 하는 맥락을 의미한다.

심리적 유연성/경직성의 중요한 측면 중 하나는 일반적으로 우리 자신의 감정, 생각 및 반응을 이해하는 능력이다(Bond et al., 2011; Levin et al., 2014). 이러한 측면에서 우리가 악순환에 빠지는 것은 심리적 문제의 핵심적인 부분으로 간주된다. 우리는 자신의 반응을 과도하게 통제하려고 하게 되고, 자발적으로 떠오르는 감정, 생각, 기억, 신체적 반응을 없애기 위해 효과적이지 않은 시도를 흔히 하게 된다. 이러한 "경험 회피"(Chawla & Ostafin, 2007; Hayes et al., 1996)는 종종 더 효과적이고 의미 있는 다른 행동 전략을 방해한다.

이러한 관점에서 심리적 유연성을 키우는 것은 정신 치료의 본질이며, 따라서 정신 치료에서 은유를 사용할 때도 지침이 되어야 하는 원칙이다.

RFT와 심리적 유연성

RFT의 관점에서 볼 때 심리적 유연성은 자신의 반응과 상호작용하는 특별한 방식의 결과이다(Törneke, Luciano, Barnes-Holmes, & Bond, 2016). 먼저 이에 대한 이론적 배경을 간략히 설명한 다음, 은유를 사용하는 데 도움이 될 수 있는 실제 임상 원리를 살펴보도록 하겠다.

언어 습득 초기부터 임의의 맥락 단서를 바탕으로 현상을 관계 맺는 법을 학습하면(4장 참조) 우리 행동의 유연성을 크게 키울 수 있다. 사물을 단순히 물리적 특성으로만 파악하는 것이 아니라 그것이 다른 현상과 관계 맺는 방법을 학습하게 된다. 그리고 다양한 맥락적 단서(예를 들어, 주로 말이지만 제스처도 포함)가 우리가 관계 맺는 방식을 지배하는 학습된 "놀이"를 통해 우리는 이를 수행한다. 이는 또한 우리 자신에게서 관찰할 수 있는 현상(감정, 생각, 기억, 신체 감각)이 그것을 다른 대상과 관계 맺도록 학습한 방식에 따라 우리에게 다양한 기능을 할 수 있다는 것을 의미한다. 따라서 본질적으로 미묘하거나 사적인 사건은 "그 자체"가 무엇인지와 관계없이 위험하거나, 경이롭거나, 혐오스럽거나, 의미 있는 것이 될 수 있다. 이러한 사건에는 "의미"가 부여되고 우리의 다른 모든 행동에 뜻깊고 지속적인 영향을 미칠 수 있다. 이는 우리가 지속적으로 행동하는 방식을 형성할 수 있기 때문에 본질적으로 유용하다(Luciano 외, 2009). 우리는 경험한 적이 없는 것에 대해 "저것은 위험해"라고 생각하고 그에 따라 회피 반응을 취할 수 있다. 또는 "그렇게 하면 장기적으로는 이득이 될 거야"라고 생각하고 단기적으로는 불편함을 유발하는데도 불구하고 다른 방법으로는 결코 달성할 수 없었던 것을 달성할 수 있도록 하는 방식으로 행동할 수 있다. 우리는 "즉각적인 만족을 넘어" 장기적인 결과를 위해 행동할 수 있다. 우리는 목표를 설정한 다음 자신이 설정한 언어적 공식에 따라 행동한다(Ramnerö & Törneke, 2015). 행동 분석에서는 이 능력을 보통 "규칙 지배 행동"이라고 하며, 이는 심리학에서는 일반적으로 지시를 따르는 능력으로 설명하는 현상과 동일하다.

본질적으로 이 능력은 사회적 환경 및 물질적 환경과의 상호작용과 관련하여 인간의 유연성을 향상시킨다. 하지만 이 능력은 위에서 언급한 심리적 경직성의 형태로 그 이면에 부작용을 유발하기도 한다. 우리가 따르는 규칙이 대부분 사회적 기원이라는 사실 자체가 우리를 취약하게 만든다. 우리는 직접적인 경험뿐만 아니라 하나를 다른 것과 관계시키는 법을 배운 방식에 의해 형성되었다. 특정 감정을 위협과 관계시키거나 특정 기억을 "내 인생을 망친 것"과 관계시키거나 특정 반응을 "좋은 삶"과 반대되는 것으로 관계시키는 법을 배웠다면, 이는 행동 방식에 지대한 영향을 미칠 수 있다. 이러한 많은 "자기 규칙"에 따라 행동하는 것은 오랜 기간에 걸친 연습의 결과일 수 있으며, 나 자신은 특정 규칙이 나의 행동에 영향을 미치는 방식을 인식하지 못한 채 그에 따라 행동하게 된다.

이러한 유형의 경직성은 정상적인 인간 심리의 일부이지만, 이것이 일반화될 경우 우리가 익히 알고 있는 정신병리에 가까워진다(Törneke, Luciano, & Valdivia-Salas, 2008). 따라서 우리 자신의 반응과 그것과 상호작용하는 능력은 유익한 것이지만, 특히 효과적으로 접근하는 방법에 대한 훈련이 충분하지 않은 경우에는 위험하기도 하다. 그러나 이러한 훈련은 초기 언어 습득의 일부이다. 우리는 지시를 따르는 능력을 배우고 점차 자기 규칙을 개발하는 동시에 자신의 감정, 생각, 기억 및 이러한 현상에서 만들어진 규칙과 상호작용하는 법을 배운다(Luciano 외., 2009). 이 과정에서 중요한 기술은 앞서 직시적 틀이라는 제목으로 설명한 기술이다(4장 참조). 즉, 우리는 "나-여기-지금"이라는 관점에서 우리 자신 안에서 관찰할 수 있는 것과 관계 맺는 법을 배우게 되며, 이 관점을 학습한 후에는 우리가 마주치는 모든 것과 언제나 상호작용하게 된다(McHugh & Stewart, 2012). 이 관점을 통해 우리는 외부 환경뿐만 아니라 감정, 기억, 신체 감각과 같은 우리 자신의 반응도 관찰하고 관계 맺을 수 있다. 우리는 우리 자신의 반응과 그에 수반되는 자기 규칙을 우리의 일부로 관계 맺는 법을 배우며(위계적 틀), 동시에 그것들과 자신을 구별하고("나는 여기 있으며, 그것을 나의 일부로 알아차린다" - 직시적, 그리고 위계적 틀) 무엇을 할 것인지 선택할 수 있는 능력을 보유할 수 있다(Luciano, Ruiz, Vizcaino-Torres, Sánches-Martin, Martinez 등, 2011). 우리는 우리의 반응으로부터 관찰할 수 있는 거리를 두는 법을 배운다고 말할 수 있다. 요점은 우리 내면에서 일어나는 모든 반응에 즉각적으로 행동하는 것뿐만 아니라 우리 삶에 도움이 되는 방식으로 자동 촉발된 반응과 상호작용하는 것이다. 오늘날 이 레퍼토리를 연습하는 방법을 배우는 것이 중요한 정신 치료 과정이라는 데 광범위한 의견 일치를 보인다(Bernstein, Hadash, Lichtash, Tanay, Shepherd 등, 2015). RFT가 이러한 지식에 제공하는 것은 운용화된 개념과 기초 연구와의 긴밀한 연결이다. RFT는 우리가 이러한 반응 레퍼토리를 자기 직시적self-deictic 자아와 함께 계층적 틀frame of hierarchy에 참여하는 것으로 특징지을 수 있다(Törneke 외, 2016). *심리적 유연성의 핵심은 바로 이 기술이며, 따라서 이 레퍼토리로 내담자를 훈련시키는 것이 치료자의 핵심 과제이다*(Foody, Barnes-Holmes, Barnes-Holmes, & Luciano, 2013; Foody, Barnes-Holmes, Rai, & Luciano, 2015; Luciano et al., 2011).

심리적 유연성 훈련

다음 세 가지 원칙은 이전 섹션에서 설명한 것처럼 내담자의 심리적 유연성 향상을 돕고자 하는 치료자에게 필수적인 전략으로 제안된 것이다. 이 원칙들은 반드시 특정한 순서로 적용되어야 하는 것은 아니며, 치료 과정과 유사한 특징을 갖는 것으로 간주되어야 한다. 이 원칙들은 뚜렷하게 구분되기보다는 부분적으로 겹치는데, 그런데도 은유 사용을 포함하여 임상 작업을 안내하는 데 활용할 수 있도록 별도로 제시되어 있다.

- 내담자가 자신이 하는 행동과 경험하게 되는 문제적 결과 사이의 관계를 알아차릴 수 있도록 돕는다.
- 내담자가 자기 생각, 감정, 신체 감각이 나타날 때 관찰할 수 있는 거리를 설정하여 이를 알아차릴 수 있도록 돕는다.
- 내담자가 이 기술을 사용하여 자신의 삶에서 무엇이 중요한지, 그리고 그 방향으로 나아가기 위한 구체적인 단계는 무엇인지 명확히 하도록 돕는다.

이제 이러한 각 원칙에 대해 간략히 설명하고 이 장에서 설명한 여러 가지 광범위한 영역을 어떻게 뒷받침하는지 보여 주겠다. 은유가 이를 정확히 수행하는 데 핵심 요소로 어떻게 활용될 수 있는지가 이 책의 나머지 부분에서 다루게 될 주제다.

▌내담자가 자신이 하는 행동과 경험하게 되는 문제적 결과 사이의 관계를 알아차릴 수 있도록 돕는다

심리적 유연성의 핵심이 자신의 행동과 상호작용하는 방식이라면 자신의 행동과 그것이 다른 사건과 어떻게 연결되는지 인식하는 것이 중요하다. 이제는 구식이 된 스키너의 주장을 인용하자면 다음과 같다. "질문을 통해 '자신을 인식'한 사람은 자신의 행동을 예측하고 통제하는 데 더 나은 위치에 있다." (Skinner, 1974, 35쪽). 이러한 효과에 대한 질문은 치료의 출발점이자 다음 두 가지 원칙의 기반이 된다.

임상 행동 분석에서는 이러한 치료 전략을 일반적으로 기능 분석 또는 ABC(선행 사건antecedent-행동behavior-결과consequence) 분석이라고 한다 (Ramnerö & Törneke, 2008). 치료자와 내담자는 내담자가 괴롭거나 힘들어하는 상황의 반복적인 사례를 검토함으로써 선행 사건(A)과 그에 대한 내담자의 행동(B), 그리고 그에 따른 결과(C)를 함께 파악하여 궁극적으로 내담자가 대안 전략을 개발할 수 있도록 돕는다. 치료가 진행됨에 따라 이 접근법은 필연적으로 동기 부여와 정신 교육 작업이 함께 이루어진다. 이는 동기 부여가 행동의 결과에 대한 명확한 경험이 어느 한 행동을 하려는 성향에 영향을 미치기 때문에, 정신 교육은 이러한 연결 고리를 주의 깊게 검토하면 내담자가 씨름하고 있는 문제와 관련한 학습 능력을 향상시키고, 치료자가 내담자에게 핵심 과정이 어떻게 작동하는지 설명할 수 있는 다양한 수단을 제공하기 때문이다.

이 접근법은 사고, 노출, 감정 처리에 대한 작업도 포함할 가능성이 높다. 내담자의 핵심적인 사고방식과 다양한 종류의 감정 상태는 기능 분석에서 선행 사건이라고 하는 것의 중요한 구성 요소다. 즉 특정 생각과 감정이 있을 때 현재의 문제 행동 전략이 유발되는 것이다. 따라서 치료자는 이러한 분석에서 이와 같은 현상에 주의를 기울이고 내담자의 전략을 살펴본다. 문제 행동 전략은 일반적으로 자동적으로 유발되는 감정 반응을 피하려는 시도로 이루어지므로, 기능 분석에서 이러한 현상에 대한 연습에 초점을 맞추는 것 자체가 이에 대한 노출과 감정 처리로 작용할 수 있다.

내담자가 치료 작업의 일부로 시도하는 대안 전략에 대한 기능 분석도 이루어질 수 있다. 따라서 명시적이든 암묵적이든 선제적 행동이 장려된다.

내담자와 치료자의 관계도 이 접근법의 초점이 될 수 있다. 치료자는 내담자와 함께 문제가 되는 전략을 모색하고, 이러한 전략이 치료적 상호작용에서 나타날 경우 기능 분석의 초점이 될 수 있다. 예를 들면, 내담자가 침묵하거나 적대적이거나 무시하거나 유혹적인 태도를 취하는 등 자신의 문제를 분명하게 드러내는 행동을 하면 기능 분석의 대상이 될 수 있다. 지금 여기서 그의 행동의 선행 사건은 무엇인가(A)? 치료자가 말하거나 행동한 것인가? 내담자가 정확히 무엇을 했나(B)? 그다음에는 어떤 결과가 이어졌나(C)?

이상적으로는 내담자와 함께 이와 같은 기능 분석을 하면 두 번째 기본 원칙으로 이어진다.

▌내담자가 자기 생각, 감정, 신체 감각이 나타날 때 관찰할 수 있는 거리를 설정하여 이를 알아차릴 수 있도록 돕는다

RFT가 이해하는 심리적 경직성은 행동하는 존재인 우리 자신과 우리 자신의 반응을 구별하지 않고 자신의 반응과 상호작용하는 경향을 의미한다. 어떤 의미에서 이것은 이상한 일이 아니다. 결국 우리 자신의 반응은 우리 자신의 한 측면이기 때문이다. 우리 자신과의 상호작용하는 이러한 방식은 개별적인 사건에 국한될 때는 문제가 되지 않지만, 우리 삶의 여러 영역이나 중요한 단일 영역으로 일반화될 때는 문제가 발생한다. 이러한 경우 나타나는 행동 패턴은 더 효과적인 다른 전략의 적용을 방해할 수 있다.

이러한 반응(우리가 느끼고, 생각하고, 감각하고, 기억하는 것)이 우리를 잘못된 행동으로 인도할 위험이 있는 상황에서 우리 자신의 반응으로부터 관찰할 수 있는 거리를 설정하는 능력을 개발하는 것은 심리적 변화를 다루는 모든 작업에 절대적으로 필요하며, 심리적 유연성 훈련의 핵심이다.

이 장의 서두에서 설명한 다소 엄밀하지 않게 정의된 영역 중 이 치료 전략에 더 명시적으로 기반을 둔 몇 가지 영역이 있다. 그중 하나는 내담자의 사고를 작업의 대상으로 삼는 것이다. 우리가 생각하는 것, 사건에 부여하는 의미, 그리고 무언가로부터 추론하는 것은 자기 반응의 일부이므로 알아차림이 필요한 현상이다. 그것은 나의 일부로서 주의를 기울이고 구별해야 하는 것이지만, 행동하는 존재인 나와 동일한 것은 아니다. "나"라고 부르는 관점에서 반응하고 있는 자신을 알아차리는 능력을 연습하여 관찰할 수 있는 거리를 설정해야 한다. 나는 특정한 방식으로 생각한 다음에 무엇을 할 것인지 선택할 수 있다. 이는 감정 처리라고 하는 것에도 마찬가지로 적용된다. 나는 느끼고 감각하는 것을 관찰한 다음 어떻게 행동할지 선택하는데, 이는 단순히 일어나는 모든 것에 어느 정도 자동적으로 반응하는 것과는 다르다. 이러한 자발적인 감정 반응 중 일부는 혐오스럽고 회피의 대상이 되기 때문에 이 치료 전략은 노출에도 해당된다.

이 작업에서 구체적으로 수행되는 것은 위에서 설명한 기능 분석에 이미 그 기초가 마련되어 있다. 앞서 살펴본 바와 같이 기능 분석에는 "이것은 내가 생각하는/느끼는/기억하는 것이다"라는 사실을 알아차리는 관찰의 요소가 있다. 심리적 유연성 훈련의 원칙이 겹치는 또 다른 예는 자발적으로 떠오른 생각의 내용을 다룰 때 취하는 태도이다. 내담자가 하나의 사건을 어떻게 인식하는지는 분석적인 이해에 중요하지만, 내담자가 자발적으로 떠오른 생각이나 반응이 올바른지 아닌지에 초점을 두는 것은 아니다. 내담자가 현재 이 상황에서 무엇을 하는지에 초점을 맞추며, 이는 그가 현재의 방식대로 생각하고 느낀다는 전제하에서 이루어진다. 또한, 이러한 행동의 결과가 무엇인지(A - B - C!)에 대해서도 중점을 둔다.

▌내담자가 이 기술을 사용하여 자신의 삶에서 무엇이 중요한지, 그리고 그 방향으로 나아가는 구체적인 단계가 무엇인지 명확히 할 수 있도록 도와줍니다

우리의 생각과 감정과의 상호작용에서 발생할 수 있는 문제를 설명할 때, 우리 자신의 반응과 상호작용하는 능력이 본질적으로 외부 환경과 교섭하는 데 중요한 도구이자 자산이라는 사실을 간과하기 쉽다. 이 세 번째 치료 원칙에서는 실행 가능성workability에 초점을 둔다. 우리 자신의 반응으로부터 관찰할 수 있는 거리를 설정하는 능력은 우리에게 중요한 것으로 향하도록 행동을 유도하는 데 활용될 수 있다(Gil-Luciano, Ruiz, Valdivia-Salas, & Suárez-Falcón, 2016). 지시나 규칙을 따를 수 있게 됨으로써 얻게 되는 결정적인 이점은 일시적인 만족을 넘어 장기적으로 중요하다고 생각하는 가치 있는 목적을 위해 행동할 수 있다는 점이다. 많은 내담자에게 이러한 변화는 과거에 문제 행동 전략으로 이어졌던 반응에 대한 새로운 접근 방식을 배웠을 때 어느 정도는 자동적으로 나타난다. 어떤 내담자들은 자신의 감정과 생각을 활용하여 자신의 행동을 가치 있는 방향으로 이끌기 위해 치료자의 더 적극적인 개입이 필요하다.

이 치료 원칙은 동기 부여에 초점을 두고 있다. 자신 안에서 자동적으로 일어나는 모든 것이 더 이상 자신을 억제하거나 통제하지 못하도록 하고 대신에 이 모든 것을 알아차리고 스스로 방향을 선택하게 된다면 그다음에는 무엇이 중요할까? 과거에 자신의 반응을 통제하던 것들이 더 이상 자신을 통제하지 못한다면, 어디로 갈 것인가? 자신이 이제 중요하다고 판단하는 것, 가치 있는 것에 충실한 적극적인 행동을 할 수 있는 방법은 무엇일까? 여기서 제기되는 것은 선제적 행동의 문제다.

이는 또한 노출로 이어진다. 내담자가 새로운 행동을 하면 이전에 회피했던 현상이 나타날 가능성이 높다. 방해하는 기능을 했던 기억, 생각, 감정, 신체 감각이 다시 한번 촉발되고 치료 작업은 앞의 원칙을 따르게 된다. 따라서 내담자는 다시 한번 자신의 반응을 마주하고 알아차려야 한다. 이것은 기능 분석 및 나타나는 반응에 따른 효과적인 행동 탐색과 다시 연결된다. 그런 다음 내담자가 새로운 행동을 하면 새로운 결과를 마주하게 되어 새로운 학습의 기회가 만들어진다.

결론 - 그리고 경고

정신 치료에서의 은유 사용에 대한 연구를 통해 얻을 수 있는 한 가지 결론은 은유 사용 자체에만 초점을 맞추는 것만으로는 충분하지 않으며, 은유가 정확히 이러한 일련의 상황에서 어떻게 활용될 수 있는지 알아보기 전에 특별히 임상적으로 관심 있는 사건을 먼저 확인해야 한다는 것이다. 이 장에서는 먼저 그 중요성에 대한 전반적인 의견 일치가 이루어진 임상적 개입 영역을 광범위하게 설명한 다음, 이러한 영역이 의존하는 세 가지 기본 치료 전략을 제시함으로써 그러한 사건을 공식화하려고 시도했다. a) 내담자가 자신이 하는 행동과 경험하게 되는 문제적 결과 사이의 관계를 알아차릴 수 있도록 돕는다. b) 내담자가 자기 생각, 감정, 신체 감각이 나타날 때 관찰할 수 있는 거리를 설정하여 이를 알아차릴 수 있도록 돕는다. c) 내담자가 이 기술을 사용하여 자신의 삶에서 무엇이 중요한지, 그리고 그 방향으로 나아가기 위한 구체적인 단계는 무엇인지 명확히 하도록 돕는다.

따라서 이 세 가지 전략은 임상의에게 정신 치료에서 은유를 언제 그리고 어떻게 활용할 수 있는지에 대한 지침을 제공한다. 이 세 가지 원칙은 통제된 실험실 환경에서 재현할 수 있는 현상과 밀접하게 연관되어 있으므로 임상 작업과 기초 연구 간의 접점을 만들 수 있기를 바란다.

이 장에서는 임상 사례를 제시하지 않고 원칙을 대략적으로 설명했다. 이 책의 나머지 부분은 이러한 임상 사례 및 이 같은 원칙을 통해 정신 치료에서 은유를 사용하는 방식에 대한 더 실용적인 설명으로 구성된다.

하지만 경고로 이 장을 마무리하겠다. 다음에 나오는 임상 논의와 사례는 전적으로 은유 사용에 관한 것이다. 그렇다고 해서 정신 치료에서 문자 그대로의 언어를 사용하는 것이 덜 중요하다는 의미는 아니다. 앞에서 지적했듯이 나는 일종의 "은유 치료"를 제시하는 것이 아니다. 은유가 인간의 언어에서 생각보다 훨씬 더 중요한 기능을 한다고 해도, 인간은 의미와 기능을 모두 갖춘 보다 추상적인 "문자 그대로의" 언어도 개발해 왔다. 다음 장에서 문자 그대로의 언어에 관심을 거의 기울이지 않는 것은 그 중요성이 덜하기 때문이 아니라 이 책의 초점이 다른 곳에 있기 때문이다.

Chapter
08

기능 분석을 위한 은유 만들기
Creating Metaphors for Functional Analysis

일반적인 대화에서 대부분의 은유는 인위적으로 정교하게 만들어지는 것이 아니라 자연스럽게 생겨난다. 대부분의 은유는 언제부터 사용되었는지 모를 정도로 오래되고 너무 흔해 일반적인 용어로 자리 잡고 있다. 많은 연구가 이러한 사례들을 입증해 왔다(1장과 2장 참조). 그러나 심리치료의 은유 사용을 설명하는 책들은 정교한 은유, 즉 치료모델에서 중요한 것을 설명하기 위해 미리 고안된 은유에 중점을 두고 있다.(Barker, 1985; Blenkiron, 2010; Stoddard & Afari, 2014; Stott et al., 2010 참조). 치료 모델은 내담자에게 필요한 핵심적인 요소들을 포함하므로 이러한 방식은 당연하다. 물론, 이런 접근 방식은 자연스럽게, 무의식적으로 사용되는 은유의 미묘한 기능들을 간과할 위험이 있다. 또한, 무의식적으로 사용되는 은유를 심리치료에 사용하는 모델도 있는데, 이는 증거 기반 전통에서 벗어난 책에서 주로 확인된다(Kopp, 1995; Sullivan & Rees, 2008). 앞서 이론 부분에서 설명되었듯 '의도하지 않은' 은유 사용에 주목해야 하는 여러 이유가 있지만, 이는 다음 장에서 다시 다루어질 것이다. 8장에서는 치료자의 특별한 목적이 깃든 '의도적인' 은유 만들기부터 설명할 예정이다. 이렇게 시작하는 이유는 은유가 특정한 목적을 위해 사용되어야 한다고 믿기 때문이고, 다른 한편으로는 이것이 심리치료에서 은유가 어떻게 작동하는지 보여 주는 자연스러운 방법이기 때문이다.

임상적 은유의 표적Target과 근원Source

은유의 표적은 치료자가 주목하거나 영향을 주고 싶은 현상학적 영역 phenomenological area이며, 은유의 근원은 이러한 목적을 위해 사용되는 현상학적 영역이다. 이를 관계구성이론 용어로 표현하자면, 치료자가 은유의 표적과 근원이라는 두 관계망을 연결한다고 말할 수 있다(4장 참조). 간단한 임상 사례를 보자.

은퇴한 트럭 운전기사인 배리*는 만성 통증과 우울증으로 힘들어하고 있다. 그는 치료자에게 예전에 했던 일들을 못 하고 있는데, 다시 해보기를 원한다고 이야기해 왔다. 면담 도중 동일한 주제가 다시 나왔다.

치료자 동생한테 전화는 어떻게 되었나요? 통화는 했어요?

배리 아니요, 아직 못했어요. 나중에 할게요. 지난주에는 너무 아파서 아무것도 못 했어요.

치료자 그렇군요. 그럼 잠깐 주차해 둔 거네요.(그림 8.1)

치료자는 배리의 행동(동생에게 전화하는 것을 미룸)을 은유의 표적으로 삼고, 은유의 근원을 "주차"로 정했다. 이 사례를 통해 변화 작업에서 은유를 사용

---

* 이 책에 나오는 모든 이름과 사례는 허구이지만, 실제처럼 인식될 수 있기를 바랍니다.

할 때 중요한 몇 가지 특징을 살펴보자.

두 네트워크는 서로 연관되어 있다. 은유의 표적(배리가 동생에게 전화하지 않은 행동)은 무작위로 선택된 것이 아니라, 배리가 이전에도 여러 차례 반복해 왔던 행동 패턴이었다. 즉, 원하는 행동을 하지 못한 것을 통증이나 무력한 기분 탓으로 돌려왔던 행동들의 또 다른 예다. 치료자는 이러한 행동 방식이 배리의 문제와 관련이 있다고 판단했기 때문에 이것을 은유의 표적으로 선택했다. 이것이 변화 작업에서 은유를 사용하는 첫 번째 중요한 원칙이다. 은유의 표적은 내담자에게 중요한 기능을 하는 것이어야 한다. 따라서 은유의 표적 선택은 치료자의 기능 평가에 근거한다(Foody, Barnes-Holmes, Barnes-Holmes, Törneke, Luciano, et al., 2014). 또한 은유의 근원은 임상적으로 관련이 있어야 하며, 은유 표적의 근원과 일치해야 한다는 것이 기본 원칙이다.

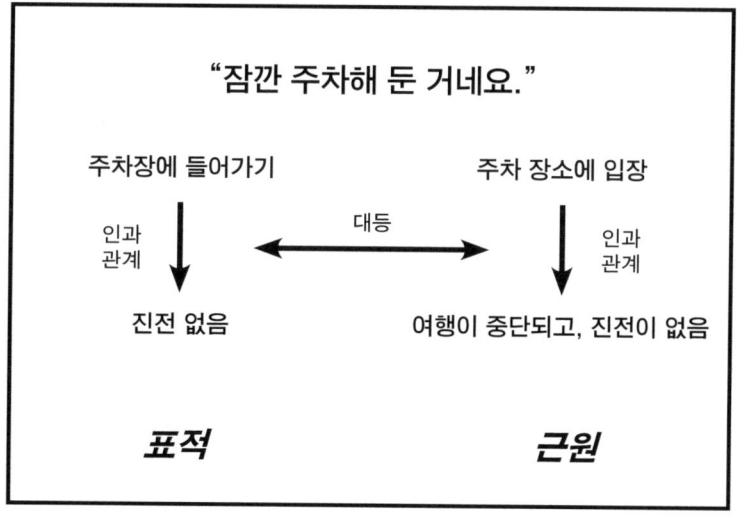

그림 8.1

쉽게 말하자면, 표적은 내담자가 은유를 통해 자신의 경험을 인식할 수 있게 해주는 것이어야 한다. 이 사례에서 "그래요, 잠깐 주차해 둔 거네요"라는 말을 들었을 때, 배리가 동생에게 전화하지 않았던 행동을 적절히 묘사한다고 인식하는 것이 핵심이다. 이와 같은 근원을 찾으려면 당연히 내담자를 충분히 알고 있어야 하며, 그럴수록 내담자가 이해할 가능성이 높아진다. 내담자가 자동차를 갖고 있고, 주차에 대해 알고 있다면 "주차하기"라는 근원의 표적이 "하고 싶은 것을 하지 않는 것"이라는 것을 쉽게 알 수 있을 것이다. 그러나 내담자가 운전을 해본 적이 없다면 이 은유는 잘못된 선택일 수 있다. 치료자는 배리가 트럭 운전사로 일했다는 것을 알고 있기 때문에 이 은유가 통할 것이라고 추측하는데, 방금 말한 이 은유에 배리가 반응할 때만 공감을 확신할 수 있다. 은유가 치료 작업에 분명한 도움이 되지 않는다면 치료자가 은유를 적절했다고 여겨도 의미가 없다.

은유의 효과나 영향력을 위해 필요한 근원의 또 다른 속성이 있다. 은유 만들기의 세 번째 원칙이기도 한데, *은유의 근원은 은유의 표적보다 더 구체적인 특성이나 기능을 담고 있어야 한다는 것이다.* 이것이 치료자가 은유를 사용하여 강조하고자 하는 핵심적 기능이며, 흔히 말하는 은유의 가장 중요한 사항인 "꿰뚫기bite"다. 배리의 사례에서 "동생에게 전화하지 못했다"는 표현의 명확하지 않은 행동 양상을 "주차하기"라는 표현으로 좀 더 명료하게 해주는 것과 같다. 앞서 은유의 일반적인 설명에서 언급한 대로, 은유의 표적에는 어떤 속성이 존재하지만 표면적으로 드러나지 않는 경우가 많다.(4장 참조). 은유 사용의 핵심은 은유로 표현할 때, 그런 속성이 표적에서도 명확히 드러난다는 것이다. 토마스 트란스트뢰메르의 시적인 은유 "깨어난다는 것은 꿈에서 낙하산 점프를 하는 것이다"로 비교해 보자. 이 은유를 들은 사람이 잠에서 깬다는 경험에서 무언가를 느낀다는 사실이 중요하다. 은유의 근원(낙하산 점프)은 표적(잠에서 깨는 경험)에서 뚜렷하게 드러나지 않는 어떤 속성을 가지고 있다. 은유의 꿰뚫기란 이와 같이 표적의 속성을 밝히고 강조하는 기능을 말한다.

그렇다면 치료자가 배리에게 "동생에게 전화하지 않기"라는 행동에서 주목하기를 바라는 것은 무엇일까? 아마도 다음과 같은 결과일 것이다. 운전하다가 어딘가에 주차를 하면, 더 이상 나아갈 수 없게 된다. 물론 잠깐 멈췄다가 다시 운전할 수는 있지만 자주 주차를 하거나, 특히 중요한 목적지로 가는 길로 들어서자마자 주차를 하는 행동은, 목적지로 가는 것과 대립되는 행동이다. 하지만 이 은유가 배리에게 의미 있게 전달되기 위해서는 세 가지 기본 요소가 일치해야 한다. 첫째, 배리가 행동으로 옮기지 않는 것이 그가 가진 문제 중 하나여야 한다. 둘째, "주차하기"라는 표현이 배리와 공명하고, 배리가 행동으로 옮기지 않는다는 문제를 상기시켜야 한다. 셋째, "주차하기"라는 표현이 배리 자신의 행동에 유익하고도 분명한 통찰을 할 수 있게 해야 한다.(그림 8.2 참조)

▌근원Source과 표적Target의 이동

"주차하기" 같은 은유가 효과적이라면, 또 다른 표적의 은유 근원으로도 사용할 수 있다. 동생에게 전화하지 않는 것과 같은 구체적인 행동에 관한 대화를 통해 은유가 이미 설정되었다고 가정해 보자. 이후 배리는 지금까지 이야기하지 않았던, 살면서 계획한 것을 실행하지 못했던 다른 일에 대해 이야기할 수도 있다.

임상 작업에서 은유 창조의 세 가지 원칙

- 은유의 표적은 각각의 내담자에게 중요한 기능을 하는 사건이어야 함
- 은유의 근원은 표적의 본질적인 특성과 일치해야 함
- 은유의 근원에는 은유의 표적보다 더 두드러지는 속성이나 기능이 포함되어야 함

그림 8.2

치료자는 동일한 근원을 사용해서 "이번에도 주차를 해 둔 건가요? 아니면 다른 건가요?"라고 물어볼 수 있다. 서로 다른 표적에 대해 같은 근원을 사용하는 것은 요약과 명료화에 도움이 될 수 있고, 기능 분석과 자기 관찰 훈련에도 매우 중요할 수 있다.(아래 참조)

물론 어떤 과정에서는 특정 근원이 충분하지 않을 수 있다. 그렇다면 치료자는 동일한 은유 표적에 대해 말하기 위해 다른 근원을 활용해야 할 수도 있다. 배리가 자기 행동의 새로운 측면을 설명한다고 가정해 보자.

배리   그럴 엄두가 나지 않아요. 그렇다고 주차한 상태로 가만히 앉아만 있는 것도 아니고요. 앉아서 편하게 쉬기만 하는 것 같지만, 실제로는 그렇지 않아요. 정말 힘들어요.

치료자   애쓰거나, 해내려고 노력하는 것이 있나요?

배리   네, 연락이 되면 무슨 말을 해야 할지 모르겠어요. 여러 가지를 생각해 봤는데, 아무것도 떠오르지 않아요. 적당한 말이 없어요. 뭔가 생각해 보려고 노력하는데, 무슨 말이든 너무 공허하게 느껴져요. 합당한 말이 떠오르지 않아요.

치료자   열쇠를 찾고 있는데, 계속 나오지 않는 것 같네요.

이번 대화도 배리가 동생에게 전화하지 않은 이야기(은유의 표적)가 계속되지만, 치료자는 배리의 경험과 행동을 새롭게 조명하기 위해 새로운 근원을 가져왔다. "열쇠를 찾고 있는데, 나오지 않는다"는 말은 "주차하기"라는 배리의 습관에서 심사숙고하는 것을 설명하는 한 가지 방법이 될 수 있다. 배리가 여기에 공감한다면, 이러한 은유 근원은 동생에게 전화하는 것이 아닌 다른 표적에 대한 대화에서도, 가령 "찾고 있는 열쇠가 없는 것에 대해 이야기했는데, 다른 상황에서 비슷한 곤란함을 느꼈던 때가 있었나요?"와 같이 사용될 수 있다. 또는 향후의 대화에서 배리가 자신의 통증을 대하는 태도를 이야기할 때, 치료자는 이 은유 근원을 사용하여 배리에게서 관찰된 것에 대해 이야기할 수도 있다.

배리	이런 생각이 제 머릿속에서 계속 맴돌아요. 저한테 무슨 문제가 있는 거죠? 제가 겪는 고통을 생각하면 분명 원인이 있을 거예요. 치료진들이 아무것도 알아내지 못했다는 걸 아시죠? 거의 아무것도 못 찾아냈어요. 뭐가 문제인 거죠?
치료자	제 착각이 아니라면, 그 질문이 자주 나오네요.
배리	항상 나와요.
치료자	혹시 이런 의문에 답을 찾으려 할 때마다, 또다시 주차를 하고, 열쇠를 찾아 헤매는 헛된 노력을 하고 있는 건 아닌가요?

서로 다른 표적에 동일한 근원을 사용하면 내담자가 가진 문제의 여러 영역을 요약하고 통합하는 데 도움이 될 수 있다. 동일한 표적에 서로 다른 근원을 사용하면 대화의 깊이를 더하고 미묘한 차이를 주는 데 도움이 될 수 있다(Tay, 2013).

기능 분석을 위한 은유

7장에서는 치료적 대화를 위한 세 가지 기본 전략에 대해 설명했다. 이번에는 임상적인 적용에서 은유가 어떻게 사용되는지 살펴보도록 하자. 치료적 전략은 서로 겹치는 부분이 있으므로, 각각의 특징적인 부분을 강조할 것이다. 기능 분석부터 시작해 보자.

이러한 전략의 목적은 내담자가 현재 사용하고 있는 방식과 경험하고 있는 어려움 사이의 연관성을 이해하도록 돕는 것이다. 간단히 말하면, 무엇을 하고 있는지, 어떤 상황에서 하고 있는지, 어떤 결과를 가져오는지, 무엇을 달성하려고 하는지를 이해하는데 도움을 주려는 것이다. 이것은 주로 지적인 과정이 아니라 이를 통해 사건들이 어떻게 연결되는지 체험적으로 느끼게 하는 것이 중요하다. 행동의 결과는 우리의 이어지는 행동에 강력한 영향을 준다. 동시에 규칙을 따르는 우리의 능력은 오히려 경직된 행동 방식으로 일부 결과에 둔감해지게 하는 부작용을 낳기도 한다. 7장에서 설명한 것처럼, 우리는 규칙과 자기 지시에 따라 경험 회피의 형태로 스스로를 악순환에 빠뜨리기도 한다. 만약 우리가 주의 깊게 우리의 행동을 관찰한다면 - 즉, 우리 자신의 감정, 생각, 그리고 신체적인 감각과의 상호작용과 그 결과 - 우리는 변화를 더 효과적으로 이끌어낼 수 있을 것이다. 은유는 이러한 면에서 중추적인 역할을 할 수 있다.

▮행동과 결과의 연결을 위한 은유

배리의 사례는 이 제목에 잘 들어맞을 수 있다. 기능 분석은 다음의 순차적인 기술이 필요하다. 선행 상황(A), 후속 행동(B), 일어난 결과(C). "주차하기"라는 말을 사용할 때 치료자는 배리가 하는 행동(B)에 초점을 맞춰 그 결과(C)를 더 명확하게 전달하고, 향후 비슷한 상황에서 그의 행동에 영향을 주려고 했다. 문제 상황에서 이러한 방식으로 행동에 대해 이야기하고, 내담자가 그 결과를 파악하도록 돕는 것을 수용전념치료에서는 "창조적 절망감"이라고 한다(7장 참조). 바로 이 점에 초점을 맞춰 사용할 수 있는 은유의 예를 보자. 수용전념치료에서의 많은 은유처럼(Hayes, Strosahl, & Wilson, 2012; Stoddard & Afari, 2014), '원하는 대로 되지 않는다는 것을 알면서도 그냥 하던 대로 한다'는 흔한 심리 현상을 이해하는데 유용하다.

치료자가 미술관에서 일하는 캐서린과 대화를 하고 있다고 가정해 보자. 캐서린은 스트레스가 심하고 불안하고 피곤하며, 해야 할 일들을 하지 못한다고 반복해서 호소한다. 그녀는 일을 좋아한다고 하지만 갈수록 일이 늘어간다고 느낀다. 하지만 동료들로부터는 "모든 일을 잘 해낸다"는 칭찬을 받고 있고, 수년 동안 이런 상황이 계속되었다.

캐서린   그게 바로 저예요. 제가 책임져야 해요. 항상 그래왔어요.

❽ 기능 분석을 위한 은유 만들기

치료자 알겠어요. 제가 잘 이해한 거라면, 그렇기 때문에 많은 좋은 일들이 이어지고 있는 거네요.

캐서린 어느 정도는 그렇지만, 직장에서는 더 이상 그렇지 않아요. 저는 완전히 지쳤어요. 일이 되지 않아요. 최선을 다하는데, 더는 견딜 수 없어요.

치료자 최선을 다할 때, 당신은 뭘 하나요?

캐서린 모든 것이 제대로 돌아가도록 계속 감시를 해요. 사람들에 대해서도요. 제가 일을 정리하는데 다들 익숙해졌어요. 다른 동료들은 일에 별로 신경 쓰지 않을 때가 있어요. 물론 좋은 사람들이지만, 일 처리를 너무 쉽게 하는 사람들이 많아요.

치료자 그리고 그 일을 제대로 처리하는 사람은 당신인가요?

캐서린 네. 누군가는 해야죠.

치료자 그다음에는 어떻게 되나요?

캐서린 저도 사실 이제는 더 이상 해 나갈 수가 없어요. 완전히 지쳤어요.

치료자 마치 쇠막대로 무거운 바위를 옮기려고 하는 것과 비슷하다는 생각이 드네요. 그런 일을 해 본 적이 있나요?

캐서린 네, 물론이죠. 남편과 저는 정원 일을 할 때 남녀가 바뀌어요. 남편은 전혀 관심 없어서 제가 주로 하죠. 거의 대부분요.

치료자 좋아요. 정원 일을 하다가 큰 바위를 발견했다고 상상해 보세요. 온 힘을 다하지만 바위는 움직이지 않아요. 다른 각도로 시도해 보겠죠. 레버를 최대한 바위 밑으로 집어넣어 봅시다. 지렛대 끝에 체중을 실어 힘을 더 주려고 해봐요. 꿈쩍도 하지 않네요. 그래도 할 수 있을 거라고 생각하고 다시 시도해 봅니다. 막대를 더 깊게 새로운 각도로 넣어 보겠죠. 여전히 안 돼요. 다른 막대, 더 좋은 막대, 황금 막대가 필요하다고 생각할 수도 있지만, 그 어떤 것도 도움이 되지 않아요. 바위는 무겁고 움직이지 않고 계속 그대로 있습니다. 직장에서의 상황이 이것과 비슷하지 않나요? 당신이 이야기한 대로 당신은 다양한 방식으로 모든 일을 처리하고 책임지고 해결하려고 노력하고 있어요. 매일 애쓰고 있죠. 제가 궁금한 건, 그 바위를 옮긴 적이 있나요?

치료자가 은유의 근원(정원의 바위를 옮기는 것)을 구체적인 이야기를 통해 생생하게 묘사한다는 것에 주목하자. 내담자의 경험에 포함된 근원이 많으면 많을수록 더 좋다. 그다음 치료자는 은유의 표적으로 의도한 것, 즉 내담자의 일 처리 방식에 대한 대화를 진행한다. "주차하기"라는 한정된 은유의 경우처럼, 이 은유가 캐서린에게 유용하게 적용되려면 세 가지가 요소가 필요하다.

1. 은유의 표적(모든 것을 책임지고 해내려는 캐서린의 방식)이 기능적으로 중요한 것, 즉 캐서린이 가진 문제의 일부여야 한다.
2. 은유의 근원은 은유 표적의 핵심과 맞닿아 있어야 한다. 이번 경우 무거운 바위를 옮긴다는 것에서 캐서린이 직장에서 일을 처리하는 자신의 방식을 인식해야 한다.
3. 은유의 표적에서보다 근원에서 속성이나 기능이 더 구체적으로 드러나야 한다. 성과 없는 노동이 반복될 때 지치고 소진된다는 사실은 캐서린이 직장에서 노력하는 상황보다 돌을 옮기는 묘사에서 더 잘 드러난다. 그러나 은유를 사용하는 핵심적인 목적은 캐서린이 직장에서 하는 행동의 이러한 측면을 명확하게 하여 그녀의 행동에 영향을 미치도록 하는 데에 있다.(표 8.3 참조)

또 다른 은유를 같은 목적으로 사용하여 캐서린에게 이렇게 말할 수도 있다. "당신은 끝없이 달리고 있는 것 같네요. 문제는, 목적지에 도달한 적이 있는지겠네요"

❽ 기능 분석을 위한 은유 만들기

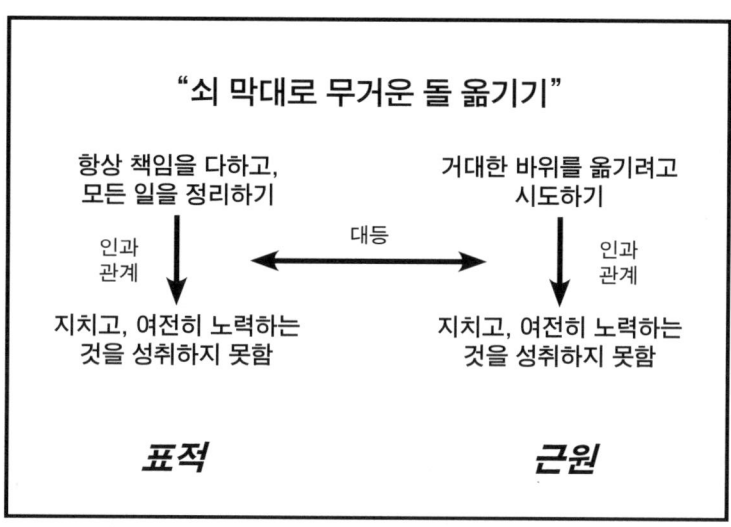

그림 8.3

효과 없는 행동 전략과 그 결과를 설명하기 위해 수용전념치료에서 사용하는 또 다른 은유로는 "구멍 파기digging in a hole"가 있다(Hayes, Strosahl, & Wilson, 2012). 이 은유는 다음과 같이 설명할 수 있다.

치료자 어떤 이상한 상황에 처해있다고 생각해 봅시다. 누군가 당신에게 눈을 가리고 들판을 돌아다니라고 지시했어요. 그러면서 유용할 거라며 여러 도구들이 있는 가방을 받았고요. 그런데 당신이 모르는 게 있는데, 눈을 가려 물론 볼 수도 없겠지만, 이곳에는 여기저기 꽤 깊은 구멍들이 많이 있다는 것입니다. 결국 당신은 그중 하나에 빠지게 됩니다. 기어올라 보려고 하지만 실패합니다. 당신은 도구 가방이 있다는 것을 기억하고 그 안을 확인합니다. 당신이 찾은 것은 삽이에요. 당신은 이제 삽을 가지고 있고, 그게 유용한 도구라는 얘기를 들었기 때문에 자연스럽게 부지런하게 땅을 파기 시작합니다. 계단 같은 것을 파내려고 노력하지요. 하지만 흙이 쏟아지고, 계단은 발밑으로 무너져 내립니다. 필사적으로 땅을 파고 또 파지만, 구멍은 더 크고 깊어질 뿐이네요.

자신의 대처 전략이 사실은 문제의 일부라는 사실에 마주하는 것은 고통스러울 수 있다. 따라서 이 과정에서 치료자는 내담자 행동의 합리적인 측면도 짚어주는 것이 중요하다. "배운 대로 하고 더 잘하려고 노력하는" 것은 여러 면에서 합리적이며 우리가 모두 살아가며 사용하는 전략이다. 우리는 다양한 규칙과 지시를 따르고, "도구 가방"을 받았고, "돌을 옮겨야 할" 충분한 이유가 있으며, 서둘러야 할 때는 "달리기"를 한다. 여기에 이상할 것은 전혀 없다. 하지만 함정이 있다. B와 C 사이의 연결고리, 즉 우리가 하는 것과 얻는 것 사이의 연결고리를 보지 못하고 헛수고를 하며 악순환에 빠질 수 있다는 것이다.

행동과 결과(우리가 하는 것과 그 결과로 우리가 얻는 것) 사이의 상관관계는 기능 분석의 핵심이다. 자신이 하는 행동이 오히려 문제를 악화시킨다는 사실을 깨닫는 것은 매우 고통스럽고 괴로울 수 있지만, 바로 이 지점에 변화의 가능성이 있다. 내 행동이 결과와 무관하다면, 나의 문제가 통제할 수 없는 무언가로 고통받는 것이라면, 어떻게 변화를 이끌어 낼 수 있겠는가? 치료를 받으며 자신의 행동을 변화시킬 수 있는 내담자의 능력이 모든 심리치료의 출발점이라는 것은 명백한 사실이다. 따라서 내담자가 자신의 행동과 결과를 연결할 수 있도록 돕는 것은 치료에 있어 결정적인 부분이다. 그러나 어떤 의미에서는 이보다 선행되어야 하는 단계가 있는데, 내담자가 무엇을 하고 있는지 파악하는 것이다. 그 연결의 중심이 될 지점을 이용해 내담자의 주의를 올바른 방향으로 이끌어 내는 것이 치료자의 역할이다. 동시에, 특히 치료 초기에는 너무 성급히 B-C 연결을 지적하기보다는 내담자가 어떤 행동을 하는지에만 주의를 기울이는 것이 좋을 수 있다. 아직 관련성이 명확하지 않아 좀 더 지켜봐야 할 때도 있고, 고통스러워하는 내담자를 너무 성급하게 밀어붙이면 치료의 협력에 방해가 될 수도 있기 때문이다. 이러한 고려 사항은 임상 상황에서 은유를 사용하는 방식에 영향을 준다. 바위와 구멍 은유의 경우, 두 가지 모두 행동 전략에 실효성이 없다는데 초점이 맞춰져 있다. 배리의 "주차하기" 행동으로 돌아가서, 행동의 효과 여부에 주의를 기울이지 않고 행동 자체에만 주의를 집중시키는데 이

❽ 기능 분석을 위한 은유 만들기

은유가 어떻게 사용될 수 있는지 살펴보자.

치료자   좋아요, 그럼 당신은 그냥 주차를 해 놓은 거네요.

배리   그렇다고 볼 수 있죠. 그게 제가 할 수 있는 전부예요. 주차를 할 수밖에 없어요. 그것 말고는 할 수 있는 게 없어요.

치료자   (행동-결과 연결을 너무 일찍 시작한다는 것을 알아차림) 네, 잠깐 쉬어 가는 게 좋겠네요. 자주 주차를 하나요? 동생한테 전화하는 것 말고도요.

치료자는 이 은유가 부정적인 결과와 연결되지 않은 채로도 배리의 행동을 공감적으로 설명하는 데 주목한다. 그리고 배리의 행동 방식을 좀 더 자세하게 살펴보기 위해 은유의 근원을 다른 상황에도 적용해 보려고 했다. 효과적인 은유의 조건이 충족되면(1. 배리가 가진 문제의 일부이며 2. 배리가 자신의 행동을 알고 있고 3. "주차하기"라는 단어가 행동 방식의 중요한 측면을 명료하게 함), 치료자의 질문은 배리가 자신의 행동을 인식하는 데 도움이 될 수 있다. 배리가 "주차하기"의 더 많은 예시를 들어 답한다면, 치료자는 배리의 행동 방식이 해로운 결과와 어떻게 연결되는지 다시 살펴볼 수 있다.

▌선행사건과 행동 사이의 연관성을 위한 은유

선행사건-행동-결과(ABC)라는 기능적 순서의 또 다른 연관성, 즉 행동의 선행사건과 행동(A와 B) 사이의 연결고리 또한 살펴봐야 한다. 일반적으로 사람 외의 동물에 대한 기능 분석은 특정 행동에 선행되며 행동을 유발하는 외부 환경에 중점을 둔다. 이는 당연히 인간에게도 중요하다. 예를 들어, 캐서린의 노력은 그녀의 직장이라는 특정한 상황에서 이루어진다. 그러나 7장에서 보았듯이, 우리의 관계 구성relational framing 능력은 종종 우리의 반응을 일으켜 또 다른 행동에 복잡한 영향을 주는 작용을 유발한다. 이런 상황은 문제가 되는 행동 전략에 영향을 주기에 중요하다. 스키너의 말을 빌리자면 "자신의 행동을 예측하고 통제하기 위해 자신을 인식하는 것"을 시도할 때 주의를 기울여야 하는 부분이다.

경험 회피(생각, 감정, 신체적 감각을 제거, 감소 또는 통제하려는 방식)는 심리적 문제의 핵심 전략이라고 이미 언급한 바 있다(Chawla & Ostafin 2007; Hayes et al., 1996; Kashdan, Barrios, Forsyth, & Steger, 2006). 이는 우리가 원하는 것을 얻는 데 비효율적이지만 쉽게 빠져들게 되는 전략이다. 배리의 사례로 돌아가 보자. 앞의 대화에서 보았듯이, 치료자는 배리가 한 행동("주차하기")과 그다음 결과 사이의 연관성에 초점을 맞췄다. 다음의 대화에서 치료자는 배리가 무력감이라고 표현하는 행동 이전의 상황으로 주의를 돌린다. 이번에도 치료자는 경험 회피의 딜레마를 배리가 알아차리도록 돕기 위해 은유를 사용하며, 대안을 위한 힌트를 보여 주기도 한다.

치료자 요즘 사람들은 흔히 인간과 컴퓨터가 일하는 방식을 비교하곤 하죠. 약간 과장될 수도 있지만, 제가 생각하는 차이 중 하나는 바로 팝업입니다. 갑자기 화면에 나타나서 정보를 주거나 뭔가 지시하는 작은 메시지 창 말입니다. 어떤 건지 아시나요?

배리 네. 팝업이 뭔지는 알죠. 그런데 그게 왜요?

치료자 제가 말하고자 하는 것은 우리 모두 항상 팝업 메시지를 받는다는 거예요. 생각, 감정, 기억 등등이요. 우리가 여기 앉아 있는 동안에도요. 방금 이런 생각을 하지 않았나요? '이 사람이 무슨 말을 하는 거지?'라고요.

배리 이해했어요. 매번 그렇죠.

치료자 대부분의 팝업은 매우 평범합니다. 퇴근길에 우유를 사와야 하는 것처럼 해야 할 일이 떠오르기도 하죠. 그런데 어떤 팝업은 고통스럽기도 해요. 당신이 절망적인 기분이라고 설명했던 것처럼요. 예를 들어 동생한테 전화하려는 생각이 처음 들었을 때 팝업이 뜬다면, 그 팝업에는 어떤 내용이 담겨 있었나요?

❽ 기능 분석을 위한 은유 만들기

배리   고통스럽고 무거운 느낌이요. 별다른 중요한 내용은 없어요. 동생한테 뭐라고 할지도 모르겠고, 동생이 나한테는 무슨 얘기를 할까? 그런 생각들이죠.

치료자   그럼 그 팝업에는 두 가지 질문이 있군요. 나는 무슨 말을 해야 하나? 동생은 뭐라고 할까? 그리고 고통스럽고 무거운 느낌이 드는 거네요.

배리   네. 거기서 막혀버리죠.

치료자   그때 주차를 하게 되는 거고요.

배리   맞아요.

치료자   사람과 컴퓨터의 차이는 바로 거기에 있는 것 같아요. 컴퓨터는 팝업을 차단하는 프로그램이 있으니까요.

배리   모든 질문과 무거운 감정을 멈출 수 있다면 정말 좋겠어요. 그런데 어떻게 하는 건지 모르겠어요. 멈출 수 있는 비법이 있나요?

치료자   유감스럽게도 비법은 없어요. 그게 바로 우리의 모습이죠. 하지만 한 가지 중요한 점이 있어요. 팝업이 진짜 문제가 아니라면 어떨까요? 팝업에 괴로운 질문도 있고, 고통스러운 감정도 있지만 그게 진짜 중요한 문제는 아니라는 거예요. 문제는 팝업이 뜨는 게 아니라, 우리가 팝업을 클릭하기 시작할 때예요. 팝업이 질문하면 우리는 그 질문에 대답하려고 애씁니다. 고통스러운 기억이나 생각을 떠올리게 하고 우리는 그것들을 지우려고 노력하죠. 하지만 결국 막혀버려요. 그런데 굳이 차단할 필요가 없다면 어떨까요? 그냥 내버려둘 수 있다면요. 팝업창이 뜨는 것을 막을 수는 없지만 클릭할 필요는 없어요.

배리   그러면 뭘 하죠?

치료자   음, 마우스를 팝업창에 갖다 대지 말고 커서를 메인 화면으로 옮겨보세요. 화면에 잡다한 것들이 떠 있는 걸 내버려두고, 없애려고 하지 말고 클릭하지도 마세요. 그리고 메인 화면에 있는 중요한 것들을 위한 자리를 만들어보는 건 어떨까요?

치료자의 마지막 코멘트는 새로운 주제, 즉 배리가 이런 상황에서 매번 하던 대로의 방식이 아닌 다른 방법을 소개한다. 이전에 소개한 세 번째 치료 전략에서 이 주제로 돌아오게 되는데, 바로 자신의 삶에서 무엇이 중요한지 명료화하고 그 방향으로 나아가는 방법을 설명하는 부분이다. 그러나 여기서는 배리의 반응(감정과 생각)과 행동 사이의 연관성, 그리고 배리에게 선택의 여지가 있다는 사실을 조명하기 위한 은유에 초점을 맞추고자 한다. 그리고 다시 말하지만, 이 은유가 유용하기 위해서는 다음의 조건들이 충족되어야 한다.

1. 은유의 표적(절망스러운 경험과 그때의 행동)은 기능적으로 중요해야 한다. 바꿔 말한다면, 배리가 가진 문제의 일부여야 한다.
2. 은유의 근원은 표적의 핵심적인 부분과 상응해야 한다. 이 사례에서 배리는 팝업 창과의 상호작용 설명을 통해 자신의 경험을 인식해야 한다.
3. 은유의 근원은 표적보다 더 두드러지는 속성이나 기능이 있어야 한다. 주의를 끌기 위해 나타나는 중요해 보이는 것에 어떻게 반응할지 선택할 수 있다는 사실은 배리가 어려운 문제 앞에서 해왔던 행동 방식에서보다, 팝업창과의 상호작용 설명을 통해 더 분명하게 드러난다. 그러나 은유를 사용하는 데 있어 가장 중요한 요점은 이러한 점들을 조명하여, 배리의 행동에 영향을 미치는 것이다.

감정, 생각, 신체적 감각의 형태로 나타나는 사적 반응과 그에 이어지는 행동 사이의 동일한 연관성을 설명하기 위해 고안된 또 다른 은유로는 "도로 표지판" 은유가 있다. 캐서린의 직장 상황으로 돌아가 보자.

치료자 상황이 너무 힘들었던 때를 자세히 살펴볼 수 있을까요? 어제는 지옥 같았다고 했잖아요. 어제가 대표적인 예가 될까요?

캐서린 네 맞아요. 정말 끔찍했어요. 이런 식으로 계속되면 버틸 수 있을지 모르겠어요.

❽ 기능 분석을 위한 은유 만들기

치료자   어제는 언제부터 시작됐나요?

캐서린   아침 커피타임 직후였어요. 급한 이메일 몇 통이 왔고, 페트라가 금요일 회의 전에 검토해야 할 자료를 가지고 왔어요. 일이 너무 많았어요.

치료자   당신이 해 줄 거라고 사람들이 무리하게 기대하는 예가 되겠네요.

캐서린   말은 또 다르지만, 실제로는 그렇죠. 다음 주까지 기다릴 수 있다고 하는데 말로는 쉽죠. 그때는 또 다른 일이 많이 생기니까요.

치료자   그런 상황에서 '팝업'하는 건 뭔가요?(치료자는 캐서린이 자연스럽게 반응을 떠올리도록 현재 시제를 사용한다)

캐서린   '팝업'이라니 무슨 뜻이에요?

치료자   어떤 느낌이 떠올라요? 무슨 생각이 떠오르나요?

캐서린   스트레스를 받고, 열받고, 심장이 두근거려요. 시간이 없어 하면서.

치료자   다 해낼 시간이 있을까 하고요?

캐서린   맞아요. 그럴 리가 없죠. 저는 자주 늦게까지 일을 하는데, 어제는 그럴 수 없었어요.

치료자   그런 상황에서는 어떻게 하나요?

캐서린   할 수 있는 게 별로 없어요. 그냥 제가 할 수 있는 만큼 열심히 일해요. 점심도 못 먹고, 서둘러서 일해요. 어쩔 수 없어요.

치료자   제 생각에는 이런 것 같네요. 당신이 운전을 하고 있는데, 과속을 하지만 감당할 수 있을 정도예요. 그런데 어느 순간 도로 표지판이 보여요. 빨간색 삼각형으로 된 경고 표지판이요. 어떤 일이 생길지 경고하는 거예요. 제시간에 도착할 수 없다고. 다른 표지판들도 불쾌한 것들이에요. 몸의 느낌 같은 불쾌한 것들이요. 그 외에도 무언가 경고하는 것들이 있나요?

캐서린   아니요, 그냥 불쾌할 뿐이에요. 하지만 이렇게 계속할 수는 없어요. 다음 주에는 어떻게 될까요? 저는 아들을 대회에 데려가려고 하루 쉬기로 했는데 스케줄을 어떻게 맞추죠?

치료자	또 경고 표지판이 보이는 것 같군요. 당신은 제시간에 도착하지 못할 것입니다! 하고요.
캐서린	맞아요.
치료자	또 다른 표지판이 있는 것도 같군요. 명령 표지판이라고 할 수 있겠네요. 둥근 표지판인데 '속도를 내세요!'라고 하네요.
캐서린	(잠시 침묵) 제가 일부러 속도를 높이려고 하는 건 아닌데, 그냥 그렇게 되는 거예요. 매번 그런 식이에요.
치료자	맞아요. 자동적으로 그게 되는 것 같죠. 많은 표지판들이 그런 식이라고 생각돼요. 우리는 그런 것들에 너무 익숙해져서 눈치도 못 채죠. 하지만 눈치도 못 챈 사이에 계속 따르죠.
캐서린	(느리게, 주저하며) 제가 속도를 낼 것 같나요?
치료자	그렇게 얘기할 것 같았어요. 점심을 거른다고 하셨잖아요. 당신은 그냥 참고 일하죠.
캐서린	그럼 어떻게 해요? 그저 편하게 일할 수는 없어요. 그건 불가능해요.
치료자	아마도 그렇겠죠. 이런 상황에서 제가 말하고 싶은 건, 당신이 다른 걸 해야 한다는 것이 아니에요. 여기서 무슨 일이 일어나고 있는지 살펴봐야 한다는 거예요. 그리고 특정 상황에서 도로 표지판이 나타나기 시작한다는 것 같아요. 어떤 표지판은 경고이고, 명확해요. 하지만 다른 표지판은 미묘하지만 왠지 모르게 분명하게 속도를 내라고 지시해요. 그리고 당신은 그 표지판이 말하는 대로 따라 행동하죠.

이런 상황에서 흔히, 캐서린이 바로 위 대화에서 "그럼 어떻게 해요?"라고 물었던 것처럼 내담자가 연관성을 이해하기 시작하지만 할 수 있는 선택지를 찾지 못하는 경우가 생긴다. 이럴 때 치료자는 조언하기보다는 현재의 방식에서 드러나는 연관성을 따라가며 내담자를 안내하는 것이 좋다. 이렇게 하면 내담자의 행동과 결과 사이의 연관성, 즉 B와 C 사이의 연관성을 되돌아보는 좋은 기회가 될 수 있다. 캐서린 이야기를 다시 이어가 보자.

❽ 기능 분석을 위한 은유 만들기

캐서린 그럼 어떻게 해요?

치료자 글쎄요, 아마 저희 둘 다 좋은 선택지를 찾기 어려울 수도 있겠네요. 하지만 당신이 직접 경험한 건 하나 있어요. 도로 표지판이 시키는 대로 행동했을 때 생기는 일이죠. 지금 당장 다른 대안을 찾을 수 없다고 해도, 그 경험은 중요할 수 있어요.

팝업과 도로 표지판 은유는 내담자의 후속 행동에 초점을 맞춘다. 팝업 창의 내용이 배리가 그렇게 행동하도록 만들고, 표지판의 메시지가 캐서린에게 속도를 내라고 재촉한다. 이러한 연결은 기능 분석에서 중요한 부분이다. 특히, 경험 회피 및 자동적인 반응이 심리적 문제를 일으키는 핵심적인 과정이라고 가정할 경우에는 더욱 중요해진다. 그러나 행동과 결과 사이의 연관성(B와 C)에서 설명한 바와 같이, 보다 면담을 개방적이고 은유적으로 하고, 쉽게 결론을 내기보다는 내담자 스스로 성찰하도록 하는 편이 더 치료적일 수 있다. 다시 캐서린의 이야기로 돌아가 보자.

캐서린 스트레스 때문에 죽겠어요. 시간도 없고, 아무 생각 없는 닭처럼 뛰어다니고 있어요. 심장은 계속 두근거리고……

치료자 스트레스가 심하고, 시간이 부족하고, 심장은 계속 두근거리고…… 그런 느낌이 왔다 갔다 하는 경향이 있나요?

캐서린 이랬다저랬다 해요. 주로 직장에서요. 어떤 날은 더 힘들어요. 최근에는 더 심해지고, 더 자주 그래요.

치료자 이 테이블에 빨간불이 켜져 있다고 해볼게요, 알람처럼요.(앞에 있는 테이블을 가리키며) 그리고 당신에게 부착된 작은 장치를 통해서 스트레스, 잘 해내지 못할 때의 느낌, 심박수 등을 감지하고 있어요. 스트레스를 받기 시작하면, 여기 불빛이 깜빡이기 시작해요. 어떻게 될까요? 일정한 속도로 깜박일까요 아니면 변동이 심할까요? 아니면 고장 나버려서 계속 켜져 있을까요?

캐서린 변동이 심할 거예요.
치료자 어제라면 어땠을 것 같아요?

여전히 치료자는 세 가지 조건을 충족시키는 은유를 사용한다. 캐서린이 말하는 고통은 그녀의 문제와 기능적인 연관성이 있다고 추정된다. 은유의 근원인 깜박이는 알람은 캐서린의 설명대로 그녀의 감정 상태와 거의 같은 방식으로 켜졌다 꺼졌다 한다. 이 알람은 은유의 표적(캐서린의 스트레스 감정과 그에 수반되어 나타나는 생각)보다 위험을 경고하는 방식을 훨씬 더 구체적으로 보여 준다. 여기에서 초점은 행동과의 연관성이 아니다. 캐서린이 자신의 경험을 좀 더 새로운 각도에서 관찰할 수 있도록 돕는 것이 이 은유의 요점이다. 은유가 캐서린에게 잘 맞아떨어지면, 이를 발전시키기 위해 여러 가지 질문을 더 해볼 수 있다. 예를 들면, 다음과 같다.

불빛이 켜졌다가 갑자기 다시 꺼진 적이 있나요?
불빛이 서서히 약해지다가 강해지나요? 아니면 예고 없이 갑자기 미친 듯이 깜빡이나요?
불빛이 깜박이기 시작할 때 알아차리게 되는 것 중에, 먼저 나타나는 것이 있나요?
직장에서 깜박임이 없는 상황이 있나요? 아니면 사실상 매번 불빛이 깜박이나요?
이 은유 안에서 치료자는 캐서린의 행동(기능 분석에서 B)에 점점 더 초점을 맞추어 갈 수도 있다.
불빛이 꺼질 것 같을 때 하는 특정한 행동이 있나요?
불빛이 켜지면 그때는 주로 무엇을 하나요?

캐서린이 자기 관찰 능력을 키울 수 있도록 세션과 세션 사이에 "불빛이 켜지는 상황"을 기록해 오도록 과제를 줄 수도 있다. 다양한 정도의 깜박임을 기록하거나, 불빛이 켜진 다음에 하는 행동을 집중적으로 기록해 보도록 할 수도 있다.

치료적 작업의 세 가지 원칙 또는 전략을 설명할 때(7장), 이들 사이의 경계가 확실하지 않다는 점을 강조한 바 있다. 이는 어떤 의미에서는 첫 번째 원칙(기능 분석)에서 두 번째 원칙(자신의 반응에 관찰 거리 설정하기)으로 나아간다는 것을 의미하며, 이는 기능 분석의 확장을 의미하기도 한다. 두 번째 원칙은 원래 기능 분석에 내재되어 있는 것이지만, 특별히 다음 장을 할애하여 설명할 예정이다.

Chapter 09

관찰 거리를 위한 은유 만들기
Creating Metaphors to Establish Observational Distance

7장에서 논의된 심리적 경직성은 관계구성이론으로 이해되는데, 이는 우리가 자신의 반응과 상호작용하면서 빠지게 되는 악순환을 설명해 준다. 이 반응들은 "자기 규칙self-rules"으로 작용한다. 의식적이든 아니든 이를 따르게 되면 역기능적 행동dysfunctional action으로 이어지고, 우리를 속박하는 굴레에서 벗어나지 못하게 한다(Törneke, Luciano, & Valdivia-Salas, 2008). 이러한 경직성은 사회적 학습 경험social learning experience에서 비롯되며 우리가 살아가는 사회적 맥락 안에서 지속된다. 이는 일반적으로 경험 회피experiential avoidance라는 행동 전략으로 이어지게 된다. 경험 회피는 우리가 자연스럽게 느끼는 우리의 감정, 기억, 생각, 그리고 육체적 감각을 제거하려는 시도이지만, 중요한 것은 이러한 노력이 실효성이 없다는 것이다(Hayes et al., 1996). 이러한 우리의 반응은 더 효과적이고 목적을 가진 또 다른 행동 전략을 취하지 못하도록 방해한다.

이러한 문제는 심리적 유연성 훈련을 통해 개선될 수 있다. 심리적 유연성은

❾ 관찰 거리를 위한 은유 만들기

우리 자신의 반응에 관찰 거리를 가지는 것을 중요하게 여긴다. 즉, 행동하는 존재로서의 우리와 자신 안에서 관찰할 수 있는 모든 것 사이에 체험적 거리를 두는 것이다. 우리가 느끼는 감정, 기억, 생각, 또는 신체 감각이 문제가 아니다. 실제로 이런 느낌들은 우리 과거의 산물이며 그 자체로는 극심하게 고통스러울 수 있지만 어쩌면 유용할 수도 있다. 당연히 많은 감정, 생각과 기억을 경험하기 싫을 수 있지만, 우리는 과거를 바꿀 수 없기 때문에 자연스럽게 떠오르는 반응들과 싸우려다 보면 오히려 역효과만 일으키기 쉽다. 문제는 반응 그 자체라기보다, 이러한 반응이 일어났을 때 어떤 행동의 덫에 빠지는지이다. 이러한 반응을 완전히 없애버리는 대신 그들과 상호작용하는 방식을 바꾸어서, 반응이 행동에 미치는 영향을 조정할 수 있다. 좀 더 정확히 말하면, RFT의 용어로 표현하자면, 우리는 자신의 반응을 자기 직시적self-dictic '나'와, 계층적 관계로 구성하는 능력을 훈련해야 하며, 이를 통해 우리의 나머지 행동이 변화할 가능성을 높여야 한다(7장 참조).

이러한 훈련은 이미 이전 장에서 기능 분석이라는 제목으로 시작되었다. 은유 사용은 이 작업에서 핵심적인 위치를 차지한다. 일상적인 대화에서는 감정과 같은 섬세한 내부 반응에 대해 외부의 물질적인 것들에 빗대어 이야기한다. 이는 관습화되거나 얼어붙은 은유도 마찬가지다(1장 참조). 8장에서 설명한 기능 분석에서는 이러한 점이 더 뚜렷하게 강조되었다. 감각, 감정, 그리고 생각을 팝업, 도로 표지판, 그리고 빨간 불빛의 형태로 언급함으로써 그것들을 우리 자신과는 거리가 있는 객체로 취급하였다. 그러나 이 거리는 감정과 생각에는 동일한 방식으로 적용되지 않는다. 왜냐하면 그들은 우리 자신의 반응이기 때문이다. 동시에 우리가 느끼는 것과 그것을 관찰하는 경험에 차이도 분명히 존재한다. 다시 말해, 자기 내면에서 관찰할 수 있는 것들(우리가 느끼는 감정, 감각, 생각)과 관찰자로서 우리 자신을 경험하는 것 사이에는 분명한 체험적 거리가 있다. 관계구성이론에 따르면, 어떤 순간에도 우리가 느끼고 감지하고 기억하고 생각하는 것을 넘어서 우리 자신을 경험하는 이 소질은 우리의 반응을 직시적 나와 계층적in hierarchy으로 구성하는 학습 능력에서 비롯된다(Törneke et al., 2016). 이러한 소질을 어려운 상황에 활용하는 우리의 능력은 심리치료를 넘어서 우리에게 친숙한 것이다. 감정이나 생각을 쏟아내고는 이렇게 얘기해 보지 않은 사람은 없을 것이다. "가슴에 쌓인 걸 털어내니 후련하네요."

변화 작업을 위한 이 두 번째 원칙은 첫 번째에서 시작된 중요한 측면을 더 깊이 파고든다.

이를 위해 은유가 어떻게 활용되는지 임상 대화로 돌아가 살펴보자. "버스 은유"(Hayes, Strosahl, & Wilson, 2012)는 수용전념치료에서 가장 유명하고, 아마도 가장 널리 사용되는 은유일 것이다. 이 은유는 지금 우리가 하려는 작업에 탁월하다. 이를 활용하여 앞으로 소개될 앤드류와의 대화를 열어 줄 것이다. 앤드류는 어린 시절 받았던 성적 학대와 관련된 기억에 시달리며 다른 사람들과 사회적으로 소통하기가 거의 불가능하다고 느끼고 있다. 압도적이고 만연한 자기비판적 생각이 이러한 어려움과 밀접한 관련이 있는 것으로 보였다.

치료자 우리는 각자의 버스를 운전하고 있어요. 그리고 우리와 함께 탑승한 승객들이 많습니다. 그 승객들은 우리가 느끼는 감정, 생각하는 생각, 기억하는 기억들이에요. 우리는 버스를 운전하고 승객들은 제각각 다른 시간에 탑승했어요. 어떤 것들은 언제 탑승했는지 알지만, 또 어떤 것들은 전혀 모르기도 하죠. 저는 뉴욕에서 자랐으니 뉴욕의 기억 승객들이 많이 있어요. 그들은 내가 더 이상 거기에 살지 않아도 버스 뒤쪽에서 종종 일어나 있어요. 이러한 뉴욕 승객 대부분은 꽤 중립적이고, 몇몇은 기분 좋은 반면, 몇몇은 불쾌합니다. 당신에게는 뉴욕 승객이 있나요?

앤드류 네. 저는 뉴욕 출신은 아니지만, 그곳에서의 기억들은 있죠.

치료자 방금 뉴욕을 언급했을 때 머릿속에 떠오른 것이 뭔가요?

앤드류 센트럴 파크에요. 봄에 회의가 거기서 있었어요.

치료자 좋아요, 전형적인 승객이네요. 즐거운 종류인가요, 아니면……?

❾ 관찰 거리를 위한 은유 만들기

앤드류   (웃음) 네, 별로 나쁘지 않았어요. 좋았어요, 제 생각에는요.

치료자   그런데 덜 즐거운 다른 승객들도 있나요? 어릴 적 이웃이 당신에게 했던 일 같은 기억이라든지요. 혹은 당신이 평범하지 않고 뭔가 이상하다고 생각되는 것이 있었나요?

앤드류   바로 그거예요. 저는 다른 사람들과는 다르니까 뭔가 이상한 게 분명해요. 거의 항상 느끼고 있었던 것 같아요. 어딘가에 소속되기만 하면 금방 이상해지는 거예요.

치료자   그건 당신이 기억할 수 있는 가장 오래전부터 버스를 이용해 온 노인 승객이네요.

앤드류   그는 거의 항상 거기 있었어요.

치료자   그 승객이 당신에게 뭐라고 말하나요?

앤드류   내가 뭔가 잘못됐다고, 내가 제대로 돼먹지 않은 것 같다고 해요. 이제는 뭔가 하기엔 너무 늦었다고, 부서져 버렸다고 해요.

치료자   그런 승객의 목소리들을 듣는 건 어떤 느낌이에요?

앤드류   (눈에 띄게 속상한 모습으로) 끔찍하고, 절망적이죠. 슬프고 역겹기까지 해요.

치료자   그러니까 그건 실제로 한 명의 승객이 아니라 패거리인 거죠. 어떤 사람은 돼먹지 않았다거나 부서졌다는 식으로 말해요. 또 어떤 승객은 슬픔이나 역겨움 같은 느낌일 수도 있어요.

앤드류   나는 역겨운 사람이에요.

치료자   정말 짜증 나는 승객이죠······

앤드류   내가 그런 것처럼 느껴져요.

치료자   네, 그런 것 같네요. 그가 당신 옆에 서 있고, 당신의 어깨에 기대어 있네요. 한 가지 물어볼게요. 이 모든 걸 누가 알아차리죠? 당신이 뭔가 잘못됐다고 승객이 말하는 것을 들을 수 있는 건 누구인가요?

앤드류   (다소 혼란스러운 듯) 저죠, 아마······?

치료자   정확해요. 그리고 역겨움이나 슬픔은 누가 느끼는 거죠?

앤드류	그 또한 저예요.
치료자	그럼 이제 말해봐요, 누가 버스를 운전하고 있을까요?

버스 은유는 다양하게 응용할 수 있는 은유로, 심리 유연성의 모든 측면을 다룰 가능성을 가지고 있다(Hayes, Strosahl, & Wilson, 2012). 예를 들어, 치료자가 이를 이용해 내담자의 행동에 초점을 맞추고자 한다면 승객들이 내담자에게 말을 걸 때 그가 어떻게 행동하는지 물어볼 수 있다. 이 대화는 앞선 기능 분석에서 설명한 대로 활용할 수 있다. 하지만 이제부터는 은유가 어떻게 관찰 거리를 만들어 내는지에 초점을 맞추고자 한다. 앤드류가 "직시적 나"의 시점으로 자기 안에서 무슨 일들이 일어나고 있는지 관찰할 수 있을까? 은유가 이런 능력을 길러줄 수 있을까? 이것이 그의 감정, 생각을 포함한 반응이 행동에 미치는 부정적인 영향력을 줄여줄 수 있을지에 주목하고자 한다.

내담자 고유의 반응이나 행동이 그의 삶에 강한 영향력을 발휘한다고 본다면, 그것은 치료자와 상호작용하는 동안에도 마찬가지일 것이다. 이런 상황에 마주한다면 치료자에게 있어서는, 말하자면 "쇠뿔도 단김에 뺄" 기회일 수도 있다.

앤드류	저는 항상 이런 식이에요. 제가 문제인 것 같아요. 저한테는 그게 항상 보여요.
치료자	지금 여기서도 그렇나요? 거기 그렇게 앉아 저랑 얘기하면서도 그걸 느끼나요? 여기서도 보이나요?
앤드류	음, 아마 지금은 그렇게 강하지 않은 것 같아요. 여기는 좀 특별한 장소잖아요. 안 그런가요? 그래도 역시나 저한테 뭔가 문제가 있다는 건 느껴지긴 해요.
치료자	그래니까, 당신의 승객들이 평소처럼 크게 말하는 건 아니지만, 지금 여기서도 여전히 말을 거는 거군요? 얼마나 크게 말하는지, 얼마나 가까이 다가오는지만 다른 거네요?

❾ 관찰 거리를 위한 은유 만들기

앤드류	그런 것 같아요.
치료자	그러면 그 차이를 알아차리는 건 누구죠? 승객들이 얼마나 큰 소리로 말하는지, 얼마나 가까이 오는지 알아차리는 사람은 누구죠?
앤드류	저죠.
치료자	그리고 지금 여기, 이 순간에 누가 버스를 운전하고 있나요?

치료자가 앤드류의 문제를 주로 논리적인 면에서 비롯된다는 관점에서 본다면, 이처럼 같은 주제로 자꾸만 되돌아가는 것이 이상하게 보일 수도 있다. 앤드류가 이를 "이해"하는 점에 있어서는 특별한 문제가 없어 보이기 때문이다. 그러나 학습 이론의 관점에서 훈련과 연습을 목적으로 한다면 이러한 동일한 원칙으로의 회귀는 아주 견실한 작업일 것이다. 심리적 경직성과 심리적 유연성 둘 다 복잡한 행동 목록behavioral repertoires이며 변화는 주로 훈련과 연습을 통해 이루어진다. 치료는 바로 이런 종류의 훈련을 제공해야 한다.

같은 원칙을 다루는 또 다른 은유는 "건의함suggestion box"다. 특히 내담자에게 명령조로 무엇을 해야 하는지 지시하는 사적 반응을 다룰 때 유용하다. 이러한 반응은 때로는 미묘하기도 하다. 규칙 지배 행동, 즉 자기 지시에 순응하는 것은 인간 행동 목록human repertoire의 지배적인 부분이다. 따라서 빠른 사적 반응은 대부분 일종의 충고나 경고 기능을 갖추고 있으며 때로는 독특하게 나타나기도 한다. 박물관에서 일하는 캐서린을 다시 만나보자.

치료자	이 부분은 작업을 처리하고 노력하는 데 시간이 필요해요(시간을 갖고 일을 처리해야겠네요. 꾸준히 하는 거죠.)
캐서린	네, 이런 상황에서는 그런 느낌이에요. 어떻게 벗어날 수 있을지 모르겠어요.

Part 2 치료 도구로서의 은유

치료자 그렇죠. 당신이 겪고 있는 것처럼 압박 속에 있으면 벗어나고 싶은 게 당연하죠. 감정, 육체적인 스트레스, 해야 할 일에 대한 모든 생각들······

캐서린 차분하게 있으려 하지만 잘되지 않아요.

치료자 그건 중요한 이야기인 것 같네요. 이미 스트레스를 받고 기분이 상한 상태에서 침착함을 유지하는 게 안 된다고 말씀하신 거요. 그런데 그때 거기서 벗어날 필요가 없다면, 차분하게 있으려고 애쓸 필요가 없다면 어떨까요? 그런 상황에 놓였을 때 다른 방법이 있다면 어떨까요? 그 느낌과 모든 생각들에 대처하는 다른 방법이 있다면 어떨까요?

캐서린 무슨 말인지 모르겠어요.

치료자 저절로 올라오는 느낌이나 생각이 건의함suggestion box과 같다면 어떨까요? 사무실이나 공공건물에 있는 그런 것들요. 지금 일하시는 직장에도 있나요?

캐서린 있죠. 하지만 직원들이 쓰는 건 아니고 박물관 손님들 용이에요.

치료자 그렇군요. 어떻게 생겼나요?

캐서린 파란색이고, 나무로 된 거예요. 꽤 이쁘죠.

치료자 어떤 면에서는 우리 모두 자기만의 의견함을 가지고 다닌다고 생각해요. 우리가 얻는 모든 생각과 감정들을 그 의견함에 넣는 거죠. 조언을 많이 얻을 수 있으니까 좋다고 생각해요. 건의함 자체는 아무 문제가 없어요. 자기가 할 일을 하는 거죠. 건의함에 있는 쪽지들에 어떤 내용이 들어있는지 읽어보는 게 좋죠. 하지만 쪽지들에 적힌 모든 일을 할 필요는 없어요. 하나 읽어보고, 다시 넣고, 쪽지의 내용대로 할지 말지 선택할 수 있어요. 말하자면, 당신은 당신의 건의함 이상의 존재에요.

은유가 캐서린에게 의미 있다는 인상을 받았다면, 이를 숙제로 활용해 볼 수 있다.

❾ 관찰 거리를 위한 은유 만들기

치료자   당신에게 다음 회기까지 사용할 수 있는 건의함을 줄 거예요.

캐서린   음, 그래요……?

치료자   상상 속의 의견함이죠. 박물관에 있는 건의함이 마음에 든다고 하셨죠? 그것처럼 생겼다고 상상해봐요. 원한다면 색깔을 바꾸거나 해서 당신만의 건의함으로 만들어 보세요.(은유의 근원을 구체적으로 그릴 수 있도록 함)

캐서린   알겠어요. 빨간색이에요.

치료자   마음 속에 그려볼 수 있겠어요?

캐서린   물론이죠.

치료자   그럼 이 빨간 상자를 사용해 봅시다. 일을 어떻게든 해내고 싶다는 압박감을 느낄 때, 쪽지를 읽고 건의함에 다시 넣어보세요.

캐서린   그러면 스트레스가 줄어들까요?

치료자   이 단계에서는 뭘 바꾸려 애쓰지 않아도 돼요. 스스로 밀어붙이려면 그렇게 하고, 빨리 진행하고 싶다면 그렇게 하세요. 제가 원하는 건 단지 의견이 상자에 들어갈 때, 그걸 알아챌 때마다 읽고 다시 넣는 것뿐이에요. 상자 안에는 많은 의견을 담을 수 있으니까요. 우리는 다음 주에 그것들을 살펴볼 거예요. 새로운 의견이 있는지 또는 그냥 오래된 진부한 의견들뿐인지 확인해 볼 겁니다.

같은 원칙이 녹아있는 앤드류와의 대화도 살펴보자.

치료자   당신에게 일어난 모든 일과 그 상황에서 느끼고 생각한 것들로 책을 만든다면 그 책의 제목은 뭘까요?

앤드류   "역겨운 실패작"이요. 제기랄!

치료자   꽤나 잔인한 제목이네요. 고통이 많이 배어 있네요……

앤드류   (한숨 쉬며) 그렇죠.

Part 2 치료 도구로서의 은유

치료자 (책장에서 책을 꺼내어 내밀며) 이렇게요. "역겨운 실패작." 여러 장이 있네요, 어떤 건 예전에 쓰여진 거고, 어떤 건 최근에 쓰여진 거네요(책을 넘기면서). 이런 책을 다루는 방법은 여러 가지가 있겠죠. 책에 빠져들어 완전히 몰입할 수도 있고요(책을 얼굴 앞에 바짝 대고 페이지를 열심히 넘기면서). 또는 손을 뻗어 멀리 두고 보려고 할 수도 있어요(책을 최대한 멀리 떨어뜨리고 눈을 피하려고 하면서). 이 두 가지 방법은 모두 정상적이고 자연스러운 방법이에요. 이 책은 중요한 책인 것 같고, 읽기 고통스럽기도 해요. 앞서 얘기한 책을 읽는 두 가지 방법은 서로 다르지만, 공통적인 어떤 문제를 갖고 있어요. 두 경우 모두 당신의 주의를 끌고 다른 것들을 방해하죠. 이 두 경우 모두(두 가지 방식을 다시 보여 주면서) 예를 들어, 지금 여기서, 나와 당신의 대화를 방해하는 거죠(다시 한번 책 자체와 책을 읽는 방식이 치료자와 내담자의 시선을 가리고 대화를 방해한다는 것을 보여 준다. 그 후 치료자의 이야기를 앤드류가 의미 있게 받아들이는지 확인하기 위해 침묵해 본다).

앤드류 그런 것 같네요. 항상 그 책에 코를 파묻고 있었나 봐요. 어떤 의미에서는 멀리 떨어뜨리려 하기도 하지만 거의 잘 안돼요. 그 책이 거의 모든 걸 가려버리는 것 같아요. 다른 대안이 있을까요?

치료자 (책을 들어 올려 시야 안에는 두고, 평범한 대화를 할 때처럼 앤드류에게 시선을 돌리면서) 여기서 우리가 연습하고 있는 것이 바로 그거라고 생각해요. 지금 당신과 제가 대화하고 있는 것처럼요. 어쨌든 책이 없어지지는 않으니까요. 관찰 거리를 가지는 거죠. 여기에는 내가 있고 거기에 책이 있는 거지요(책을 만지작거리고 들어 올리며). 그리고 나는 중요한 다른 무언가로 주의를 돌릴 수 있어요, 예를 들면 당신과의 대화처럼요, 비록 책이 여기에 있다는 것을 잘 알고 있어도요(다시 책을 건드리면서). "역겨운 실패작." 그리고 나는 이 책 이상의 존재인 거죠.

다시 한번 복습해 보자. 이 은유적 대화가 앤드류에게 의미 있으려면 다음의 세 가지 기본 조건을 만족해야 한다.

1. 은유의 표적(앤드류의 자기비판과 혐오감, 고통스러운 기억 및 그런 감각 안에서 하는 행동)은 기능적으로 중요해야 한다. 다시 말해서 은유의 표적은 앤드류가 가진 문제의 일부여야 한다.
2. 은유의 근원은 그 표적의 중요한 부분과 일치해야 한다. 이 경우 책으로 작업한 상호작용을 통해 앤드류는 자기 생각, 감정 및 기억과 고군분투했던 경험을 인식해야 한다.
3. 은유의 근원은 그 표적보다 더 두드러진 특성이나 기능을 구현해야 한다. 이 사례에서의 요점은 책과 사람이 서로 상호작용 하지만 책은 그 사람과 구별된다는 것, 비록 그 책이 일종의 자서전이지만 앤드류가 책과는 독립적으로 행동할 수 있다는 것이다. 이러한 특성이나 기능은 책의 관점에서는 명확하지만, 앤드류가 느끼는 저절로 올라오는 감각에서는 그렇지 않다. 치료자는 앤드류가 자신과 자신의 느낌이나 생각 사이에 그 구별을 더 잘할 수 있도록 은유를 사용했다. 즉, 이는 자신의 느낌과 생각으로부터 관찰 거리를 만드는 능력을 갖춰가기 위한 작업이다.

위의 사례에서 책으로 작업하고, 이를 사용해 요점을 은유적으로 묘사한 사람은 치료자였다. 이를 확장시켜 내담자로 하여금 이러한 연습에 적극적으로 참여하도록 이끌 수 있다. 이에 대해서는 13장에서 다룰 것이며, 은유와 체험적인 연습이 치료 작업에서 어떻게 상승효과를 일으키는지 살펴볼 것이다.

앤드류와의 마지막 대화는 치료의 세 번째 원칙을 은유적으로 다시 다룬다. 즉, 치료자는 내담자가 자신이 중요하게 생각하는 것과 연결될 수 있도록 하고, 그 방향을 향한 구체적인 단계를 설정할 수 있도록 돕는다. 이것은 변화를 위한 이 세 가지 전략이 서로 완전히 구분되지는 않는다는 것을 보여 준다. 스스로에게 중요한 것을 명확히 하고 그에 따라 나아가기 위해서는 자신의 반응으로부터 관찰 거리를 만들 수 있는 능력이 필요하다. 당신 삶에서 무엇이 중요한지 의미 있는 결정을 내리기 위해서는 당신이 무엇을 느끼고 무엇을 생각하는지, 당신

스스로를 관찰할 수 있어야 한다.

Chapter 10

방향을 명확하게 하는 은유 만들기
Creating Metaphors to Clarify Direction

다른 모든 동물과 구별되는 인간의 특징 중 하나는 유연한 선택 능력이다. 우리는 종종 즉각적인 보상을 얻지 못하는 일, 심지어 고통스럽더라도 의미 있는 일이라면 할 수 있다. 우리는 치아를 관리하기 위해 치과에 가고, 시험공부를 위해 친구들과의 저녁 외출을 거절하고, 몇 주 동안 잠을 제대로 못 잤더라도 한밤중에 일어나 아기의 기저귀를 갈아주고, 재활용 쓰레기를 구분하기 위해 쓰레기통을 뒤진다. 이 중 어느 것도 반드시 해야 하는 일은 아니다. 하지만 우리는 할 수 있다. 그리고 할 수 없기도 하다. 우리는 이것을 선택 능력ability to choose이라고 부른다. 이는 우리를 인간이라고 할 수 있게 하는데 핵심이 되는 능력이며, 앞서 논의해 왔던 심리적 유연성에도 중요한 요소이다.

이를 설명하는 ACT의 또 다른 은유를 보자.(Hayes, Strosahl, & Wilson, 2012)

Part 2 치료 도구로서의 은유

치료자 모든 사람이 꼭 파란 양말을 신어야 한다고 생각하시나요?

배리 뭐라고요? 당연히 아니죠!

치료자 반드시 그래야만 한다고 생각해 보세요.

배리 그렇게 안 되는데요. 불가능해요. 이상한 질문이네요! 파란 양말을 신는 것이 중요하다고 생각하세요?

치료자 아니죠, 아무리 노력해도 그래야만 한다고 느끼게 할 수가 없죠. 하지만 잘 보세요, 당신과 저는 반드시 파란 양말을 신어야 한다고 합의할 수는 있어요. 마치 생사가 달린 문제처럼 행동할 수 있어요. 파란 양말을 잔뜩 사서 길거리에서 사람들에게 나눠주는 거죠.

배리 사람들이 미쳤다고 볼걸요!

치료자 그렇죠? 하지만 제 말의 요점은 우리가 그렇게 할 수 있다는 거예요. 안 그래요?

배리 물론 할 수는 있죠.

치료자 모든 사람이 파란색 양말을 신는 것이 정말 중요하다고 가정한다면 또 어떻게 할 수 있을까요?

배리 광고를 하겠죠. 유명인에게 돈을 주고 항상 파란 양말을 신는 모습을 보여줄 수도 있고요. SNS에서 파란 양말 챌린지를 할 수도 있겠네요.

치료자 바로 그거예요. 파란색 외의 모든 양말을 모아서 불태워버리자고요. 파란 양말을 신는 것이 전혀 중요하지 않다고 생각하더라도 이 모든 것을 할 수 있어요. 그렇다면 무엇이 우리를, 그리고 당신으로 하여금 정말 중요하다고 생각하는 방향으로 가지 못하게 하는 걸까요?

여기서 치료자는 대화에서 배리의 즉각적인 경험(파란 양말 착용의 중요성을 기반으로 행동할 수 있다는 것을 이해함)을 은유의 근원으로 삼고, 그가 정말로 중요하다고 생각하는 것을 목표로 설정할 기회를 제공한다. 이 은유가 배리에게 도움이 되려면 동일한 조건이 다시 한번 적용되어야 한다.

⑩ 방향을 명확하게 하는 은유 만들기

1. 은유의 표적(중요한 것을 향한 방향을 설정하는 능력)는 그 자체로 배리와 함께하는 변화 작업에서 중요해야 한다.
2. 은유의 근원이 표적의 핵심 부분과 일치해야 한다. 이 경우 배리는 파란 양말이라는 다소 우스꽝스러운 예에서 자신이 선택한다는 경험을 인식해야 한다.
3. 은유의 근원은 표적보다 더 두드러지는 속성이나 기능을 구현해야 한다. 배리의 사례에서는 은유의 원천으로 가치를 두지 않는 것에 따라서도 행동을 선택할 수 있다는 통찰을 제공하였다. 이 통찰을 통해 배리가 진정 중요하다고 생각하는 방향으로 행동할 수 있다는 가능성을 명확하게 보여준 것이 이 은유의 핵심인데, 이는 은유가 언급되기 전에는 배리에게 덜 두드러졌던 것이다. 이 은유를 사용하는 요점은 배리가 자신에게 중요한 일을 향해 한 걸음 더 나아갈 가능성을 높이는 것이다.

단순히 문제와 어려움에만 초점을 맞추지 않고 내담자의 가치로 대화를 유도하는 것은 물론 내담자가 변화를 일으키도록 동기를 부여할 수 있다는 점에서 중요하다. 앞선 기능 분석에 대한 논의에서 인간은 행동의 결과에 영향을 받는다는 점을 강조했다. 우리가 행동하여 얻게 되는 것은 미래에 우리가 하게 될 행동에 영향을 미친다. 하지만 관계 구성에 대해 배운 것을 통해 우리는 인간이 감각을 만드는 생명체라는 점도 알고 있다. 우리는 직접 경험해보지 못한 결과들도 마음속에 뚜렷하게 그려낼 수 있다. 이러한 "결과"를 원한다면, 앞으로 험난한 바다를 지나가더라도 그 방향으로 길을 설정할 수 있다. 변화를 위한 작업에서 필요한 것이 바로 이 점이다. 왜냐하면 변화는 적어도 단기적으로는 불편함을 유발하는 경우가 많기 때문이다. 더 어려운 변화가 필요할수록 그만큼 가치와 연결되어야 그 결과를 얻어낼 수 있다.

앞서 심리적 유연성을 향상시키는 세 가지 원칙에 모두 활용할 수 있는 버스 은유를 소개했었다. 첫 번째 사례에서 이를 적용해 보자. 이미 이 은유를 나눈 후의 상황이라고 할 때, 내담자가 자기 생각과 감정으로부터 관찰 거리를 확보하기 위해 대화를 다음과 같이 이어갈 수 있을 것이다.

치료자   만약 당신이 원하는 곳 어디든 자유롭게 운전해 갈 수 있다면, 이 무서운 승객들이 더 이상 당신에게 아무런 영향을 끼치지 못한다면, 당신은 어느 방향으로 버스를 운전하시겠습니까?

"인생은 여정이다" 은유는 여기서 매우 분명하게 드러나며, 이 책에서 소개되는 대화 속 많은 은유에 통합되어 있다. 치료자는 배리에게 더 이상 주차할 필요를 느끼지 않는다면 어디로 운전하고 싶은지 물어볼 수 있다. 모든 도로 표지판이 영향력을 잃은 여행에 대해 캐서린과 함께 이야기할 수 있다.

치료자   이쪽이냐 저쪽이냐 알려주는 표지판이 없는 길에 들어섰다면 어떤 방향이 당신에게 중요할지 알 수 있을까요?

우리가 가치 있게 여기는 것들은 감정과 관련이 있다. 기쁠 때, 슬플 때, 두렵거나 역겨울 때, 부끄러울 때, 호기심을 느낄 때는, 무언가가 우리의 마음을 움직일 때이다. 그 감정은 적어도 그 순간만큼은 우리에게 중요하다. 따라서 내담자가 중요하다고 생각하는 것에 대해 질문하는 등 세심한 주의를 기울이며 내담자의 감정적 반응을 탐색해야 할 이유가 있다. 말하는 순간 느껴지는 모든 것이 중요한 것은 아니지만, 감정은 우리가 집중할 수 있는 영역을 알려준다. 또한 "인생에서 중요한 것"에 대한 답변이 관습적이고 "올바른" 것이 될 위험도 있다. 그러나 우리는 명확한 동기를 찾고 있으므로, 관습적이고 정답에 가까운 대답보다는 실제로 내담자의 마음을 움직일 수 있는 무언가를 찾아야 한다.

이러한 동기를 찾는 한 가지 방법은 아무리 평범해 보일지라도 구체적인 상

⑩ 방향을 명확하게 하는 은유 만들기

황에 대해 물어보는 것이다. 가치 있게 여기는 것에 대해 말하기 어려워하고 "모르겠어요"라고 대답하는 사람들도 당연히 의미를 찾고 이해하려는 본질을 가진 존재이다. 따라서 치료자는 그런 사람들에게도 중요한 것이 어디에든 숨어있을 것이라고 가정할 수 있다. 인간 행동에는 항상 목적이 있으며, 마음을 움직이는 상황을 찾을 때 은유는 매우 유용할 수 있다.

치료자 궁금한 게 있어요. 부작용이 전혀 없고 당신을 완전히 자유롭게 해주는 새로운 약이 있다고 해봅시다. 원하는 것은 무엇이든 할 수 있는 자유를 얻는 거죠. 하지만 문제점이 있습니다. 이 약은 매우 비싸서 일주일에 한 알만 복용할 수 있습니다. 그리고 약효도 대여섯 시간밖에 지속되지 않습니다. 앞으로 몇 주나 몇 달 동안 이 약을 복용해야 한다면 언제 약을 복용할 것 같나요?

앤드류 (잠시 침묵) 어렵네요. 대여섯 시간은 그리 길지 않으니까요. 하지만 아무래도 목요일 저녁일 것 같아요.

치료자 좋아요, 목요일 저녁이요. 그때 뭘 하려고 하시나요?

앤드류 노래를 부르고 싶지만 경험이 없는 사람들을 위한 합창단이 있는 걸 봤어요. 그들은 목요일 저녁에 교회에서 연습을 해요. 저는 용기를 내서 가보려고 했어요.

치료자 어떤 점이 마음을 끄는 거죠?

앤드류 저는 항상 노래를 좋아하긴 했지만 그것뿐만이 아니에요. 다른 사람들과 함께 무언가를 하고 소속감을 느끼는 것이죠.

치료자 우리가 여기서 중요한 무언가를 떠올린 것 같군요, 당신에게 의미 있는 무언가를요.

대화가 이 지점에 도달하면 앤드류의 경험을 통해 더 깊은 단계로 나아갈 수 있다. 다음 장에서 다시 이 부분에 초점을 맞출 예정이다.

물론 알약 은유는 다양한 상황과 내담자에게 맞게 조정할 수 있다. 그리고 그 효과도 다양할 수 있다.

또 다른 은유적 질문은 다음과 같다.

치료자 지금까지의 당신 삶이 최신 TV 시리즈라고 가정해 봅시다. 시즌제로 방영되는 드라마 중 하나죠. 제가 알기로는 시즌마다 각본가가 바뀌는 경우도 있다고 하더군요. 이제 당신에게 인생의 각본을 맡길 기회가 주어졌다고 상상해 보세요. 시리즈가 오늘날까지 이어져 왔기 때문에 이미 일어난 일은 바꿀 수 없습니다. 그리고 여러분이 지켜야 할 몇 가지 지침이 있습니다. 이 시리즈는 일상적이고 다소 현실적인 시리즈이므로 이상한 공상과학물 같은 내용을 넣을 수는 없습니다. 마법도 안 됩니다. 주인공인 당신도 모든 것을 다 잘할 수는 없고 중요한 것만 잘해야 합니다. 중요한 것은, 이 시리즈가 여태까지 그런 분위기가 아니었다고 하더라도 당신이 쓸 앞으로의 각본에는 "기분 좋은 요소"가 있어야 한다는 점입니다. 자신이 원하는 사람이 될 수 있습니다. 이제 주인공이 어떻게 행동할지, 앞으로의 에피소드에 대해 말씀해 주시겠어요?

독자들이 눈치챘겠지만, 여기에서 은유는 상상력에 의해 흘러가게 될 것이다. 설정된 시나리오 안에서 내담자 자신을 상상하도록 하고 있다. 여기에는 은유의 원천을 내담자의 경험에서 찾으려는 치료자의 의도가 녹아있다. 그러면서 은유의 목표, 즉 내담자 자신의 삶에서 무엇이 중요한지, 또 그 방향으로 어떤 움직임을 취할 수 있을지에 대해 연결하고자 한다. 이는 13장에서 다룰 내용인 은유와 경험적 연습 간의 상호작용과도 관련이 있다.

여정의 종착점이 너무 멀어서 동기 부여가 되지 않을 수 있으므로, 방향을 잡는 방식과 목표를 정의하는 방식을 구분하는 것이 유용할 수 있다.

치료자 중요한 것을 향한 과정을 이야기할 때, 방향과 목표 또는 방향과 결과 사이의 차이가 중요할 수도 있다고 생각해요. 간단한 예를 들어볼게요. 오늘 상담이 끝나고 어디로 갈 건가요?

앤드류 쇼핑하러 시내에 가요.

치료자 그래요, 그렇게 하실 가능성이 높겠네요. 하지만 엄밀히 말하면 실제로 그렇게 할 수 있을지는 확신할 수 없지 않나요? 예상치 못한 일이 일어날 수도 있으니까요. 차에 치여 병원에 실려 갈 수도 있고, 전화가 와서 계획을 변경해야 할 수도 있죠.

앤드류 네, 그럴 수도 있죠.

치료자 목표를 달성할 것이라고, 우리가 하는 일의 결과를 보장할 수는 없어요. 우리가 세운 목표가 무엇이든 도달할 수 있기를 바라지만 확실히 알 수는 없죠. 하지만 지금, 이 순간 알 수 있는 게 있어요. 전적으로 당신에게 달려 있는 것이죠.

앤드류 그게 뭔데요?

치료자 여기서 나갈 때, 여기 문밖으로 내딛는 첫 발걸음도 어떤 의미에서는 시내를 향하고 있는 거잖아요, 그렇죠? 어느 순간에 어떤 방향으로 갈지는 당신에게 달려 있어요. 가면서 방향을 바꿀 수도 있지만, 언제나 당신의 선택입니다.

여기서 치료자는 앤드류의 어떤 경험(발걸음을 어떤 방향으로 내딛는 행동)을 은유 표적에 영향을 주기 위한 근원으로 활용하려 한다. 즉, 내담자가 멀더라도 의미 있는 방향으로 자신의 행동을 내딛는 것이 어떤 느낌일지 보여 주고자 하는 것이다. 요점은 표적이 너무 멀어 보여 멈춰버리는 것 대신, 지금 여기에서 방향을 잡는 행동을 장려하는 것이다.

모든 치료 작업에서 결정적인 순간은 실제적이고 구체적인 발걸음을 취할 때이다. 그래야만 내담자가 새로운 결과와 연결될 수 있기 때문이다. 이 자명한 사실은 간단한 은유로도 설명할 수 있다.

> **앤드류**   모르겠어요, 못 할 것 같아요. 모든 생각과 감정이 머릿속에서 빙글빙글 돌아요. 정신이 없어요.
>
> **치료자**   때때로 머리가 동료가 아닌 것 같죠. 이럴 때 의지할 수 있는 것은 발뿐입니다. 발을 내딛는 곳에 발자국이 남게 되죠.

8장의 도입부에서 처음 강조한 것은 치료자가 은유를 적극적이고 의도적으로 사용하는 것이었다. 하지만 정신 치료 대화를 포함한 일상적인 대화에서 은유는 대부분 '인위적인' 것이 아니라 자연스러운 것이다. 이러한 은유를 어떻게 포착하고 사용하는지는 다음 장에서 살펴볼 내용이다.

Chapter
11

은유를 붙잡기
Catching Metaphors

현대 은유 연구에서 가장 분명한 결론 중 하나는 "은유는 어디에나 존재한다"는 것이다. 은유는 언어라는 건물을 구성하는 벽돌이며 이 장의 첫 몇 문장에도 이미 많은 은유가 포함되어 있다. 얼마나 많은 은유를 발견할 수 있는지 확인해 보라!(붙잡기, 건물의 벽돌……)

전통적으로는 언어라고 여겨지지 않았던 제스처와 같은 인간의 행동도 종종 은유와 비유에서 비롯된 것처럼 보인다. 관계구성이론은 이에 대해 비교적 간단한 설명을 제공한다. 우리는 어린 시절부터 어떤 현상들을 그 속성과는 무관하게 서로 연결할 수 있는 특수한 기술을 배운다. 우리는 임의의 맥락적 단서에 기초하여 그것들을 연결시키며, 따라서 원칙적으로는 무엇이든 가능한 모든 방식으로 다른 것과 서로 연관 지을 수 있다. 관계를 특정한 방식으로 연결할 때, 은유를 만들어내게 된다(4장 참조).

따라서 은유는 사람의 손길이 닿는 모든 곳에서 발견할 수 있다. 그리고 우리

Part 2 치료 도구로서의 은유

가 관계를 맺는 방식, 즉 '은유하기metaphorizing'는 우리가 하는 거의 모든 일에서 필수적이다. 우리가 은유를 사용하는 방식은 종종 무의식적으로 우리 자신에 대해, 세상과 우리 자신을 어떻게 보는지 말해 준다. 그것은 우리에 대해, 그리고 우리가 어떤 식으로든 행동할 가능성에 대해 말해주곤 한다.

얼어붙거나 죽은 은유 중 일부는 별다른 의미가 없을 수도 있지만, 언어학자들이 보여준 것처럼 은유는 우리가 생각하는 것보다 훨씬 생동감 있게 살아 움직이기도 한다(1장과 2장 참조).

이 장의 제목인 은유 '붙잡기'를 예로 들어 보자. 이것은 '의도된' 은유가 아니라, 제목을 생각하다 자연스럽게 머릿속에 떠오른 것이다. 이것은 꽤 관습적이고 이미 잘 알려진 표현이다. 하지만 내가 선택한 단어가 나에 대한 무언가를 말해주는 것일까? 심리치료를 바라보는 나의 관점이나 치료하는 방식에 대한 무언가가 담겨 있는 건 아닐까? 누군가 나의 심리치료 방식을 좀 더 면밀히 살펴본다면, 그 단어가 무엇인가 중요한 것을 말해주는 것은 아닐까?

그럴 수도 있고 아닐 수도 있다. 하지만 나의 치료 행위에 대해 알고 싶은 사람은(예를 들어, 기능 분석의 일환으로) 누구나 질문할 수는 있다. 이렇게 물어볼 수 있겠다.

은유를 붙잡는다는 말에서, 붙잡는다는 말은 어떤 의미인가?

이 질문에 답하려면 이 맥락에서 "붙잡다"라는 단어가 나에게 어떤 관계망relational network을 형성하는지 더 뚜렷하게 나타내야 할 것이다. 간단히 말하자면, 내가 의미하는 바를 더 자세히 설명해야 할 것이다. 만약 질문에 답하기 전까지 이 은유가 "얼어붙은" 또는 "죽은" 상태였다면, 질문에 대한 대답이 은유를 "다시 살아나게" 할 수 있다(2장 참조). 어쩌면 이 질문에 답하기 전에는 명확하지 않았던, 내가 심리치료를 하는 방식에 대한 무언가를 발견하게 될지도 모른다. 물론 그렇지도, 그렇지 않을 수도 있다. 이 은유와 다시 세 가지 필수 조건으로 돌아가 보자.

1. 은유의 표적(내가 심리 치료를 하는 방식)이 기능적으로 중요해야 한다. 즉, 내가 내 행동의 특정 측면을 살펴봐야 할 이유가 있어야 한다. 이 행동 방식이 치료적으로 도움이 된다면 더 많이 해야 할 것이고, 그렇지 않다면 덜 해야 할 것이다.
2. 은유의 근원(붙잡기)은 표적의 중심 요소와 일치해야 한다. 이 경우, 이 표현 속에서 내가 심리치료자로서 일하는 방식을 떠올리게 하는 무언가를 인식해야 한다. 이 은유를 사용한 사람이 바로 나 자신이었기 때문에, 은유의 중심 요소와 상응하는 무언가를 떠올렸다고 볼 수 있다.
3. 은유의 근원은 표적보다 더 두드러지는 속성이나 기능을 구현해야 한다. 이 경우 가장 중요한 것은 "붙잡다"라는 단어가 나의 행동 경향을 명료하게 해주어야 한다는 것이다. 그다음으로 이어질 내가 어떻게 변화해야 하는지(더 많이 또는 덜 해야 하는지)의 문제는 아직 다루어지지 않은 영역이다.

▌세 가지 전략으로 돌아가기

이 장, 아니 이 책 전체의 핵심 논제는 우리가 은유를 사용하는 방식에는, 그 은유가 죽어있는 은유이든, 살아있는 은유이든 우리가 누구인지, 어떻게 행동하는 경향이 있는지, 앞으로 어떻게 행동할지에 대한 중요한 정보가 담겨 있다는 것이다. 따라서 여기에는 기능 분석을 위한 중요한 정보가 담겨 있다. 그러나 모든 은유적 언어가 동일한 치료적 가치를 지닌다는 것은 아니다. 내가 주장하는 것은 일반적인 "은유 치료"가 아니다. 치료자는 자연스럽게 떠오르는 은유를 포착할 때도 앞서 설명한 세 가지 전략적 원칙, 즉 기능 분석, 관찰 거리 설정하기, 방향성 명료화하기clarifying direction를 바탕으로 이를 수행한다. 우리는 이 책의 임상에 대한 절clinical section에서 언급한 은유 연구의 결론을 견지한다. 즉, 은유에 초점을 맞추는 것만으로는 충분하지 않으며 관련된 임상 과정 또한 중요하게 여겨야 한다.

이러한 맥락에서, 은유에 중심을 두는 치료 모델 중 몇몇을 살펴보는 것은 도움이 될 것이다. 특히 내담자가 사용하는 은유를 활용하는 치료라면 더욱 가치가 있을 것이다. 이러한 모델은 보통 전통적인 근거 기반 모델과는 다르지만 잘 알려진 편이며, 심리 치료와 은유에 대한 정보를 적극적으로 찾다 보면 접할 수 있었을 것이다. 그중에는 은유 치료(Kopp, 1995; Kopp & Craw, 1998), 그리고 깔끔한 언어(Lawley & Tompkins, 2000; Sullivan & Rees, 2008)를 예로 들 수 있다. 이 모델들은 서로 다르지만 모두 내담자가 사용하는 은유에 중점을 두고 있으며, 내담자와의 상호작용에서 질문하는 방법에 대한 구체적인 매뉴얼을 포함하고 있기도 하다. 이 책의 관점에서는 이러한 모델의 일부는 회의적으로 보이기도 한다. 특히 깔끔한 언어clean language는 상당히 거창한 주장을 하는 편이다. 하지만 현대 언어의 은유에 대한 연구 및 RFT를 포함한 행동 분석의 관점에서도 합리적이라고 할 만한 실용적인 제안을 주기도 한다. 따라서 독자가 이러한 모델에 익숙하다면 앞으로 나올 내용 중 일부를 알아볼 수도 있을 것이다.

이 장의 내용에 도움을 줄 전통적 근거 기반 모델 중 하나는 "감정 중심emotion focused"으로 분류되는 치료 모델이다(Angus & Greenberg, 2011; Greenberg & Pavio, 1997; Greenberg, Rice & Elliot, 1993). 이 모델의 특징은 치료자와의 상호작용에서 내담자의 반응에 주목한다는 점이다. 가지 주요 치료 전략 지침을 따르는 것을 전반적으로 중요하게 여기면서, 내담자가 사용하는 은유를 주의 깊게 듣는 것에 특별한 의의를 둔다.

기능 분석을 위한 은유 붙잡기

앤드류가 사회적 상황에서 겪은 경험을 이야기하는 사례를 보자.

앤드류   마치 제가 개미인 것 같아요.

치료자가 이것을 중요하고 유용한 은유로 보고, 이 은유적 표현을 "붙잡았"다고 가정해 보자. 이를 위해 치료자는 의견을 말하거나 질문하는데, 어느 부분에 집중하고자 하는가에 따라 실제 표현은 달라질 수 있다. 앤드류가 방금 말한 은유의 근원이 될 수 있는 내용을 좀 더 발전시켜 보려 한다고 가정해 보자. 그 은유는 앤드류가 자신의 상황을 경험하는 방식을 표적으로 하는 은유였다. 관계구성이론의 관점으로 말하자면, 치료자는 앤드류가 은유의 근원을 구성하는 네트워크를 설명하도록 하려는 것이다.

치료자   개미요? 어떤 개미요?
앤드류   작고, 떨고 있는 개미요.
치료자   작고 떨고 있는 개미가 된다는 건 어떤 느낌인 거죠?
앤드류   좋을 리 없죠. 제가 너무 작고 하찮게 느껴져요. 그리고 무서워요.

여기서 치료자는 은유의 근원(처음에 앤드류에게 은유를 발전시키도록 한 것)에서 표적("개미가 되는 것"에 대한 앤드류 자신의 경험)으로 초점을 옮기고, 앤드류는 자신의 느낌을 설명한다. 하지만 앤드류가 다른 대답을 할 수도 있다.

치료자   작고 떨고 있는 개미가 된다는 건 어떤 느낌인 거죠?
앤드류   아무도 나를 못 보게 더 작아지고 싶어요.

앤드류는 치료자의 질문에 대답할 때 자신이 어떻게 느끼는지보다, 주로 자신의 행동을 묘사한다. 치료자는 기능 분석을 기본 전략으로 작업하고 있기 때문에, 주로 행동을 묘사하는 앤드류의 답변은 의미가 있다. 앤드류가 자신의 행동에 대해 이야기할 때는 기능 분석에서 B에 관해 이야기하는 것이다. 반면 앤드류가 어떻게 느끼는지는, 치료자의 관점에서 볼 때 앤드류가 행동을 하게 되는 상황에 대한 것이다. 즉, 기능 분석에서의 A에 해당한다. 물론 둘 다 관련이 있다. 앤드류가 어떻게 느끼는지에 대해 먼저 이야기한다면, 치료자는 아마 다음과 같이 질문할 것이다.

"그렇게 작아지고, 하찮아지고, 두려움을 느낄 때는 어떻게 하나요?"

여기서 치료자는 A에 관해 이야기하며 A-B 관계를 명확히 하기 위해 B를 찾고 있다. 앤드류가 대답하며 자신이 어떻게 행동하는지(B) 설명할 때, 자신을 "더 작게" 만들려는 시도에 선행하는(선행사건antecede) 상황(A)의 핵심적인 측면을 포함해서 말한다.

"아무도 나를 보지 못하도록 저를 더 작게 만들려고 해요."

"아무도 나를 보지 못한다"는 것은 원하는 결과이지만, 기능 분석의 견지에서는 자신을 "더 작아지려고" 하는 상황, 즉 A의 한 측면이다. 이는 특정 사회적 상황에서 발생하는 반응이며, 앤드류는 "더 작아지려고"하는 반응으로 A와 상호작용한다. 이 관계가 일반적인 관련성이 있는지 알아보고자 한다면 치료자는 다음과 같이 질문할 수 있을 것이다.

"아무에게도 당신을 보이기 싫어서 자신을 더 작게 만들려 하네요. 작아지는 것 같고 겁이 나서 아무도 자신을 보지 않기를 바라는 이 느낌과 스스로 더 작아지려 하는 모습이 다른 상황에서도 나타나나요?"

⓫ 은유를 붙잡기

만약 치료자가 B와 C의 관계를 명확히 하고 싶다면 다음과 같이 대화할 수도 있다.

앤드류   네, 늘 그래요. 제가 너무 작고 쓸모없다고 느끼니까 아무도 저를 볼 수 없도록, 제가 어떤 사람인지 볼 수 없도록 저를 더 작게 만들려고 해요.

치료자   지금까지의 경험상 그게 얼마나 효과가 있었나요?

여기서 치료자는 앤드류가 적용한 전략과 그 전략이 가져오는 결과 사이의 B-C 연결 고리를 탐색하고 있다.

눈치챘겠지만, 치료자는 이전 장에서 설명한 것과 동일한 전략을 여기서도 사용하고 있다. 물론 이전의 경우에는 은유를 만들었던 쪽이지만. 여기서는 내담자가 시작한 은유를 사용하고, 질문으로 그 은유를 포착하려고 한다. 그 이유는 간단하다. 내담자가 은유를 사용하여 문제의 핵심을 설명한다면, 그 은유에 유용한 정보가 포함되어 있을 가능성이 높기 때문이다. 동시에 앞서 설명한 유용한 임상적 은유의 세 가지 조건이 여전히 적용된다. 그리고 가장 중요한 것은 은유가 내담자의 문제와 임상적/기능적 관련성이 있어야 한다는 것이다. 따라서 이 작업은 은유라는 것을 의식하지 않고 그냥 사용하게 되는 일반적인 은유에 초점을 맞추는 작업이 아니다. 치료자는 변화의 세 가지 원칙에 따라 작업하는 데 유용한 은유에 주의를 기울이게 된다. 그중에서도 가장 기본적인 것은 기능 분석을 하는 것이다.

앤드류와의 치료적 대화를 묘사하면서 강조한 것은 질문과 답변의 미묘한 차이에 따라 A-B-C 기능 분석이 초점을 맞추는 부분이 달라진다는 것이다. 치료자는 이러한 차이에 대해 명확히 인식해야 한다. 즉, 자신이 무엇을 분석하려는지 인식해야 하고, 그 차이를 구분하는 방법을 습득해야 한다. 하지만 이 작업을 수행하는 순서나 방식은 정해져 있지 않으며, 무엇이 더 중요한 부분인지에 대한 경험적 근거도 없다. 이 작업은 내담자가 자신의 행동을 분별하여 변화를 일으킬 수 있도록 그저 A-B-C 순서를 파악하는 것뿐이다. 이를 위해 은유를 잡는 것은 유용한 전략이다.

캐서린과의 대화에서 다른 예를 살펴보자. 그녀는 직장 스트레스가 얼마나 자신을 압도하는지에 대해 다시 한번 설명한다.

캐서린 제가 뭘 더 할 수 있을지, 어떻게 해야 상황을 바꿀 수 있을지 모르겠어요. 제 통제를 완전히 벗어난 느낌이에요. 모든 것이 제게 쏟아져 들어오는 것 같아요.(더 힘주어 강조하면서) 지금쯤이면 천문fontanelle(역주: 생애 직후 두개골이 융합되지 않은 상태의 두개골 상의 균열. 나이가 들면 자연스럽게 닫힘)이 닫혔어야 하지 않나요?*

천문에 대한 그녀의 은유는 흔치 않은 은유적 질문이다. 이처럼 내담자가 새로운 은유를 만들어낸다면 뭔가 중요한 말을 하려는 것으로 추정할 수 있다. 대화 안에서 내담자의 핵심 문제가 드러나려 하고, 내담자는 '살아있는' 은유를 통해 문제의 일부를 설명하게 된다. 이로써 기능적 임상 은유functional clinical metaphor의 세 가지 조건이 충족된다. 다음이 그 세 가지 조건이다.

1. 은유의 표적이 기능적으로 중요해야 한다. 이 경우, 치료자에게 은유의 표적이 정확히 무엇인지 분명하지 않을 수 있다. 그렇다면 캐서린이 말한 천문은 무엇을 의미하는 것일까? 이 대화는 그녀가 문제 상황에서 겪는 고통에 관한 것이므로, 이와 관련된 부분이 은유의 표적일 가능성이 매우 높다. 은유가 무엇을 가리키는지 명확히 하는 것은 이어지는 대화에서 치료자가 해야 할 작업 중 하나이다.
2. 은유의 근원은 표적의 핵심적 부분과 일치해야 한다. 캐서린이 이 은유를

---

* 다른 상황에서 바로 이 비유를 사용했던 고객에게 감사의 마음을 전한다.

사용했기 때문에 이 조건은 혹여 치료자에게 충족되지 않았다고 할지라도 캐서린에게는 충족되었다고 볼 수 있다. 치료자가 이를 분명하게 해야 한다면, 캐서린에게 "닫히지 않은 천문"을 구성하는 관계망을 설명하는 데 도움이 될 만한 질문을 할 수 있다.

3. 은유의 근원은 표적보다 더 두드러지는 속성이나 기능을 보여야 한다. 다시 말하지만, 상황을 표현하려고 캐서린 자신이 이 방식을 선택했으므로 이 조건은 충족되었다고 할 수 있다. 캐서린에게 있어 은유의 근원(천문에 대해 말한 내용)에는 은유를 사용하여 말하고자 하는 경험(은유의 표적)보다 더 분명한 속성이 포함된 것이다.

이제 어떻게 대화를 이어가야 할까? 치료자가 캐서린의 은유를 정확히 이해하지 못한 상황이라면, 캐서린의 관계망을 조금 더 명확히 하는 몇 가지 질문을 할 수 있다.

치료자 천문이 닫히지 않았나요? 어떻게 그렇게 된 거죠?

캐서린 어떻게 그런지는 모르겠지만, 마치 열려 있어서 모든 것이 쏟아져 들어오는 것 같아요. 와르르 쏟아져요! 열불이 나고, 가슴이 두근거리고, 시간이 없다는 생각에 초조해져요. 멈출 방법을 모르겠어요.

여기서 캐서린은 "어떻게?"라는 치료자의 질문을 어떤 의미로 그런 표현을 했는지가 아니라, 어떻게 그런 일이 일어났는지 묻는 것으로 받아들였다. 질문을 좀 더 잘 구성할 수도 있었겠지만, 어쨌거나 캐서린은 자신이 의미하는 바를 발전시켰다. 이런 상황에서, 대화를 더 이어가 보자.

치료자 모든 것이 천문으로 쏟아지는 것을 막기 위해서요?

캐서린 맞아요.(살짝 웃으면서) 꿰매버려야 할 것 같기도 하네요.

치료자	그래요? 진짜 꿰매려고요?
캐서린	모르겠어요. 어떻게 할지 모르겠어요. 아무튼 막아보려고 하죠.
치료자	어떻게요? 어떻게 막으려고 하나요?

치료자가 캐서린을 자신의 은유에 머물게 하고 은유를 구성하는 관계망을 발전시키는 한편, 다른 측면에서는 그녀와 함께 기능 분석을 수행하고 있다는 것에 주목해 보자. 이 대화에서 분명한 것은 캐서린이 말하는 경험(은유의 표적)은 기능 분석에서 A로 볼 수 있다는 것이다. 자신이 하는 행동의 상황을 설명한다는 점에서 A라고 할 수 있는 것이다. 그리고 이론적인 배경(7장 참조)을 바탕으로 예상할 수 있듯이, 캐서린의 자발적인 반응(은유적인 천문이 열린 경험)이 여기에 결정적 역할을 한다.

　이어지는 대화에서 캐서린은 기능 분석의 B(그녀가 경험하는 상황에서 하는 행동)라고 할 수 있는 부분을 다시금 은유적으로 표현한다. "천문을 통해 들어오는 것들을 막으려 한다"고 말하며, 천문을 "꿰매야" 한다고 말한다. 내담자가 말한 은유이든 이전 장에서의 사례처럼 치료자가 제시한 은유이든, A-B-C 순서의 일부분을 효과적으로 보여 주는 은유가 나타난다면 이를 발전시켜 기능적 순서의 또 다른 부분에 대해 이야기하는 것이 비교적 쉬워질 때가 많다. 만약 캐서린이 단순히 "천문이 열린" 경험을 말하는 데서 멈췄다면 치료자는 다음과 같이 질문할 수 있다.

"그런 상황이 일어났을 때, 천문이 열려 모든 것이 쏟아져 들어올 때, 당신은 무슨 행동을 하나요?"

내담자가 사용한 은유가 주로 어떤 임상적으로 관련된 행동의 결과에 해당하고, 치료자가 그 이전 부분들에 초점을 맞추고 싶다면 그저 선행되는 것들이

⑪ 은유를 붙잡기

무엇인지 물어보면 된다. 은유적인 형태로 물어보면 더 좋을 것이다.

캐서린   점점 텅 비어 버려요. 내가 뭘 하든 완전히 텅 비어 버려요.
치료자   완전히 비어 있는 이 상황은 그대로 두고, 시간을 조금만 되돌려서 바로 직전으로 돌아간다면 무슨 일이 일어날까요?

치료자는 어느 시점으로든 대화를 다른 방향으로 이끌 수 있다. 캐서린이 모든 것이 비어 있다고 말했을 때, 치료자는 캐서린의 "비어 있음"에 대한 관계망을 발전시키기 위해 좀 더 탐색적인 질문을 할 수 있다.

"완전히 비어 버리는군요. 이 텅텅 비어가는 것은 어떤 종류의 느낌이죠?"

다시 말하지만, 기능 분석에서 방향을 결정할 때 중요한 것은 "옳은 것"이 무엇인지가 아니다. 대부분의 경우 결국 치료자는 그것이 무엇인지 대개 알지 못한다. 중요한 것은 다양한 방향을 취하고, 치료자와 내담자가 함께 어떤 일이 일어나는지 평가하는 것이다. 기능적 순서인 A-B-C는 언제든 되돌아볼 가치가 있다.

위의 사례에서 치료자가 캐서린으로 하여금 은유를 붙잡고 발전시키도록 도울 때, 캐서린이 자신의 고통을 묘사하며 약간의 미소를 짓는 것을 볼 수 있었다. 이 순간은 현재의 기능 분석 전략 안에서 이미 어느 정도 다음 전략을 세울 때라는 것을 보여 준다. 즉, 관찰 거리를 설정할 때가 되었을지도 모른다.

▍관찰 거리를 만들기 위해 은유를 붙잡기

내담자로부터 만들어진 은유의 경우, 치료 과정의 초기에는 문제의 해결책보다는 문제를 설명하는 묘사로 보일 때가 더 많다. 내담자는 해결의 경험보다 문제에 대한 경험이 더 많다. 그렇지 않았다면 애초에 치료를 받으러 오지 않았을 것이다. 이는 치료자로부터 만들어진 은유가 이 두 번째 전략을 이끌어갈 때가 많다는 것을 의미한다. 동시에, 내담자의 은유는 가능성을 내포하고 있다.

내담자가 자신의 경험(은유의 표적)을 다른 것, 종종 외부의 것들(은유의 근원)과 관련짓는 것만으로도 심리적 유연성을 훈련하고 관찰 거리를 설정할 기회를 얻는다(관계구성이론 용어로 설명하자면, 자신의 반응을 직시적 '나'와 위계적으로 구성하는 것). 앤드류가 떨고 있는 작은 개미처럼 느꼈던 경험을 이야기할 때, 치료자는 다음과 같은 질문으로 이 특정 능력을 연습하도록 유도할 수 있다.

"개미는 어떻게 생겼나요?"
"지금 개미를 관찰하고 있는 사람은 누구인가요?"
"개미를 만지면 어떤 느낌이 들까요?"

또한 앤드류에게 개미가 지금 여기에 물리적으로 실재하는 상상을 하도록, 개미와 상호작용하도록 요청할 수도 있다.

"개미가 이 방에 있다고 상상할 수 있을까요? 어디에 놓을까요? 더 멀리 옮길 수 있을까요? 더 가까이 데려올까요?"

이런 식으로 치료자는 은유 사용과 경험적 연습experiential exercises이 어떻게 협력해 나가는지 살펴볼 수 있다. 이는 우리가 13장에서 더 자세히 살펴볼 전략이다.

마찬가지로, 모든 것이 "천문으로 쏟아져 들어오는" 캐서린의 경험으로도 작업할 수 있다. 캐서린이 은유의 근원이 되는 관계망을 발전시키고 은유 표적(그녀의 경험)의 다양한 측면을 설명할 때, 치료자는 후자에 대해 이야기하기 위해

⑪ 은유를 붙잡기

전자의 구체적인 속성을 활용할 수 있다.

치료자 이 천문을 가리킨다면, 어디쯤 있을까요?

캐서린 (머리 위로 손을 올려 머리카락을 잡아당기면서) 대략 여기쯤이요.

치료자 구멍이 얼마나 큰지 대략적으로 보여줄 수 있나요?

캐서린 (머리에 작은 원을 그리며) 여기요.(손을 뗀다.)

치료자 그리고 천문과 거기로 모든 것이 쏟아져 들어올 때 그것을 알아차리는 사람은 누구인가요?

캐서린 제가 알아차리죠.

치료자 누가 당신의 손을 움직이는 거죠?

캐서린 저요.

치료자 맞아요. 이것은 천문이고, 이것은 손이고, 또 모든 것을 알아차리고 손을 움직이는 것은 바로 나 자신이죠.

우리가 달성하고자 하는 것, 우리가 훈련하는 것이 무엇인지에 대한 원리를 이해하면 내담자가 만든 은유는 이를 위한 무한한 가능성을 제공한다. 캐서린과의 대화에서 다음과 같은 질문을 할 수도 있다.

"당신에게 쏟아져 들어오는 것들을 상상할 수 있나요? 어떤 모습일까요?"
"어디로 흘러가나요?"
"어디에서 오나요?"

이러한 질문 중 일부는 큰 도움이 되지 않을 수 있다. 내담자가 대답하지 못하거나, 또는 어떤 다른 낌새를 통해 별달리 도움이 되지 않는다는 것을 알게 될 수도 있다. 그러면 치료자는 이 예시를 포기해야 할 것이다. 하지만 또 다른 적절한 상황에서 기본 전략으로 돌아오자. 아마도 그때는 다른 은유를 활용할 수도 있을 것이다. 이렇게 구체적인 방식으로 관찰 거리를 설정하는 방법은 이 책에서 설명하는 은유 사용의 가장 특별한 측면이다. 많은 사람들이 이 방법을 "모호하다"고 무시할 수도 있는데, 특히 이 전략의 요점과 이론적 토대를 이해하지 못하면 더욱 그럴 것이다. 하지만 적어도 저자인 나의 경험상 이런 식으로 반응하는 내담자는 거의 없었다.

캐서린이 소개된 대화와 같이 반응하는 대신, 질문을 이상하게 여기고 내담자와 치료자 간의 협력 관계에 금이 갔음을 나타내는 말을 한다고 가정해 보자. 무슨 말을 해야 할까?

치료자   이 천문을 직접 가리켜 본다면, 어디에 있을까요?

캐서린   (머뭇거리며, 조심스럽게) 아니 그러니까 제 말은, 천문이 없다는 건 알지만……

치료자   그렇죠, 물론 그렇진 않죠. 그럼 일종의 게임처럼 여겨보면 어때요? 노는 것처럼 말이죠. 하지만 제 입장에서는 진지한 놀이죠. 어때요, 이런 식으로 해봐도 괜찮을까요?

이 대화는 이 접근법을 지도, 감독할 때 자주 받는 또 다른 질문을 떠올리게 한다. '우리가 어떤 작업을 한 건지 내담자에게 설명해야 할까요?'라는 질문이다.

이 질문에 대한 경험적 근거를 가진 정답은 없지만, 몇 가지 원칙은 있다. 먼저, 자연스럽게 만들어진 은유를 탐색하는 도중에 갑자기 한발 물러나 설명하면 초점을 잃게 된다. 설명은 사전이나 후에 하는 것이 가장 유용할 것이다. 우리의 목표는 지적인 이해보다는 기술을 가르치는 것이기 때문에, 설명 위주의 대화는 초점을 흐리게 하고 훈련 과정을 방해할 위험이 있다. 우리는 변화를 일으키는 데 이해의 중요성을 과장하는 경향이 있다. 반면에 설명을 적게 하면서 내담자의 참여 의욕을 높일 수도 있다. 노출과 같은 경험적 치료에서도 새로운 경험을 한 뒤에 하는 지적인 설명이 가장 가치 있게 작용한다고 알려져 있다(Craske 외, 2014). 여기에서도 마찬가지이다. 따라서 미리 설명하고자 한다면, 간략하게 해야 한다.

"이걸로 좀 놀아 볼 수 있겠는데요. 조금 이상해 보일 수도 있지만, 그 안에 의미가 있을 거예요. 괜찮을까요?"

그러나 체험 후의 맥락에서는 다르게 접근해야 한다. 어떤 상황에서는 내담자가 방금 겪은 경험이 어떤 의미를 갖는지 완전히 이해했기 때문에 추가적인 설명이 필요하지 않기도 하다. 그러나 어떤 경우에는 이어지는 설명이 내담자의 경험을 통합해 주기도 한다. 이 경우에도 설명은 간략히 하고, 내담자가 궁금해하는 모든 질문에 답하는 것이 좋다. 예를 들어, 다음과 같이 설명할 수 있다.

"새로운 접근 방식을 연습한다는 것이 요점입니다. 우리가 이야기하는 것은 어렵고 고통스러운 일들이죠. 당신이 느끼고 생각하는 방식이나 기억들이 인생의 중요한 영역에서 장애물이 되는 상황이죠. 제가 하고자 하는 것은 당신이 앞으로 나아갈 수 있는 방법, 더 나은 방법을 찾을 수 있는지 알아보는 것입니다."

이는 9장에서 치료자가 만든 은유를 사용할 수 있는 상황이다. 치료자는 책을 얼굴 가까이 댔다가 멀리 떨어뜨리거나 옆 테이블에 놓아 관찰 거리를 설정하는 것을 보여 주며 다음과 같이 말할 수 있다.

"이 작업을 통해 우리가 연습하고 있는 것 중 하나는 당신을 괴롭히는 것으로부터 떨어져 관찰할 수 있는 거리를 두는 것입니다. 책을 보는 것과 같죠. 그래야 더 자유롭게 움직일 수 있습니다."

이러한 목적과 관련된, 내담자로부터 표현될 경우 더 나아갈 수 있는 비교적 관습화된 은유가 몇 가지 있다.

내담자 모든 것을 가슴에서 털어놓을 수 있어서 좋았어요. 이야기를 나눌 상대가 없었거든요.

치료자 가슴에서 끄집어낸 것들이, 이제는 어디 있다고 할 수 있을까요?

아주 흔히 사용되는 또 다른 표현도 있다.

내담자 저에게는 짐이 너무 많아요.

치료자 당신의 짐을 여기 바닥에 풀어놓는다면 어떤 모습일까요?

▌방향을 명료화하기 위해 은유를 붙잡기

사람들에게 중요한 것은 예상치 못한 곳에서 발견될 수 있는데, 특히 고통의 진원지에서 발견될 수도 있다. 우리가 어떤 것으로 인해 고통을 겪을 때, 그 어떤 것이 우리에게 중요한 것이라는 간접적인 신호일 수 있다. 사회적 불안을 겪는 사람은 사회적 상호작용에 가치를 둔다. 그렇지 않다면 창피함을 무릅쓰는 것이 왜 문제가 되겠는가? 우울증에 시달리는 사람은 어떤 상실을 경험하고 있으며, 이는 물리적이든 추상적이든 그가 잃은 대상에 가치를 둔다는 간접적인 표시다. 자살을 생각하는 사람은, 단순히 고통으로부터의 자유를 원할 뿐이라고 하더라도 자신이 무언가를 소중히 여긴다는 것을 알리는 것이다.

배리 어디로도 나아가지 못하고 있어요. 모든 것이 다 멈춘 것 같아요.

치료자 당신이 아직 가지 못하고 있는 그 방향을 바라보면, 무엇이 보이나요?

배리 한 무리의 사람들이요. 제가 속하지 못한 무리죠.

11 은유를 붙잡기

치료자 당신이 속해 있지 못한 무리군요. 당신이 그 안에 있기를 원하나요?
배리 물론이죠. 하지만 너무 멀게만 느껴져요.
치료자 그러니까, 멀리 떨어져 있는 것 같다는 거군요. 멀리서 그 무리의 모습을 묘사할 수 있나요? 뭐가 보이나요?

그런 다음 치료자는 다음과 같은 질문들을 이어 할 수 있다.

"그들이 무엇을 하고 있나요? 그중 누군가를 알아볼 수 있나요? 그 무리에서 어떤 역할을 하고 싶으신가요? 가능하다면 참여하고 싶은 다른 무리가 있나요?"

이 모든 것은 배리가 자신에게 중요한 것과 경험적 연결을 더 분명히 하기 위한 것이다. 이러한 대화가 어느 정도 도움이 된다면, 치료자는 기능 분석과 다시 연결되는 질문을 던져볼 수 있다.

"멀리서 무언가를 바라볼 때" 배리가 하는 행동과 관련된 질문일 수도 있고, 자기 삶에서 중요한 것을 향해 내딛는 한걸음 또는 달리 취할 수 있는 방도에 대한 질문일 수도 있다. 질문의 예시를 보자.

"만약 당신이 이 무리에 자유롭게 참여할 수 있다면, 눈떠보니 그 사람들과 함께하고 있다면 무엇을 하고 싶으신가요? 그리고 그런 가능성을 위해 몇 가지 단계를 밟아야 한다면, 어떤 단계들을 거쳐야 할까요?"

마지막 질문은 배리가 자신이 묘사한 낙담한 감정 및 그와 관련된 생각들로부터 이미 관찰 거리를 확보했다고 가정하고 한 것이다. 그렇지 않은 경우에는 배리가 그냥 그런 단계를 밟을 수 없다고 말해버릴 위험이 있다.

캐서린은 "천문이 열려 있다", "모든 것이 쏟아져 들어온다"라는 은유로 자

Part 2 치료 도구로서의 은유

신의 문제를 설명한다. 치료자는 이 은유를 대조적으로 사용하여 캐서린에게 중요한 것을 찾을 수 있다.

치료자   이런 최악의 상황에서는 마치 천문이 열려서 모든 것이 쏟아져 들어오는 것 같겠네요. 혹시 직장에서 천문이 닫혀 있어서 원하는 것을 할 수 있을 때가 있었나요?

캐서린   가끔은요. 이전에는 더 많았죠.

치료자   천문으로 무엇인가 쏟아지지 않고, 지금이나 예전처럼 원하는 것을 할 수 있다면, 그건 어디서 비롯되는 걸까요?

캐서린   아마도 제 내면에서 나오는 것 같아요.(그녀는 손으로 가슴 부근에서 앞뒤로 움직이며 원을 그린다).

치료자   그리고 내면의 것들을 더 많이 행할 수 있게 되면, 무엇을 하고 싶으신가요?

캐서린   (약간 망설이며, 불안한 표정으로) 글쎄요, 뭔가 만들어가지 않을까요.

치료자   그러면 직장에서 무언가를 만들어내고자 할 때, 뭘 만들고 싶나요?

이 경우, 치료자는 "천문" 은유와 달리 매우 관습적이어서 "얼어붙은" 또는 "죽은" 것으로 보일 수 있는 은유("무언가를 만들다")를 붙잡았다. 앞서 설명한 기본적인 이론적 관점에서 볼 때, 이 비유는 캐서린이 중요하다고 생각하는 것에 대한 핵심적이고 유용한 정보를 담고 있다. 만약 캐서린이 이에 대해 인정하는 쪽으로 대답한다면, 치료자는 이 은유가 그녀에게 무엇을 의미하는지 더 깊게 찾아갈 수 있도록 질문을 이어갈 수 있다. 그녀가 "원하는 대로 더 많이 만들어"낸다고 느끼는 삶의 다른 영역에 대해 물어보고, 그런 상황에서 그녀가 무엇을 하는지 물어볼 수 있다. 그리고 최근 종종 원했던 "천문을 꿰매버리는" 쪽이 아니라 "만들어 내고자 하는 것을 만드는" 쪽으로 직장에서 무엇을 할 수 있을지 물어볼 수도 있을 것이다.

⑪ 은유를 붙잡기

따라서 중요한 것을 주제로 내담자가 만들어낸 은유를 붙잡는 한 가지 방법은 고통에 대해 질문하고 은유적인 대답을 알아차리는 것이다. 또 다른 방법은 내담자의 삶에서 문제로 인한 고통이 비교적 덜한 영역에 대해 질문하는 것이다. 내담자가 조금 더 자유로울 때는 무엇을 하는가? 혹은 했는가? 짧은 순간이었더라도, 혹은 한정적인 경우였더라도 만족스럽거나 긍정적인 경험을 즐겼다고 묘사하는 경우는 언제인가? 이러한 질문들이 도움이 될 것이다.

앤드류의 예로 돌아가 보자.

치료자   당신이 소속감에 대해 이야기 했던걸 생각해 봤어요. 예를 들어 합창단에서 노래하는 것에 대해서요. 항상 그걸 그리워한다는 걸 이해해요. 그런데 당신이 소속감에 끌리는 것을 보면, 예전에 그런 경험을 해본 적이 분명히 있었던 것 같네요.

앤드류   오래전 일이에요.

치료자   얼마나 오래 전이죠?

앤드류   전부 엉망이 되기 전에, 이 지긋지긋한 일들이 일어나기 전이에요. 우리가 축구하던 때가 기억나네요……

치료자   축구요?

앤드류   학교 다닐 때요. 저는 학교 팀에 있었어요.

치료자   더 말해봐요!

앤드류   저는 미드필더였어요. 공을 잡으면 패스했죠. 경기가 잘 풀렸을 때, 우리가 득점하고 제가 골을 넣는 데 도움을 줬을 때, 득점하거나 이겼을 때는 우리가 정말 하나가 된 것 같은 기분이었어요. 아시죠?

치료자   팀의 일원이 된 기분이 어땠나요?

앤드류   (살짝 웃으며) 멋졌어요.

치료자	지금 여기에서도 그 합창단에 참여할 수 있다면, '한 팀으로 함께'하는 것과 같은 느낌이 들까요?
앤드류	일이 잘 풀린다면, 아마 그렇겠죠. 하지만 너무 멀리 있는 이야기인 것 같네요.
치료자	그렇죠. 마치 거의 불가능한 것처럼 느껴지죠. 우리가 함께 노력할 수 있을까요? 팀의 일원이 되기 위해 한 걸음씩 나아가는 것처럼요. 그렇게 될 가능성을 높여주는 행동을 해보는 건 어떨까요?

대화에서 "팀의 일원이 되다"라는 은유적 표현이 중요한 의미를 담고 있다고 생각되면 몇 가지 후속 질문을 할 수 있다.

"지금 당신은 어떤 '팀'에 속할 수 있나요? 그 방향으로 나아가기 위해 무엇을 할 수 있을까요? 그 팀에서 어떤 역할을 맡고 싶나요?"

나만의 은유를 붙잡기

이전 장에서는 치료자가 은유를 어떻게 만들 수 있는지에 대한 원칙을 설명했다. 하지만 내담자의 경우와 마찬가지로 치료자가 사용하는 대부분의 은유는 의식적이라기보다 즉흥적으로 만들어진다. 이것은 치료자가 주의를 기울이고 활용할 수 있는 부분이다. 대화 중에 자신의 상상 속에서 자연스럽게 떠오르는 것을 관찰하면 풍부한 은유를 발견할 수 있다. 물론 치료자에게 떠오르는 것은 주로 내담자보다는 자신과 관련된 것일 수 있으며, 내담자가 자연스럽게 내뱉는 은유를 붙잡을 때도 이 점을 염두에 두어야 한다. 치료자가 너무 성급하게 내담자의 의미를 치료자 자신의 방식으로 해석할 위험이 항상 존재한다. 은유가 내담자에게 어떤 기능을 하는지 살펴보는 것은 매우 중요하다. 물론 치료자 스스로 포착한 은유는 항상 내담자의 의도를 오해석할 가능성을 가진다. 동시에 치

11 은유를 붙잡기

료적 대화에서 내담자는 치료자가 상호작용하는 맥락의 중요한 부분이다. 내담자의 표현과 행동이 치료자의 상상력에 영향을 줄 수 있다. 따라서 그때 치료자에게 자연스럽게 떠오르는 것은 내담자의 말이나 행동과 연결된다고 할 수 있다. 내담자와의 상호작용에서 우리 자신의 반응을 주목하고 활용하는 것은 치료 레퍼토리therapeutic repertoire의 중요한 부분이다. 이렇게 치료 과정에서 자연스럽게 떠오르는 은유는 이렇듯 유용하게 활용될 잠재력을 가지는 현상이다. 하지만 아직은 잠재적으로만 유용할 뿐이다. 치료자 스스로 떠올린 특정 은유가 실제로 대화에 도움이 되는지 아닌지 이론적 분석으로 그 순간에 즉각 판단할 수 있는 경우는 거의 없다. 이 과정은 신중한 지적 분석을 하기에는 너무 빠르게 진행된다. 그래서 치료자가 먼저 자신의 방식대로 시도해 보아야 한다.

치료자가 이러한 은유를 활용할지 고민될 때 사용할 수 있는 도구가 있다. 앞서 언급한 일련의 원칙들이다. 항상 하듯이, 다음과 같은 질문을 해 보자. 치료자로서 무엇을 시도하고 싶은지 알아차리고 있는가? 지금 여기에서 중요한 것은 무엇인가? 치료자가 지금 적용하고자 하는 전략에 이 은유가 들어맞는가? 그렇다고 한다면, 시도해 볼 수 있다. 우리는 무엇이 유용할지 추측만 할 뿐, 확신할 수 있는 경우는 드물다. 그렇기에 내담자가 도움이 되지 않는다고 생각한다면 이를 버릴 수 있도록 솔직하게 표현할 수 있어야 한다. 반면에 확실하지 않다는 이유로 은유를 시도하지 않는다면 귀중한 치료의 도구를 잃을 것이다. 이러한 맥락에서 5장에서 설명한 심리 치료적 은유 사용에 관한 연구를 떠올려 보자. 이 연구에서는 치료자와 내담자가 은유를 사용하는 데 얼마나 잘 협력하는지가 은유의 효과를 결정하는 요인이라는 것을 보여 준다. 따라서 치료자가 대화에 은유를 도입하는 경우, 그 은유가 "이론적으로 옳은지"에 집중하는 것보다는 내담자가 은유와 어떻게 상호작용하는지에 예의주시해야 한다. 다시 말해, 이 은유가 협력을 유도할 수 있는 은유인지, 내담자가 이어지는 대화에서 이 은유를, 혹은 일부라도 계속 사용할 것인지 살펴보아야 한다. 만약 그렇다면 그 은유는 도움이 될 것이고, 그렇지 않다면 이론적으로 아무리 옳아 보여도 그 은유는 포기하는 것이 현명할 것이다.

　이제 다음 장의 주제로 넘어가 보자. 다음 장은 '함께 은유 만들기'이다.

Chapter 12

함께 은유 만들기
Cocreating Metaphors

앞선 장에서는 심리치료에서 어떻게 은유를 사용할 수 있는지에 대해 치료자가 만든 은유와 내담자가 만든 은유를 구분해 설명했다. 이는 교육적 목적으로 나눈 것이었지만, 두 경우 모두에서 가치 있는 은유는 대부분 치료자와 내담자의 대화를 통해 만들어졌다. ACT에서 사용되는 버스 은유(9장 참조)와 같이 온전히 치료자가 '준비한' 은유의 경우에서도 내담자에 의해 다듬어지거나 미묘한 차이가 생길 수 있다. 단, 내담자에게 그 은유가 의미 있거나 적절하다고 받아들여져야 한다. 내담자는 이러한 은유의 특정 부분을 붙잡고 새로운 관점으로 바라보기도 하고 나름대로 손질해 나가기도 한다. 버스의 예에서 내담자는 "내 버스에는 사람이 너무 많아서 완전 아수라장이에요!"라고 말할 수도 있다. 치료자가 내담자의 따끈한 은유를 포착했다면 해야 할 일이 있다. 치료 작업에서 중요한 부분을 명확히 하기 위해 은유를 발전시킬 만한 질문을 하는 것이다.

사실 긍정적 치료 결과를 제시한 은유 사용에 대한 연구가 그리 많지는 않지만, 은유를 만들 때 얼마나 협력이 잘 되는지가 핵심 요소인 것으로 보인다(5장 참조). 성공적인 치료에는 대화 당사자 모두 사용하는, 혹은 함께 만든 중요한 은유가 반복되는 특징이 있었다. 이는 앞선 사례에서도 명확히 드러났지만, 이 장에서는 '함께 만들기'에 대해 집중하고 나아가 치료자가 이를 어떻게 원활히 진행시킬 수 있는지 살펴보고자 한다.

이제껏 제시되었던 치료 작업의 세 가지 원칙은 앞으로도 계속 지침이 될 것이다. 다시 말하지만 치료자는 무분별한 은유 개발은 지양하고, 이 세 가지 원칙을 만족하는 은유에 집중해야 한다.

어떤 은유가 대화에서 큰 비중을 차지하고 치료자와 내담자가 함께 만든 것일 경우, 그 은유는 일반적으로 세 가지 원칙 중 하나에만 해당하는 경우는 드물다. 오히려 치료자는 상황에 따라 세 가지 원칙 모두 활용하며 한 원칙에서 다른 원칙으로 옮겨간다. 그리고 앞서 언급했듯 세 가지 원칙은 어느 정도 겹치는 부분이 있다. 기능 분석은 치료자의 기본 임무다. 대화가 내담자가 경험한 사건과 그 상황에서의 행동으로 이어지면, 사용되었던 은유적 표현은 A-B-C 순서의 적어도 한 부분에 유용할 가능성이 높다. 그런 다음 치료자는 은유를 사용하여 내담자가 문제 행동에 선행하는 자신의 반응을 관찰할 거리를 만들 수 있도록 돕는다. 또한, 치료자는 내담자에게 어떤 것이 중요한지를 알아차리게 하고, 그 방향으로 내담자가 행동하도록 해야 한다.

이제 한 번에 하나의 원칙을 다루는 대신, 내담자와의 대화를 통해 어떻게 치료자가 3가지 원칙을 넘나들면서 은유를 내담자와 함께 만들어 나가는지 보도록 하자.

12 함께 은유 만들기

▎캐서린과 협력적 창조

이제 캐서린이 직장에서 어떻게 느끼는지 이야기하는 대화로 돌아가 보자. 앞선 8장에서는, 치료자는 캐서린의 자발적인 은유("홍수처럼 흘러넘쳤어요")를 개발해 나가지 않았었다. 이제는 어떤 다른 반응이 은유를 발전시킬 수 있는지 살펴보자.

치료자	언제부터 시작되었나요?
캐서린	아침 커피타임 직후였어요. 급한 이메일 몇 통이 왔고, 페트라가 금요일 회의 전에 검토해야 할 자료를 가지고 왔어요. 그땐 정말 홍수처럼 흘러넘쳤어요.
치료자	어디서요? 어디로 흘러넘친 건가요?
캐서린	(약간 얼굴을 찡그리며) 어디냐고요? 아마도… 제 안에요?
치료자	당신 안 어디에요?
캐서린	모든 곳에요. 그냥 제 안으로 흘러넘쳐 들어와요.
치료자	모든 곳에서… 꽤 많은 양인가 보네요. 그래도 어디에서 흘러넘치는 게 제일 분명하게 느껴지죠?
캐서린	여기 목구멍인 것 같아요.(자기 오른손으로 목을 만진다.) 그리고 내 머리에요(손을 머리로 옮긴다).
치료자	좋아요, 대부분 거기군요. 혹시 몸에서 넘쳐나는 것을 느끼지 못하는 곳이 있나요?
캐서린	잘 모르겠어요. 아마도……
치료자	발가락은 어때요? 거기서도 느껴지나요?
캐서린	(살짝 웃으며) 아니요, 발가락에는 없어요.
치료자	대부분 목과 머리에서…… 그럼 배는 어떤가요?
캐서린	거기도 느껴지긴 하지만 대부분 여기예요.(그녀가 목을 다시 만진다.)

| 치료자 | 그리고 발가락은 아니네요. 발가락에서는 아무것도 느껴지지 않는 거군요. |

다시 한번 은유 작업의 지침이 되는 세 가지 변화 원칙으로 돌아가 보자(7장). 이 원칙들이 캐서린과의 대화에서 어떻게 적용되었을까?

- **기능 분석**: 캐서린이 처음 "홍수처럼 흘러넘쳤어요"고 말했을 때, 치료자는 이 은유를 문제 행동의 선행사건 기능antecedent functions과 관련된 묘사로 받아들였다. 즉, 이것(A)을 경험하는 상황 속에서, 캐서린은 어떤 행동을 했지만(B) 그것은 잘 작동하지 않았다(C). 이어지는 질문을 통해 치료자는 캐서린이 이러한 기능을 알아차리도록 돕는다. 또한 은유의 원천(물이 흘러넘침)이 그녀가 상황(은유의 표적)을 어떻게 느끼는지 보여 주면서 이를 더 잘 인식하면 그녀에게 도움이 될 것이라고 가정한다.

- **관찰 거리 설정하기**: 캐서린이 이 경험이 "몸의 모든 곳에서" 느껴진다고 말했을 때 치료자는 이 경험의 일부를 공감("꽤 많은 양인가 보네요")하였지만, 다음 질문을 통해 캐서린이 더 정확하게 관찰할 수 있도록 도와주었다. 치료자는 발가락에서도 흘러넘치는 느낌을 많이 느끼는지 질문했다. 캐서린이 그곳에서도 불편함을 느꼈을 수도 있지만 치료자는 그렇지 않다고 추측했고, 캐서린 또한 거기에서는 느껴지지 않는다고 인정했다. 이러한 세심한 주의와 다른 신체 부위의 감각을 구별함으로써 캐서린과 너무 붙어있는 경험에 관찰 거리가 생길 것으로 기대한다. 여기에서 치료자는 세 가지 원칙 중 두 번째 원칙으로 전환한다. 다음과 같은 질문으로 전환해 볼 수 있을 것이다. "목구멍으로 흘러넘치는 것을 알아차리는 사람은 누군가요?" "발가락에 어떤 느낌이 드는지 누가 알 수 있나요?" 캐서린에게 고통의 기능이 바뀌고, 더 이상 그녀가 잘못된 전략을 선택하지 않도록 하기 위해 이 모든 작업을 수행하는 것이다.

12 함께 은유 만들기

- **인생에서 중요한 것과, 그 방향으로 나아갈 수 있는 구체적인 단계를 명확히 하기:** 위 대화에서는 이 세 번째 원칙이 뚜렷하게 드러나지 않았다.

치료자가 도입한 은유도 마찬가지로 내담자와 함께 다듬어 갈 수 있다. 캐서린의 전략을 "쇠 막대로 바위를 옮기려는 시도"(8장)로 묘사한 비유를 예로 들어 보자.

치료자	제 생각이지만 이게 직장에서 일을 할 때와 비슷하지 않나요? 당신은 모든 일을 해내려 하고, 책임지고 해결하려 하죠. 말씀하신 것처럼 다양한 방식으로요. 매일 똑같은 투쟁이죠. 그래서 궁금한 게 있는데, 그 바위를 옮긴 적이 있나요?
캐서린	아니요, 그렇지 않아요. 하지만 다른 방법을 몰라요. 항상 그렇게 해 왔거든요. 전력을 다하면 해낼 수 있어요.
치료자	그리고 지금 당신은 최선을 다하고 있군요. 하지만 바위는 움직이지 않네요.
캐서린	아마 제가 최선을 다하지 않는 것 같아요.
치료자	좋아요, 그럼 당신이 해야 할 일은 더 노력하는 거예요. 막대를 더 잘 잡고 더 깊숙이 밀어 넣으세요. 혹시 해보셨나요?
캐서린	항상 그렇게 했죠. 하지만 효과가 없어요. 그냥 저만 지칠 뿐이에요.
치료자	그렇죠. 여기 그 결과가 있네요. 당신은 모든 것을 쏟아부었지만 점점 더 피곤해지죠. 그리고 바위는 여전히 거기 있어요. 만약 당신이 옮길 수 있는 다른 바위가 있다면 어떨까요? 그 바위는 당신에게 중요하지만, 바로 앞에 있는 바위를 먼저 옮겨야 한다고 자기 자신에게 말해왔기 때문에 옮길 수 있는 다른 바위를 놓치고 있을지도 모르겠네요. 그 다른 바위들은 그냥 누워서 기다리고 있는데, 당신이 다가가지 않네요.

캐서린	모르겠어요. 그런 생각은 해보지 않았어요. 그냥 이 돌을 옮겨야겠어요. 바로 내 앞에 있잖아요. 그 얘기가 나와서 말인데 정말 놓치는 게 많아요. 제가 감당할 수 없는 것들이 많아요.
치료자	만약 당신이 당신의 막대, 그러니까 능력을 자유롭게 사용할 수 있다면 어떨까요? 당신이 원하는 대로 사용할 수 있다면요. 당신이 바위를 선택할 수 있다면요. 당신에게는 어떤 바위가 중요한가요?

다시 한번 되돌아보자. 치료자는 세 가지 원칙의 관점에서 어떤 시도를 하는 걸까?

- **기능 분석**: 치료자는 은유의 요점부터 시작했다. 캐서린이 하는 행동과 그 결과, 즉 B와 C 사이의 연결을 명확히 하려는 의도이다.
- **관찰 거리 설정하기**: B와 C의 연결이 은유적으로 말해진다는 것만으로도 캐서린에게 있어 어느 정도의 관찰 거리를 갖게 하는데 도움이 될 수 있다.
- **인생에서 중요한 것과, 그 방향으로 나아갈 수 있는 구체적인 단계를 명확히 하기**: 치료자는 캐서린이 치료자가 끌어들인 은유를 사용하고 있다는 것을 알아차렸다. 그리고 캐서린이 자신에게 중요하고, 변화의 동기를 불러일으킬 만한 요소와 연결될 수 있도록 질문하며 은유를 발전시켰다. "바위를 선택할 수 있다면……"이라는 질문이 바로 그것이다.

치료자가 은유를 발전시켜 나가는 또 다른 예를 보자. 이 사례의 은유는 캐서린이, 즉 내담자가 사용한 은유이다.

치료자	"넘쳐흐른다"고 느낄 때는 어떻게 하나요? 그 상황을 어떻게 다루는가요?

⑫ 함께 은유 만들기

캐서린 흘러넘치는 것을 멈추려 해요. 꺼버리려고 하죠. 예를 들면 수도꼭지를 찾아서 잠그려고 하는 것처럼요. 하지만 잘되지 않아요. 결국 그냥 물살에 떠내려가 버려요.

치료자 어디로 떠내려가나요?

캐서린 해야 할 모든 일에서 멀어져요. 모든 해야 할 일들이요.

치료자 만약 당신이 실제로 수영을 할 수 있다고 한다면, 또 어디로 수영할지 선택할 수 있다면 어디로 헤엄쳐가겠어요?

치료자는 세 가지 원칙의 관점에서 어떤 시도를 하고 있는 걸까?

- **기능 분석**: 첫 번째 질문에서 치료자는 의미 있는 것으로 보이는 상황(넘쳐흐르는 경험, A)을 설정하고, 그때 캐서린이 어떤 행동을 하는지(B)에 대한 질문으로 이끌어간다. 캐서린은 은유의 범위 안에서 대답한다. 치료자의 다음 질문은 캐서린의 행동 결과(C)로 향한다. 캐서린은 역시 은유 안에서 대답한다. 일련의 과정은 내담자로부터 비롯된 은유의 틀 안에서 이루어졌지만, 치료자와 함께 발전시켜 나갔다. 따라서 이는 공유 기능 분석shared functional analysis의 예가 된다.
- **관찰 거리 설정하기**: 다시 말하지만, 이 원칙을 중심에 둔 작업은 아니다. 그러나 은유적으로 상황과 행동(수도를 잠그려 한다, 떠내려간다)을 이야기한다면 관찰 거리가 생기고 있음을 시사한다.
- **인생에서 중요한 것과, 그 방향으로 나아갈 수 있는 구체적인 단계를 명확히 하기**: 대화가 끝날 무렵, 캐서린이 자신의 행동과 그것이 어디로 이어지는지에 대해 어느 정도 이해한 후, 치료자는 캐서린에게 어떤 방향으로 나아가길 원하는지 묻는다. "어디로 헤엄쳐 가겠어요?" 치료자는 또한 캐서린이 그런 전략을 사용할 수 있다고 넌지시 암시한다. "…… 만약 당신이 실제로 수영을 할 수 있다고 한다면……"

배리와 함께 만들기

이전 배리의 사례에서 대화는, 주로 그의 비관적 경험과 그런 경험 속에서 그가 하는 행동에 중점을 두었다. 그에게 중요한 것이 무엇인지 이야기를 나눌 때는 자신의 고통과 그것이 자신을 가로막는다는 것을 더 많이 언급한다고 가정해 보자.

배리   하지만 제가 원하는 대로 할 수 없을 것 같아요. 고통이 너무 심해요. 도저히 할 수가 없어요.

치료자   어디가 가장 아프신가요?

배리   목과 어깨요. 무겁고 뻐근해요.

치료자   그 뻐근한 느낌이 어떤 느낌인지 자세히 말씀해 주시겠어요?

배리   목에 바이스(역자주: 공업 기계, 공작물을 끼워 고정하는 기구)를 대고 있는 것 같아요. 바이스가 돌아가고 있고 저는 그 안에 끼어 있어요.

치료자   그것이 진짜 바이스라고 한다면, 그건 무엇으로 만들어졌나요? 설명할 수 있나요?

배리   나무로 만들어졌어요. 목수들의 작업대에 있을 것 같은 낡은 바이스예요.

치료자   색깔은 어떤가요?

배리   갈색, 나무색이에요.

치료자   좋아요. 바이스는 항상 이렇게 꽉 조여져 있나요, 아니면 변하나요?

배리   거의 항상 느껴지지만 가끔 더 심할 때도 있어요. 정말 꽉 조일 때는 끔찍해요. 거의 움직일 수 없을 것 같아요. 물론 움직일 수는 있지만 정말 아파요. 그냥 포기하고 싶어요.

⑫ 함께 은유 만들기

치료자 한 군데만 조여졌다가 풀어지는 것인가요? 아니면 여러 군데가 조이나요?

배리 (조용히 생각하며) 여러 군데예요. 목 위 그리고 어깨 아래요. 매번 달라져요.

치료자 바이스가 당신에게 심한 통증을 유발하는군요. 혹시 바이스가 당신에게 할 말이 있을까요?

배리 무슨 뜻이죠?

치료자 바이스가 조여질 때, 바이스가 당신에게 뭔가를 말하는 것이라고 할 수 있을까요?

배리 만약 그렇다면, 그건 그냥 포기하라는 거예요. 아무 의미가 없잖아요.

치료자 시키는 대로 하시나요?

배리 포기요? 완전히는 아니죠. 하지만 여러 면에서 그런 것 같아요.

치료자 방금 말씀하신 대로 절대 자신이 원하는 대로 할 수 없다는 거네요.

배리 네, 그게 가장 고통스러울 때죠.

치료자 갈색 바이스가 조여오고, 아무 소용이 없다고 말하면서 포기하는 게 낫다고 말하는군요. 그래서 당신은 어떤 것들을 포기하네요. 아마도 중요한 것들도 있을 수 있겠죠?

배리 그런 것 같아요.

치료자 저 갈색 바이스, 누가 그걸 알아챈 거죠?

배리 (약간 당황한 듯) 저요, 아마도……?

치료자 맞아요. 그리고 가끔은 정말 꽉 조여지고 때로는 그렇지 않다는 것은 누가 알아차리나요?

배리 저요.

치료자 그리고 포기하는 사람은 누구인가요?

배리 저요. 포기하고 싶지 않지만요. 저도 포기하고 싶지 않아요.

치료자는 세 가지 원칙의 관점에서 어떤 시도를 하는 걸까?

- **기능 분석:** 배리는 "도저히 할 수 없는" 상황(A), 즉 자신의 고통에 대해 이야기했다. 치료자는 이 현상에 대해 질문을 던짐으로써 배리가 이 상황을 더 면밀히 탐색하도록 돕는다. 어떤 면에서 이것은 기능 분석의 태동이다. 치료자는 배리가 고통을 겪는 상황에서 장기적으로 자신에게 해가 되는 행동을 한다고 가정한다. 치료자는 배리가 이것을 어떤 식으로 경험하는지 더 자세히 살펴보면서, 배리가 고통을 겪을 때(A) 무엇을 하고(B), 그리고 이것이 배리에게 어떤 결과를 불러일으키는지(C)에 대한 질문을 한다. 동시에 배리가 은유적 표현(바이스)을 사용할 수 있도록 유도하면서 통증에 대해 묻고, 배리도 그 은유를 계속해서 쓰는 것이 관찰되면 은유를 발전시킬 수 있도록 이어지는 질문을 한다.

- **관찰 거리 설정하기:** 치료자는 은유적이고 구체적인 방식으로 선행 기능(배리가 경험하는 고통)에 대해 일부러 철저히 파고들었다. 이는 관찰 거리를 만들기 위한 것이다. 바이스에 대한 경험(혹은 색이나 다른 물리적 속성을 가진 물체에 대한 사람들의 경험)은 우리 주변에 있는 사물에 대한 경험이다. 배리의 반응(예를 들면 고통)을 이런 식으로 이야기할 때(외부 대상인 바이스가 은유의 원천이 되고 배리의 고통 경험이 그 대상이 된다), 배리는 자신의 경험에 대한 관찰 거리를 갖게 된다. 그럼으로써 이 경험이 그의 행동에 미치는 영향이 바뀔 가능성이 높아진다. 관계구성이론의 언어를 통해 그 과정을 더 기술적으로 설명하자면, 배리가 자신의 고통 경험(그리고 그 경험이 그에게 말하는 것)을 직시적 '나'와 위계적으로 구성할 가능성을 높이는 맥락을 형성한다.

- **인생에서 중요한 것과, 그 방향으로 나아갈 수 있는 구체적인 단계를 명확히 하기:** 여기서 치료자는 이 세 번째 원칙을 두드러지게 사용하지는 않았다. 그러나 포기하고 싶지 않다는 배리의 마지막 말은 치료자에게 기회를

12 함께 은유 만들기

제공한다. 포기하고 싶지 않은 것이 무엇인지, 그리고 바이스가 있더라도 중요한 방향이 무엇인지에 대한 질문으로 이 세 번째 원칙과 이어질 수 있을 것이다.

배리가 지금까지 압도되고 있던 경험(고통, 비관적인 느낌)에서 조금 더 자유로워지는 것처럼 보이면, 치료자는 배리가 중요한 것을 향해 어떻게 발걸음을 옮길 수 있을지 질문을 던질 수 있다. 당연히 이것은 다른 여러 심리 치료와 마찬가지로 직접적인 언어를 통해 이루어질 수 있으며, 반드시 은유라는 매체를 통해서 이루어져야 하는 것은 아니다. 하지만 여기서는 이 책의 주제에 맞게, 치료자와 내담자가 함께 만든 은유가 어떻게 사용될 수 있는지 또 다른 사례를 소개할 예정이다.

다음 대화는 배리가 오랫동안 고대하던 가족 모임이 열리기 전에 나눈 대화다. 모임은 동생의 집에서 열릴 예정이며, 한동안 만나지 못했던 사촌들도 참석할 예정이다. 몇 년 전 친하게 지냈던 또래 사촌들은 배리를 다시 만날 생각에 설레는 마음을 편지로 표현했다. 이 모든 것은 "무리 중 한 명"이 되고 싶다는 그의 바람을 더욱 절실하게 만들었다. 동시에 동생과의 만남이 불안해지기도 했다. 그래서 모임 며칠 전부터 통증은 점점 더 심해지고 배리는 어떻게 해야 할지 고민에 빠졌다.

배리 왠지 갇혀서 움직일 수 없는 것 같아요. 다시 절망적인 기분이 들어요. 그만두고 싶을 정도예요.

치료자 이 갇힌 느낌은, 바이스가 다시 나타났나요? 이전처럼 끼어있는 느낌이 드나요?

배리 네, 없애버려야 할 것 같아요. 어떻게든 지나가게 해야 할 것 같아요.

치료자 당신의 경험에 비추어 볼 때, 그런가요? 나아질 때까지 기다리는 것이 도움이 되나요?

Part 2 치료 도구로서의 은유

배리   아니요, 너무 오랫동안 통증이 있었어요. 가끔은 조금 나아질 때도 있지만, 그러다 다시 심해져요.

치료자   그러니까 갈색 바이스가 조여졌다가 때때로 풀어지기도 하는군요. 하지만 다시 조여지며 꽉 끼인 것처럼 느껴지죠.

배리   맞아요.

치료자   그걸 결정하는 건 바이스인가요 당신인가요?

배리   고통에 대해서요? 글쎄요, 저는 확실히 아닌 것 같은데요!

치료자   당신은 바이스를 제어할 수 없고, 바이스가 얼마나 꽉 조이는지도 당신이 조절할 수 없네요. 하지만 상상해 봅시다. 가족 모임에 간다면 이 바이스를 가져가야 합니다. 바이스 그립을 풀고 싶은 마음은 이해하지만 당신의 경험으로 볼 때 바이스가 얼마나 조일지 당신은 알 수 없어요. 가끔은 조이기도 하고 가끔 풀어지기도 합니다. 중요한 무언가를 위해 바이스를 가지고 나가면 어떨까요

배리   그게 제가 원하는 거예요. 그런데 너무 어려워요.

치료자   만약 당신이 바이스를 가지고 간다면, 무엇이 당신을 움직일 수 있을까요? 무엇을 위해 바이스를 가지고 다니겠어요?

배리   소속되고 사람들을 만나고 추억하기 위해서요. 예전에 함께 즐거워했던 일들에 대해서요.

치료자   지금 우리가 그 이야기를 할 때, 그 모습이 그려지나요?

배리   네, 할 수 있어요. 오래전 일이지만 우린 재미있는 일들을 함께 많이 했었죠. 다시 만나면 정말 좋을 것 같아요.

치료자   (배리의 표정이 밝아지는 것을 가리키며) 이미 느끼고 있는 것 같네요.

배리   네. 할 수만 있다면 다시 만나고 싶어요.

치료자는 세 가지 원칙의 관점에서 어떤 시도를 하는 걸까?

- **기능 분석**: 배리가 문제가 되는 전략(B)을 재개하려는 상황(A)이 다시 한

번 등장한다. 치료자는 바로 이 관계와 배리의 행동이 가져오는 일반적인 결과(C)를 명확히 하기 위해 질문을 던진다.

- **관찰 거리 설정하기**: 치료자는 은유적 표현(갈색 바이스)을 사용하여 배리가 자신의 경험으로부터 관찰 거리를 만들 수 있도록 언어적 맥락을 변경하려고 한다(그의 반응을 직시적 '나'와 함께 위계적으로 구성). 그럼으로써 그것이 그의 나머지 행동에 미치는 영향을 바꿀 것이다.
- **인생에서 중요한 것과, 그 방향으로 나아갈 수 있는 구체적인 단계를 명확히 하기**: 배리는 자신에게 중요한 것을 스스로 분명하게 표현했다. 배리가 고통과 비관 같은 장애물에 조금 더 유연하게 반응할 때, 치료자는 중요한 것에 닿기 위한 가능성 있는 대안을 묻는다(바이스를 가지고 가기). 배리가 자신을 끌어당기는 무언가와 접촉한 것을 치료자가 알아차리면, 동기부여 기능을 강화하기 위해 초점을 그쪽으로 옮긴다.

배리가 자신이 경험하는 장애물에 덜 얽매이게 되면, 치료자는 더 효과적인 대안에 더 집중할 수 있다.

배리	네, 할 수만 있다면 정말 다시 만나고 싶어요.
치료자	다시 여쭤볼게요. 그걸 결정하는 건 당신인가요 아니면 바이스인가요?
배리	갈지 말지 결정하는 것 말하는 건가요? 저죠.
치료자	이전에 말씀하셨듯이, 당신은 바이스가 얼마나 꽉 조일지 결정할 수 없는 것 같아요. 하지만 제 생각에는 만약 당신이 바이스를 가지고 간다면 그것은 선택의 여지가 없을 것입니다. 제 말은, 그게 스스로 움직일 수는 없죠?

배리	네, 당연히 혼자 못 움직이죠. 그래도 힘들고 고통스러울 거예요. 그리고 온갖 걱정이 머릿속을 맴돌 거예요. 다들 뭐라고 말할까요? 제가 감당할 수 없다면 어떡하죠? 또 제 동생에게 뭐라고 말할까요?
치료자	머릿속에서 많은 질문이 떠오르네요. 그것들은 새로운 질문인가요 아니면 예전부터 떠올랐던 질문인가요?
배리	(살짝 웃으며) 예전에 떠올랐던 것과 똑같아요.
치료자	그 질문에 좋은 대답이 있나요?
배리	아니요.
치료자	저는 이렇게 생각해요. 때때로 머리가 친구가 아닐 때도 있는 것 같아요. 머리는 항상 하던 대로 계속할 뿐이고, 그게 별로 유용하지는 않은 것 같네요. 어떤 때는 머리가 아니라 발에 의지해야 할 수도 있어요. 발을 내딛는 곳에는 발자국이 남죠. 저는 그게 바로 당신의 현재 상황이 아닐지 생각해요. 당신 발에 의지해 발자국을 남기고 싶은 방향으로 발길을 돌리는 것은 어떤가요?

치료자는 배리의 고통을 바이스의 관점에서 계속 이야기한다. 또한 주체로서의 배리와 바이스를 구별하는 질문으로 고통에 관찰 거리를 늘릴 수 있도록 한다. 또한 같은 은유(바이스 가지고 가기)를 참조하여 대체 행동 전략을 지속적으로 제시한다. 은유를 약간 바꾸어 "발에 의지"하면 어떨지 제안하면서 논지를 부각시키기도 한다. 이는 8장에서 묘사된 같은 표적을 위한 은유의 또 다른 근원이다. 여기에서도 마찬가지로, 한편으로는 배리에게 떠오르는 불안을 유발하는 의문(머리가 떠들어 대는 것)에 주의를 기울이게 하고, 또 다른 한편으로는 주체적 행동의 도구instruments of agency(자기 발을 어디로 내디딜지 선택)에 주의를 기울이도록 권장됩니다.

⑫ 함께 은유 만들기

▌앤드류와 함께 만들기

이제 앤드류가 사회적인 상황에서 자신이 작은 개미처럼 느껴진다고 이야기했던 그 대화로 돌아가 보자.

치료자   개미로 변하면 어떤 느낌이 드나요?

앤드류   그냥 작아져요. 존재하지 않는 것처럼 느껴져요. 저는 어디에도 속하지 못해요. 도망치고 싶어요. 전 완전히 실패했어요. 아무도 저를 원하지 않아요.

치료자   많이 괴로운 것 같네요.

앤드류   (한숨 쉬며) 공허하고 무의미해요. 그럴 때면 모든 걸 끝내고 싶어요. 그냥 진짜로 사라지고 싶어요.

치료자   모든 것이 공허하고 무의미하게 느껴질 때, 당신은 주로 무엇을 하나요?

앤드류   아무것도 안 해요. 아무 의미가 없어요.

치료자   네, 그냥 공허하고 무의미하군요. 저는 동시에 이렇게 생각해요. 우리는 항상 무언가를 하고 있어요. 우리가 뭔가를 하지 않고 "아무것도 하지 않을 때"에도, 그것조차도 "무언가"를 하고 있는 거예요. 무슨 말인지 아시겠나요?

앤드류   그렇게 말할 수도 있을 것 같네요. 예를 들어 저는 조용히 하고 있죠. 저 자신을 어떻게든 작게 만들려고 하는 것처럼 고개를 돌리죠.

치료자   무엇을 위해서 그런가요?

앤드류   아무도 저를 못 보게 해서 제가 도망칠 수 있기 위해서죠.

치료자   개미처럼 느껴질 때, 아마 틀림없이 스스로를 '개미화'하는 거군요.

앤드류   (살짝 웃으며) 그렇게 말할 수 있을 것 같아요. 개미가 되고 싶지는 않지만, 스스로를 작게 만들려고 하죠. 맞아요. 저를 개미화 한다고 말할 수 있을 것 같네요.

치료자 만약 개미화 하는 걸 멈출 수 있고, 이런 상황에서 다른 동물이 되는 것을 선택할 수 있다면 어떤 동물이 되고 싶나요?

앤드류 강아지요!

치료자 강아지요. 어떤 종류의 강아지인가요?

앤드류 강아지는 외면하지 않아요. 꼬리를 흔들며 다가와서 같이 있으려 하죠. 강아지는 자기중심으로 행동하지 않아요. 그냥 함께하고 싶을 뿐이에요.

치료자 좋아요. 그러면 "개미화"와 "강아지화"에는 차이가 있네요. 강아지는 소속되기를 바라면서 사람들에게 다가가네요. 당신의 상황에서 당신이 "강아지화"힌다면 어떤 모습일까요?

앤드류 (잠시 침묵) 끔찍할 거예요. 그리고 환상적이겠죠! 제가 할 수만 있다면요……

치료자 우리가 이야기했던 약 중 하나를 먹었다고 가정해 봅시다(10장에서 했던 앤드류와의 대화를 참고하자), 어떻게 할 것 같나요? 그런 상황에서 "강아지"가 되면 어떨까요?

앤드류 과감히 사람들에게 다가가서 말을 걸고 싶어요. 눈을 똑바로 바라보면서요.

치료자는 세 가지 원칙의 관점에서 어떤 시도를 하는 걸까?

- **기능 분석:** 치료자는 앤드류가 사용한 은유를 붙잡고 앤드류에게 그 은유를 발전시켜 보도록 한다. 치료자는 만들어낸 동사("개미화")로 은유를 발전시켜 가며 앤드류가 묘사하는 고통스러운 상황(A)에서 그가 하는 행동(B)에 초점을 맞춘다. 따라서 기능 분석의 일부는 개미처럼 느끼고 행동하는 은유로 구성되었다.
- **관찰 거리 설정하기:** 자발적으로 떠오르는 감정과 생각에 대해, 그리고 앤드류가 행동하는 방식에 대해 은유적 틀 안에서 이야기하는 것은 바로 이

러한 측면을 연마하기 위한 것이다.

- **인생에서 중요한 것과, 그 방향으로 나아갈 수 있는 구체적인 단계를 명확히 하기**: 앤드류가 어떤 동물이 되고 싶은지 물어보는 것으로 은유를 다듬어가면서 초점을 이동시킨다. 즉, 그가 원하는 변화를 불러올 가능성을 높이기 위해 무엇을 할 수 있을지 이야기하기 시작한다. 이어지는 구체적인 질문들은 앤드류가 이러한 가능성에 더 많이 연결되도록 설계되었다.

대화 안에서 은유가 잘 자리 잡았다면 이를 재활용하기도 쉽다.

앤드류	움츠러들기만 할 것이 아니라 행동을 바꿔야 한다는 것을 알았어요. 다른 사람들에게 다가가고 싶어요. 하지만 그게 너무 힘들어요. 어제처럼요. 영화가 끝나고 옆 사람들이 수다를 떨기 시작했어요. 매듭이 꽉 조여오는 느낌을 받았어요. 어떤 일이 벌어질지 뻔했죠.
치료자	그 책이 생각나는군요(9장에서 나눴던 앤드류와의 대화를 참조하자). 역겨운 실패작. 어제 영화관에 갔을 때 책에서 특별히 떠오른 장이 있나요?
앤드류	마지막으로 한 달쯤 전에 영화관에 갔을 때였는데, 얼마나 소외감을 느꼈는지 몰라요! 그리고 더 오래된 것도, 또 옛날에 이웃과 있었던 일들도 있고요. 왜 그때 갑자기 떠올랐는지 정확히는 모르겠지만, 그런 일은 엄청 자주 있어요.
치료자	같은 책에 여러 장이 있지요. 어떤 장은 다른 장보다 더 힘들죠. 책이 존재감을 드러낼 때 어떻게 하나요?
앤드류	늘 하던 대로 하죠. 그냥 조용히 외면해요. 도망치는 거죠.
치료자	그러면 어떻게……?
앤드류	아무도 저를 못 보도록 하는 거죠. 제가 감당할 수 없으니까요. 매번 똑같은 일이 반복되니 절망적이죠. 그리고 집에 가는 길에 그 생각에 잠겨요.

치료자	그 책이 나타나면 처음에는 그 책이 말하는 대로 행동하는 것 같네요. 마치 당신이 그 책 속에 있고 그 내용을 따르는 것처럼요. 마치 그 책이 어떻게 행동해야 하는지 적혀 있는 대본인 것처럼요. 그러다가 당신은 멈추고 예전 장들을 읽는 거죠. 그런가요?
앤드류	네, 맞아요. 항상 반복되죠. 어떻게 하면 여기서 벗어날 수 있을까요?
치료자	제 생각은 이렇습니다. 그런 상황에서 책 범위 바깥의 한걸음은 어떤 발걸음일까요? 다른 무엇인가로 향하는 단계죠. 이 책과 무관한 단계를 밟을 수 있다면 그것은 어떤 발걸음이 될까요? 어떤 한걸음이 책에 다른 이야기를 쓸 수 있게 할까요? 어떻게 생각하시나요?

치료자는 세 가지 원칙의 관점에서 어떤 시도를 하는 걸까?

- **기능 분석**: 앤드류에게 문제가 되는 기억, 생각, 감정의 기능 분석은 책이라는 은유적 틀 안에서 수행된다. 전형적인 감정과 기억이 떠오를 때(A) 앤드류는 특정 행동을 하고(B), 그 행동이 자신을 원하는 곳으로 데려가지 못한다는 것을 알아차린다(C).
- **관찰 거리 설정하기**: 책이라는 은유로 앤드류가 겪는 이 전형적인 경험에 대해 이야기하는 주된 이유는 관찰 거리를 만드는 능력을 키우고, 주체로서의 자신과 자신이 느끼는 반응 사이에 '공간'을 만드는 것이다.
- **인생에서 중요한 것과, 그 방향으로 나아갈 수 있는 구체적인 단계를 명확히 하기**: 은유를 더 발전시켜 가능한 대안을 제시하고, 치료자는 앤드류가 그 대안에 접근할 수 있도록 질문을 던진다

Chapter
13

은유와 체험적 연습
Metaphors and Experiential Exercises

체험적 연습에서는 치료자가 치료 과정에 유용할 것이라 기대하는 다양한 구체적인 활동을 제안하고 내담자와 함께 수행한다. 이 접근은 ACT의 중심축이며(Hayes, Stroshal, & Wilson, 2012), 심리치료에서 긴 역사를 갖고 있다. 이런 종류의 전형적인 연습으로는 게슈탈트 치료에서 사용하는 '빈 의자' 그리고 '두 의자 기법'(Greenberg, Rice, & Elliot, 1993), 가족치료의 조각 기법sculpture exercise(Hearn & Lawrence, 1981), 그리고 심리극 활동(Karp & Holmes, 1998)이 있다. 체험적 연습 접근은 CBT 치료자가 '행동 실험'(Bennet-Levi, Butler, Fennel, Hackman, Muelly et al., 2004)이라 일컫는 방법과 맞닿는 지점이 많으며, 또한 전통적인 행동 치료에서 치료자와 함께하는 다양한 종류의 노출 개입과도 놀라울 정도로 유사하다(Lang & Helbig-Lang, 2012).

따라서 다음으로 기술할 내용에는 다양한 심리치료 학파에서 발견되는 개입과 겹치는 부분이 있을 것이다. 그와 동시에, "다 똑같다"라는 관점은 지나친 단순화일 것이다. 유사해 보이는 개입일지라도, 다양한 방식과 다양한 의도로 활용될 수 있으며, 하나 이상의 이론적 모델을 조합한 것일 수도 있다. 이제, 이 책이 걸어온 길에 따라 행동 분석의 관점에서(3장 참조) 체험적 연습을 기술해 보겠다.

행동 분석에서 분석의 대상은 특정 행동과 행동을 수행하는 맥락 사이의 상호작용이다. 내담자가 원하는 변화라는 전제하에, 수행하는 분석이 해당 행동에 영향을 끼쳐야 한다는 게 핵심 요점이다. 당연하게도, 치료자 앞에서 내담자의 문제 행동이 드러났을 때 치료자가 변화에 기여하기에 가장 좋은 기회가 된다. 이를 나는 '1차 장면'(Ramnero & Torneke, 2008; Torneke, 2010)이라고 부른다. 왜냐하면, 치료자는 행동을 지배하는 맥락의 일부이며, 영향을 끼치는 요인 중 적어도 일부에 즉각적인 접근이 가능하기 때문이다. 동시에, 치료실 바깥에 있는 내담자의 삶은 '2차 장면'이며, 내담자는 바로 그곳에서의 변화를 원하는 것이다.

이 책의 앞부분에서 기술했듯이, 내담자의 문제 행동이 치료자와의 상호작용에서 일어나는 것은 드문 일이 아니다. 그러므로 치료자가 이를 알아차리고 '지금 이 순간' 일어나는 일에 개입하여 변화의 기회를 포착하는 게 중요하다 (정신역동치료에서 '전이의 개념틀 내에서 작업하기' 개념과 비교해 보자). 하지만, 체험적 연습의 핵심은 치료자가 나타나는 현상을 포착하는 것뿐만 아니라 내담자의 동의하에 의미 있는 일련의 행동을 적극적으로 시작하는 데에 있다. 이론적으로는 행동 치료에서 오랫동안 사용되어 온 노출치료에서 일어나는 것과 같은 절차이다. 예로 거미 공포증 치료를 살펴보자. 치료자는 내담자가 거미와 어떻게 관계를 맺어야 하는지 이야기하는 데 그치지 않는다. 실제 살아있는 거미를 사용하여 현재 그 순간에, 가장 좋은 지점에서 내담자의 행동 방식에 대해 작업할 수 있는 상황을 찾거나 연출한다. OCD 치료에서도 치료자가 내담자의 문제가 드러나는 상황을 찾으면서 동일한 전략을 효과적으로 적용할 수 있다. 그리고 PTSD에서는 내담자의 문제를 촉발하는 외부 자극을 먼저 찾기보다,

내담자와 협의하면서 관련된 기억을 떠올리게 하며 개입한다. 그 기억이 현재 존재하는 상황에서, 내담자와 기억의 상호작용에 작업을 함께하는 것이다.

노출에서 치료자가 꼭 함께 있어야 하는 것은 아니다. 대개 노출이 적용되는 모든 문제에 대해 치료자는 내담자에게 조언해 주는데, 예를 들어 노출 상황에서 거미와 어떻게 관계를 맺어야 하는지 조언을 주기도 한다. 보통 이런 노출 상황은 강박 행동이나 외상 기억을 유발한다. 어떤 경우에는 조언을 주는 게 전부이고, 이후 내담자 스스로 관련 요소에 자신을 노출시키면서 변화를 일으킬 수 있다. 스스로 하는 것이 CBT 과제의 중요한 부분이다. 하지만, 이런 종류의 치료를 경험하는 모든 사람은 유용한 조언이 늘 도움이 되는 것은 아니라는 걸 안다. 만약 치료자가 함께 있을 때 관련된 상황을 내담자와 함께 겪을 수 있다면 내담자에게는 또 다른 기회가 열릴 것이다. 이것이 바로 체험적 연습이 활용되는 핵심 이유다. 관련 상황을 연출하고, 내담자가 자기 문제를 해결하기 위해 사용해 온 전략을 파악하고, 대안 전략을 찾고 연습할 수 있게 돕는 것이 체험적 연습이 가지는 의도이다.

은유로 체험적 연습하기

그렇다면 체험적 연습에 관한 위의 모든 내용과 이 책의 주제인 심리치료에서의 은유 활용 사이에는 어떤 연결고리가 있을까? 전통 노출 개입의 예로 다시 비교해 보자. 거미 공포증 노출에서 치료자는(1차 장면) 지금 이 순간에서 상황을 확립하고, 이 장면이 내담자가 문제를 경험하는(2차 장면) 내담자의 삶과 충분히 유사하다는 가정하에 실제 거미를 활용한다. 이는 치료자와 내담자가 강박 행동이 일어날 것 같은 상황을 찾거나 PTSD 환자에게 노출 과정의 일부로 고통스러운 기억을 떠올리라고 할 때도 동일하다. 즉, 문제 맥락과 일치하는 상황을 확립하고 이 상황에서 내담자가 원래 하던 행동이 아니라 다른 전략을 쓸 수 있다면, 새로운 것을 학습한다면 변화의 가능성이 더 커진다고 가정한다. 생각해 보자면 분명 *유사한* 상황밖에 확립하지 못한다. 어쨌든 모든 상황이 완전히 동일하지는 않으니까. 게다가, 이렇게 개시한 상황은 내담자가 보통 살아가는 일상과 다른 요소가 하나 있다. 바로 치료자의 존재다. 하지만 노출치료에서의 전략 자체는 '인위적인' 방식일지라도 경험을 재조정하여 변할 수 있는 기회가 되기에 실제 문제 맥락과 매우 유사하다고 가정한다.

체험적 연습은 "충분히 유사한 상황을 일으킨다"는 원칙에 있어 전통적인 노출치료보다 한 걸음 더 나아간다. 앞서 보았듯이 은유와 상호작용하는 사람은 다양한 방식으로 유사성을 찾을 수 있다. 한 가지가 다른 무엇을 상징할 수 있다. 이 말은, 다르더라도 그 역할을 할 수 있다는 것이다. 즉, 치료자와 함께하는 연습이 내담자 일상의 문제 상황과 많은 측면에서 다를지라도, 그와 비슷한 역할을 하거나 은유로서 기능할 수 있다. 따라서 중요한 순간에 내담자의 문제에 영향을 끼칠 수 있다는 의미이다. 이를 ACT에서 '생명선life line'이라 부르는 전형적인 체험적 연습을 통해 설명해 보고자 한다(Dahl, Plumb, Stewart, & Lundgren, 2009).

이 연습은 다양한 방식으로 할 수 있지만, 가장 중요한 것은 치료자가 내담자에게 서 있으라고 하고 앞뒤로 움직일 수 있는 열린 공간을 마련하는 것이다. 치료자는 내담자가 앞서 중요하다고 선언한 내용을 가지고 열린 공간 중 특정 방향을 가리킨다. 예를 들어, "당신이 서 있는 곳이 삶의 *현재*이고, 저 방향으로 걸어가는 것은 당신이(부모, 직원, 친구 또는 다른 누군가로서) 되고 싶은 모습에 부합하는 것이라고 해봅시다."라고 설명한다. 그다음 치료자는 내담자에게 그 방향으로 한 걸음씩 걸어가도록 하면서 "내가 원하는 무엇을 향해 다가가기"를 하라고 한다. 내담자가 나아가는 동안 치료자는 내담자가 자신의 삶에서 이야기했던 심리적인 장애물을 활용해 내담자를 가로막을 수 있다. 심리적인 장애물로는 예를 들어 불안, 피로, 절망감, 고통스러운 기억 등이 있을 수 있다. 치료자는 내담자가 장벽이라고 인식했던 대표적인 것을 말로 이야기하며 내담자가 가는 길을 물리적으로 막아설 수 있다. 또는 이전의 대화를 바탕으로 장애물에 대한

⑬ 은유와 체험적 연습

서술을 담은 메모를 들어 올릴 수도 있다.

치료자는 이러한 상황에서 내담자가 대개 어떻게 행동하는지 재현한다. 예를 들어 장벽을 피해 가기 위해 가고자 하는 선에서 벗어나거나 장애물에 내포된 명령에 따르는 행동을 할 수도 있다. 예를 들어 만약 전형적인 장애물이 불안과 미칠 것 같다는 생각이라면, 치료자는 "불안, 미칠 것 같아"라고 적힌 메모를 들어 올리고 "이런 상황에서 대개 어떻게 하시나요?"라고 묻는다. 내담자가 "돌아서요" 또는 "이렇게 된 이유를 이해하려고 노력해요" 등의 대답을 하면, 치료자는 이 행동이 선 위에서 앞으로 나아가게 하는지 또는 선으로부터 멀어지게 하는 것인지 내담자에게 결정하라고 한다. 후자의 경우라면, 치료자는 내담자에게 선 위에서 걷기를 멈추거나 선 밖으로 걸어 나오는 것으로 보여달라고 한다. 이런 방식으로 연습이라는 상황 안에서 다양한 상황을 불러 다양한 행동을 예로 들 수 있으며, 행동의 결과를 보게 할 수 있다. 나아가 행동이 내담자가 원하는 방향으로 향할 수 있도록 생명선 위에서 앞으로 나아가게 하는지, 혹은 오히려 그 행동이 악순환의 예가 되는 것은 아닌지 물어볼 수 있다.

이 접근의 한 가지 목표는 내담자에게 지배적인 행동 전략을 인식하게 하고, 해가 되는 행동을 "내가 가고자 하는 방향에서 이탈"하는 것으로 판별하게 하는 것이다. 마찬가지로 이 연습은 내담자가 더 효과적인 전략을 인식하고 연습할 수 있는 맥락을 제공한다. 만약 내담자에게 흔히 나타나는 문제 전략이 고통스러운 생각과 감정 같은 저절로 일어나는 반응을 통제하거나 제거하려는 무효한 시도(체험적 회피)이고, 이러한 전략이 결국 전반적인 삶의 가치를 단념하는 것이라고 치료자가 가정했을 때, 장애물을 포스트잇에 적고 내담자에게 장애물이 나타날 때 선에서 벗어나는 대신 포스트잇을 옷에 붙이고 가던 길을 계속 가보자고 하는 것으로 더 나은, 수용적인 전략을 보여줄 수 있다. 또한 그 선으로 내담자의 과거에 발생한 사건들로 돌아갈 수도 있는데, 아마도 지금의 전략이 어떻게 확립되기 시작했는지에 상당히 중요한 사건으로 돌아가 볼 수도 있을 것이다.(+내담자에게 분명히 잘 보여 주는 예가 되는 사건이 있다면??) 여기서 마찬가지로 선을 이용하여 그 상황에서 발생한 장애물을 정확히 찾아내고 그 장애물에 내담자가 어떻게 반응했는지 명료화한다. "그게 문제를 어떻게 해결했나요?" "그때 전략이 효과가 있었을 수도 있습니다. 그런데 지금도 효과가 있나요?" "어쩌면 그때도 이미 전략으로 인해 생긴 문제가 있을까요?" 이 모든 것은 체험적 장애물 앞에서 선을 따라 앞으로 움직이거나 멈추거나 선에서 벗어나는 걸로 보여줄 수 있다.

위의 연습이 은유적으로 작동해 내담자에게 도움이 되려면, 효과적인 은유에 필요했던 동일한 조건들이 여기서도 마찬가지로 충족되어야 한다. 연습의 핵심은 연습이 근원이 되고 내담자 삶의 경험(2차 장면)이 표적이 되는 것이다. 앞서 설명했듯이(8장, 그림 8.2), 세 가지가 갖춰져야 한다. 첫 번째는 *은유의 표적은 각각의 내담자에게 중요한 기능을 하는 사건이어야 한다*.

위에서 기술한 연습은 심리적 현상이 장벽으로 작용하는 상황에서 내담자의 행동을 재현하려는 의도가 있다. 그러므로 관련이 있는 행동이어야 한다. 즉, 내담자 자신의 행동이 문제의 일부여야 하며, 이는 이 책과 모든 심리치료의 전제이기도 하다. 따라서 내담자에게 심리치료가 도움이 될 것이라 판단한다면 은유의 표적은 문제와 관련이 있다고 가정할 수 있다. 두 번째 조건은 *은유의 근원은 표적의 본질적인 특성과 일치해야 한다*는 것이다.

이는 간단히 말하자면, 은유의 근원은 내담자가 은유로부터 자신의 경험을 인식할 수 있어야 한다. 체험적 연습은 그러므로 내담자가 개인적으로 연관성을 느낄 수 있도록 설계되어야 하며, 연습 안에서 행하는 것이 "내 상황과 비슷하다"고 느낄 수 있어야 한다. 따라서 위와 같이 느끼는지 내담자에게 반드시 확인해야 한다. 이 확인은 필수적이다. 세 번째 조건은 *은유의 근원에는 표적보다 더 두드러지는 속성이나 기능이 포함되어야 한다*는 것이다.

이러한 효과적 은유의 특징이 애초에 경험적 연습을 활용하는 결정적인 이유다. 치료자는 내담자의 문제적 행동 전략과 가능한 대안 행동 전략 양쪽 모두를 명료화할 만한 구체적인 근원을 찾는다. 연습이 개별적이고 뚜렷한 행동으로 구성되고, 두 번째 조건이 충족되었다면, 은유의 표적을 이루는 내담자 삶의 과정보다 연습은 더 두드러진 속성을 가진 은유적 근원이 될 것이다. 방 안에서 몇 발짝 걷다가 종이 조각이 보이면 멈추고 옆으로 물러나거나 계속 걷는 것이, 치료 과정의 중심이 되는 실제 생활에서 내담자가 겪는 더 복잡한 일련의 사건들보다 더 명확해 보일 것이다. 이러한 단순한 동작들이 은유 연습에서 의도한 표적에서의 행동과 실제로 유사한지가 핵심이다. 다른 말로 하면, 내담자가 연습과 연관을 지을 수 있는가? 만약 그렇지 않다면, 연습은 은유적으로 작동하지 않을 것이다.

▌왜 체험적인 은유를?

지금까지의 요지는 체험적 연습은 심리치료에서 은유처럼 활용할 수 있다는 것이다. 그렇다면 이러한 은유가 일반적인 은유와 어떻게 구별되며, 특히 이롭다고 생각하는 이유는 무엇일까? 이 질문의 답은 책 전체의 이론적 기초를 구성하는, 은유가 어떻게 작동하는지에 관한 설명 안에 들어 있다. 은유는 매우 기본적이고 구체적인 인간 경험이 그 근원이 되는 경우가 많다(1장 참조). 거의 모든 언어에서 공간을 이동하는 인간의 경험이, 시간이 마치 공간적 차원을 가진 것처럼 빗대어 말하는 근원이 되는 것 같다. 미래는 우리 "앞"에 있고, 과거는 우리 "뒤"에 있다. "더 많은 것은 높은 쪽"이라는 개념적 은유 또한 "물리적인 어떤 것을 더 많이 가지게 되면, 그 더미 또는 높이가 더 높아진다"는 보편적인 인간 경험에 뿌리를 두고 있다. 더 추상적이고 모호한 표적의 현상에 관해 말할 때 구체적이고 뚜렷한 현상을 은유의 근원으로 삼는 경우가 많다. 이런 측면에서 체험적 연습을 하는 것은 그다지 "특별"하지 않다. 그저 효과적인 은유를 만들어 내는 전형적인 방식일 뿐이다.

앞서 설명한 임상적 은유 몇 가지와 비교해 보자. ACT에서 "구멍 안에서 삽으로 파기" 은유는 무용한 행동 전략을 기술하기 위해서 활용한다(8장 참조). 동일한 현상에 대한 다른 은유는 캐서린과의 대화(8장)에서 사용되었는데, "커다란 바위를 지렛대로 옮기려 노력하기" 은유이다. 캐서린이 구멍을 더 깊게 파 본 경험은 없지만 바위를 옮기려는 시도가 어떤 것인지는 알고 있다고 가정해 보자. 그렇다면 뒤의 은유가 앞의 은유에 비해 캐서린에게 더 체험적이고 구체적인 근원을 지닌다. 이러한 부분이 뒤의 은유로 하여금 변화를 위한 작업에 더 낫거나 효과적이게 하는 것일까? 이런 점이 은유를 더 효과적으로 만들 것이라는 입장을 지지하는 초기 실험 연구가 있다(Riuz & Luciano, 2015; Sieera et al., 2016). 그리고 이론적으로 은유의 일반적인 기능을 생각한다면 그렇다고 믿을 이유도 있다.

체험적 연습을 근원으로 활용하는 은유의 특징은 그 근원이 치료자와의 대화 속에서 만들어진다는 점이다. 이는 연습 과정 중 내담자의 경험 속에서 만들어진다. "당신 삶에서 경험하는 것이 이 연습에서의 경험과 비슷하다고 상상해 보세요." 만약 연습이 신체 움직임(예를 들어, 생명선을 따라 움직이기)을 포함한다면 그 움직임 자체가 중요할 수 있으며, 이에 따라 내담자가 결정적인 순간에 핵심 사건을 기억하여 "해야 할 일과 하지 말아야 할 일"을 알려주는 이정표를 가지게 될 수도 있다. 움직임의 패턴은 또한 변화에 중요한 비언어적인 기능을 지닐 수도 있다. 우리는 언어적, 인지적 과정을 통해서 뿐만이 아니라 행동 분석가들이 "직접 수반성"이라 일컫는 과정을 통해서도 학습한다. 그리고 이 기초적인 학습 경로는 RFT 섹션(4장)에서 기술한 과정을 통해 매순간 신속하게 언어화되지만("의미"를 획득), 직접, 비언어, 비상징 학습의 중요성이 떨어진다는 것은 아니다(Hayes, 1997). 이 지점에서 체험적 연습이 치료 작업에서 감각운동 요소를 강조하는 치료 모델과 통하는 면이 있다(Ogden & Fisher, 2015; Ogden, Pain, & Fisher, 2006; Porges, 2011).

요약하자면, 체험적 연습은 치료 맥락 밖에 있는 내담자의 삶에 중요한 현상을 표적으로 삼고 근원의 역할을 할 수 있는 경험을 치료적 순간에 연출함으로써 기능적인 은유 언어를 치료적으로 창조하는 방법이라고 할 수 있다.

▍체험적 연습과 세 가지 치료 전략

그렇다면 이러한 체험적 연습이 치료의 지침이 되는 세 가지 원칙과는 어떤 연관성이 있을까? 생명선을 예로 들어보자.

치료자가 세 가지 치료 근원의 측면에서 무엇을 하려고 하는 것인가?

- **기능 분석:** 이것이 바로 연습의 핵심이다. 다양한 전형적인 상황에서 내담자가 하는 행동(B)을 실제 보여 주게 되는데, 행동은 문제 전략(멈추기, 옆으로 나오기)과 대안 전략(앞으로 나아가기) 모두를 포함한다. 내담자가 이 행동을 어떤 상황(A)에서 하는지는 치료자가 장애물을 나타내는 메모를 들어 올리는 것으로 보여 준다. 뒤따르는 일(C) 또한 연습의 일부이다. 내담자는 악순환의 고리를 만들거나 자신이 원하는 방향으로 행동하는 경험을 하게 된다.
- **관찰 거리 설정하기:** 내담자 자신의 행동과 구체적이고 관찰 가능한 현상으로 장애물을 경험하고 상호작용하는 것은 관찰 거리를 가질 가능성을 높이기 위해서이다.
- **인생에서 중요한 것과, 그 방향으로 나아갈 수 있는 구체적인 단계를 명확히 하기:** 자신이 원하는 방향을 향해 걷는 경험(흔히 자신을 가로막는 장애물이 존재하더라도 선을 따라가기)은 변화(은유의 표적)의 가능성을 높이기 위해서 내담자가 어떻게 행동해야 하는지를 제시하는 은유 원천이 될 것이다.

생명선은 세 가지 치료 원칙 모두를 선명하게 아우르는 연습이다. 하지만 다른 연습은 이 점에서 다를 수 있다. 일반적인 은유는 확연하게 한 가지 원칙에만 더 집중하는 경우가 많다. 우리가 만났던 세 명의 내담자에게 돌아가서 다른 연습은 어떤 모습이고 어떻게 활용될 수 있는지 살펴보자.

▍캐서린과의 체험적 연습

캐서린은 자신이 겪고 있는 여러 스트레스에 관해 설명했다. 어떻게 열이 오르고 가슴이 두근거리기 시작하는지, 압도되는 느낌과 뭔가 따라잡아야 할 것만 같은 느낌을 묘사했다. 이런 상황에서 캐서린은 이 경험을 제거하려고 시도한다. 캐서린 스스로가 빗대어 말하기로는 모든 것이 넘쳐흐르기 전에 수도꼭지를 잠그려 한다. 치료자는 이를 체험적 회피로 인식하고, 캐서린 자신이 하는 행동과 그 결과에 더 주의를 기울이고 "잠그려" 하는 반응으로부터 관찰 거리를 두어야 한다고 생각한다. 어떤 연습을 할 수 있을까?

치료자 제가 종종 사용하는 연습이 있는데, 한번 해보시겠어요?

캐서린 좋아요!

치료자 (메모지를 들며) 이런 상황에서 머릿속에 떠오르는 몇 가지를 적어보겠습니다. 나를 괴롭히는 것들, 잠가버리고 싶다고 느끼는 것들을요. 예를 들어, 가슴 두근거림이 있겠죠(메모지에 적는다). 또 뭐가 있을까요?

캐서린 열이 오르고 스트레스받는 느낌이 드는 거요. 모든 게 너무 넘쳐흘러요.

치료자 (캐서린의 말을 적는다) 모든 걸 다 해내야 하는 상황은 어떨까요?

캐서린 그건 결말 같아요. 모든 일이 도달하는 결말이죠.

치료자 (자신이 쓴 내용을 다시 주목하며 메모장을 캐서린에게 내밀어 보임) 이 메모장과 메모장에 적힌 내용을 손으로 밀어보세요.

캐서린 (종이에 손바닥을 어색하게 갖다 대며) 네……

치료자 (자신의 방향에서 밀어내면서) 버텨보세요! 당신에게 가까이 오지 못하게 하세요!

캐서린 (더 힘주어 밀면서) 이렇게요?

⓭ 은유와 체험적 연습

치료자와 캐서린은 각자의 방향에서 메모장을 밀어내고 있고, 메모장은 둘 사이를 왔다 갔다 한다.

치료자   잘했어요. 지금 어땠는지에 주목해 보세요!(*메모장을 내린다*) 아까 어땠는지, 또 이렇게 하는 것과 비교해서 어떤지 떠올려 보세요(*캐서린이 메모를 읽을 수 있게 내용이 보이는 방향으로 캐서린 무릎 위에 올려둠*).

캐서린   (*먼저 조용하게 메모지에 적힌 단어를 내려다봄*) 네, 분명 다르네요.

치료자   무엇이 다른가요?

캐서린   당연히 메모장을 무릎에 놔두는 게 더 쉽네요. 어떤 의미에서는요. 하지만 좀 불편하기도 했어요. 그런 걸 좋아하지 않거든요.

치료자   어쩌면 두 입장이 같으면서도 다르다고 말할 수 있겠네요. 둘 다 종이와 종이에 적힌 내용과 접촉하고 있다는 점에서는 같죠.

캐서린   그래요. 제가 버리려고 했던 상황에서는 더 많은 힘이 들어가긴 했지만요. 하지만 어떤 면에서는 기분이 괜찮기도 해요. 적어도 뭔가 하긴 했던 거잖아요.

치료자   메모장에 저항하고 있을 때와 무릎 위에 올려둘 때의 두 상황에서, 각각 지금 저희가 있는 여기에서 일어나는 다른 모든 일을 얼마나 알아차리는지를 비교해 본다면, 같을까요, 다를까요?

캐서린   메모장에 저항하려 할 때는 온 신경을 집중해야 했어요. 제 마음은 온통 메모장이 가까이 오지 못하게 하는 것에 쏠려있었어요. 메모장을 무릎 위에 두고 거기에 적힌 내용을 볼 때는, 처음엔 똑같았는데 그다음에는 달랐어요. 메모장은 그냥 거기에 있는 거고. 그리고 다른 상황을 볼 수 있게 됐어요.

치료자 좋습니다. 만약 이 연습의 범위 안에서 하고 싶은 다른 행동이 있다고 합시다. 예를 들어, 나가거나, 책상에 있는 전화기를 빌려서 누군가에게 전화를 걸거나, 창밖을 내다보거나(캐서린이 그렇게 하려면 일어나서 몇 걸음 걸어가야 함)······. 이런 행동들을 하기에는 어떤 자세가 더 자유로운가요?

캐서린 메모장이 내 무릎 위에 있는 자세요. 버티고 있을 때는 메모장이 가까이 오지 못하게 하는 것에만 붙들려 있어요.

치료자 내게 가까이 오지 못하게 하는 데에 붙들려 있다······. 그리고 메모장이 무릎 위에 있을 때 그건 어떤가요?

캐서린 불편해요. 적어도 처음에는요. 거기에 뭐가 쓰여 있는지 분명히 볼 수 있고, 제가 감당하지 못하는 일들이 막 떠올라요. 희한하게도 그냥 하얀 종이와 까만 글씨인 채로 흑백으로 보니까, 약간 해방감이 느껴지기도 했어요. 그때부터 다른 것들이 눈에 들어오기 시작한 것 같아요.

치료자 당신이 직장이나 실제 삶에서 하는 행동과는 어느 자세가 가장 비슷하다고 생각하세요?

여기서 치료자가 던진 질문은 이 연습이 캐서린에게 조금이라도 도움이 될 것인지 암시적으로 알아보는 결정적인 질문이다. 은유가 작동하기 위해 충족해야 하는 3가지 요인 중 2번째 요인이다(은유의 근원은 표적의 본질적인 특성과 일치해야 한다 - 8장, 그림 8.2 참조). 이 경우 은유의 표적은 캐서린의 행동인데, 그녀가 묘사하는 스트레스와 다양한 형태의 불편한 경험에 반응하여 하는 행동을 말한다. 특히 이 불편한 경험을 멀리하고 잠가버리려는 노력이 은유의 표적인 것이다. 근원은 연습의 다양한 측면이다. 자, 이제 가장 중요한 질문이 남았다. 이 은유가 캐서린에게 작동하는가? 또는, 그녀가 이 연습에서 관련성을 찾을 수 있을 것인가?

⑬ 은유와 체험적 연습

치료자 저항하고 버티기. 늘 하는 것이죠. 너무 분명해요. 틀림없이 저항하는 쪽이에요. 사실 항상 그렇게 하는 것 같아요.

이러한 연습을 하는 중과 한 이후의 대화는 매우 다른 모습을 띨 수 있다. 어떤 내담자는 무릎 위에 메모장을 놓자마자 바닥으로 내던진다. 치료자는 내담자의 경험에 열려 있어야 하고 지속적으로 내담자의 경험을 판단의 기준에 두고 활용해야 한다. 연습의 요지는 설득이 아니다. 탐색이다. 임상적으로 연관된 행동을 연출하고 내담자가 관찰할 수 있도록 돕는 수단이다. 캐서린이 실제로 위와 같이 메모장을 무릎 위에 올려두자마자 멀리 내던지는 방식으로 반응했다고 가정해 보자. 치료자는 어떻게 할 수 있을까? 아마 캐서린이 한 행동을 말하고 이 상황에 대해서 어떤 생각이 들었는지 물어볼 수 있을 것이다. 그 뒤 바닥에 메모장을 던지는 행동은 첫 번째 태도의 변형으로, 힘든 경험을 멀리 두려는 행동이라고 말해볼 수 있다. 그리고 이 전략은 캐서린에게는 아주 자연스러운 행동이다.

위의 연습에서 많은 것을 얻을 수 있다. 다양한 행동의 장단점은 무엇일까? 2가지 태도 중 삶에서 내담자가 바라는 방식으로 행동하기에 더 자유로운 것은 어느 것일까? 만약 캐서린이 해왔던 행동이 문제에 "저항"하는 것임을 스스로 충분히 인지하고 있다면, 문제를 "무릎 위"에 두는 것은 어떤 의미일까? 보통의 일상생활에서 어떤 행동이 그렇게 하는 것을 뜻하는 것일까? 연습을 은유로 활용해 과제로 제시하면서 이 과정을 계속해 나갈 수 있다.

치료자 다음 시간까지 이렇게 해보시면 어떨까요? 혹시 저항하기를 할 때 그냥 메모를 할 수 있을까요? 만약 그럴 일이 있다면, 몇 번 정도만요. 할 수 있을까요?

캐서린 네 물론이죠. 그리고 저항하기를 멈추라는 거죠?

치료자   지금은 그걸 신경 쓰지는 않을게요. 저항하기 또는 외면하기. 당신이 그 지점에 있는 걸 알아차렸을 때 메모만 하시면 돼요.

캐서린   연습 이후 다른 부분에 초점을 맞추는 과제로는 다음과 같은 예가 있다.

치료자   "무릎 위에 올려두기"가 다양한 상황에서 더 자유롭게 행동할 수 있게 한다고 합시다. 만약 다음 주에 적어도 1번은, 이유는 모르겠지만 갑자기 그렇게 "무릎 위에 올려둘" 수 있게 된다면, 어떤 상황에서 그렇게 하고 싶으세요?

캐서린   (잠시 침묵) 금요일 점심 식사 전에 있을 회의에서요. 그때가 상황이 정말로 나빠지고 괴로워질 때이거든요.

치료자   그 상황을 좀 더 자세히 살펴보면서, 더 많은 걸 "무릎 위에 올려두기" 위해서 어떻게 할 수 있을지 찾아볼까요?

만약 치료자가 원한다면, 다음 주의 구체적인 사례에 대한 단순한 질문을 넘어, 불편함을 무릎 위에 올려둠으로써 최종적으로 어떤 걸 얻을 수 있는지 질문하면서 대화를 확장해 나갈 수 있다. 이렇게 함으로써 내담자에게 무엇이 중요한지 깊이 탐구할 수 있다. 어떤 영역이 달라질 수 있으며, 이 변화가 캐서린의 마음에서는 어떤 모습으로 보일까?

이러한 연습은 연습으로 수행되고 있을 때만 은유적으로 기능하는 것은 아니다. 오히려 내담자에게 아주 중요한 어떤 현상을 보여 주는 것이라면, 보통의 다른 은유들처럼 치료 내내 활용할 수도 있다. 캐서린이 임상적으로 관련된 상황을 다시 가져와 이야기할 때, 치료자는 체험적 연습을 다시 언급할 수 있다. 예를 들어 다음과 같은 질문들을 할 수 있다.

"그 행동은 밀어내는 것이었나요 아니면 무릎 위에 놔두는 것이었을까요?"
"그걸 무릎 위에 올려두고 싶다면, 어떻게 하시겠어요?"
"그 이야기는 무릎 위에 더 많은 걸 올려두는 예로 들려요. 동의하세요?"

치료자가 하고자 하는 것을 세 가지 치료 원칙 용어로 살펴보자.

⑬ 은유와 체험적 연습

- **기능 분석**: 다시 강조하지만, 기능적 분석은 이 연습의 핵심이다. 치료실 내에서 간단히 움직이는 것은 문제 전략(저항하기)과 가능한 대안 전략(혐오 반응을 무릎 위에 두기)을 보여 주려는 의도를 가지고 있다. 여러 질문으로 각 전략의 결과를 분명히 보여줄 수 있다.
- **관찰 거리 설정하기**: 내담자가 묘사하는 힘든 경험과 증상을 종이 위의 잉크로 바꾸고 내담자 행동에 다양한 영향을 미치게 해보는 것은, 이러한 현상을 내담자가 거리를 가지고 관찰할 수 있도록 하기 위함이다.
- **인생에서 중요한 것과, 그 방향으로 나아갈 수 있는 구체적인 단계를 명확히 하기**: 연습 자체에 포함되어 있지는 않지만, 연습에 뒤이은 대화에 포함될 수 있다.

앤드류와의 체험적 연습

앤드류는 자기 이야기에 자신을 매우 동일시하고 있다. 그 이야기는 "역겨운 실패작"라는 책이다. 기술적인(관계구성이론) 용어를 쓴다면 앤드류는 이 이야기narrative와 대등하게 행동하고 있다고 할 수 있으며, 내가 두 번째 치료 원칙이라고 부른 것이 치료에 매우 중요한 부분이 되겠다. 말하자면, 이 이야기를 직시적 '나'와 위계 관계로 구성하는 능력을 훈련하기와 이 "책"과의 관찰 거리를 확립하여 앤드류의 추후 행동에 미치는 영향을 줄이는 것이다. 아래는 이 특정 능력을 훈련하는 의도를 가진 체험적 연습이며, 어느 내담자에게든 효과적으로 적용할 수 있게끔 기술하였다.

치료자   도움이 될 만한 연습이 하나 있어요. 한번 시도해 보시겠어요?
앤드류   좋아요.
치료자   그럼 먼저 창밖을 한번 바라보시겠어요?

앤드류	*(그의 뒤에 있는 창문을 바라보기 위해 몸을 돌림)* 이렇게요……?
치료자	보이는 것 중에 작지만 분명히 보이는 사물을 찾아보세요. 예를 들어, 나뭇가지나 지붕의 구석일 수 있겠죠. 뭐든 상관없어요. 작지만 잘 보이는 물건을 정하세요. 저에게 뭔지 이야기하지 않아도 됩니다. 그저 *거기*(잠시 침묵) 당신이 집중하기로 선택한 사물에 주의력을 집중하면 됩니다. 그러던 중간에 만약 다른 게 떠올라도, 괜찮습니다. 그저 알아차리고 당신의 주의력을 아까 선택한 사물로 다시 가져가시면 됩니다.*(침묵.)*

거기에 주의를 둔 채로 몇 가지 알아차려 보시면 좋겠습니다. 당신이 보고 있는 사물은 *거기*에 있고 관찰자인 당신은 *여기*에 있습니다. 내가 알아차리고 있는 사물은 *거기*, 알아차리는 나는 *여기*. 당신과 당신이 관찰하고 있는 대상 사이의 거리와 공간에 주목하세요.*(또 잠시 침묵.)*

자 이제 창밖에 보던 사물은 놔두고 당신에게 좀 더 가까운, 예를 들면 이 방 안에 있는 무언가를 쳐다보려고 해봅시다. 주변을 둘러보고 작은 사물을 고르되, 작지만 자세히 볼 수 있는 것으로 선택하세요.*(멈춤.)*

그리고 다시 한번, 그 사물, *거기*를 알아차려 보세요. 관찰한 대상은 *거기*, 관찰하는 사람은 *여기*. 다시 한번 거리에 주목하세요. 당신과 사물 사이의 공간.*(멈춤.)*

이제부터 하려는 것은 눈을 감고 하는 게 더 쉬울 수도 있어요. 하지만 꼭 눈을 감고 해야 하는 건 아니에요. 대부분은 눈을 감고 하는 게 더 쉽다고 하지만, 당신이 결정하면 됩니다. 왜냐하면 지금부터 제가 실제 눈이 아니라 마음의 눈으로 볼 수 있는 무언가를 관찰하라고 할 거니까요. 지금처럼 거기에 앉아 있을 때 왼쪽 발에서 느끼는 어떤 감각을 관찰할 수 있는지 한번 보세요. 특정 부위를 누르는 신발을 관찰하거나 발꿈치보다는 바닥에 닿아있는 부위가 좀 더 많은 발바닥을 관찰할 수도 있겠죠. 이런 방식으로 당신 발의 일부로부터 어떤 감각을 알아차릴 수 있는지 보고, 모든 집중력을 거기에 맞춰보세요.*(멈춤.)*

⑬ 은유와 체험적 연습

자 이제 집중을 유지한 상태로 지금 당신이 관찰하는 것은 *거기*, 관찰자는 *여기*에 있다는 것을 알아차려 보세요. 다르게 표현하자면, 당신의 발에서 느껴지는 것을 알아차리고 누가 그걸 알아차리고 있는지를 알아차려 보세요. 그리고 그 공간, 그 거리는 당신이 지금 당신 몸 안에 있을 때도 여전히 존재함을 알아차려 보세요.(멈춤.)

자 이제 주의를 당신의 가슴, 배로 옮겨보세요. 거기에서도 어떤 구체적인 감각을 포착할 수 있는지 보세요. 어쩌면 심장이 박동하고, 내장에서는 약간의 긴장감, 또는 피부에 붙어있는 옷의 감각이 느껴질 수 있을 거예요. 조금 모호할 수도 있어요. 그래도 주의력을 모을 수 있을 만한 어떤 감각을 찾을 수 있는지 보세요. 시간을 충분히 가져도 됩니다.(멈춤.)

자 이제 관찰한 대상은 *거기*, 관찰자는 *여기*에 있음을 알아차려 보세요. 누가 알아차림을 하고 있는지를 알아차려 보세요. 그리고 공간을 알아차려 보세요.(멈춤.)

자 이제 한 가지 더 알아차려 보셨으면 좋겠어요. 조금 더 모호할 수 있지만 그래도 괜찮습니다. 당신 마음에 떠오르는 어떤 생각이나 이미지를 알아차려 보면 좋겠습니다. 몇 가지 헤아릴 수 있을까요? 그리고 또다시 무엇이 오고 가는지 알아차려 보세요. 그리고 누가 그걸 알아차리고 있는지를 알아차려 보세요.

지금까지 연습은 앤드류의 문제와는 구체적인 연결이 없는 소재에 적용하였다. 하지만 더 개인적으로 관련 있는 방향으로도 진행해 볼 수 있다.

치료자   당신이 여기에 앉아 있는 동안, 혹시 자신 안에서 "역겨운 실패작"과 관련된 어떤 것을 알아차릴 수 있을까요? 어떤 생각일 수도, 어떤 신체 감각일 수도 있겠죠? 어떤 이미지일 수도 있고요.(멈춤.) 만약 가능하다면 알아차려 보세요. 그 안으로 깊이 빠지지는 말고, 그저 관찰하는 대상은 *거기*에, 관찰자인 당신은 *여기*에 있음을 다시 알아차려 보세요. 그 이미지, 감각, 생각, 신체 반응에 주목해 보세요. 그리고 그걸 알아차리는 게 누구인지에 주목하세요.

이 연습에서 앞 순서에서는 관찰자와 관찰하는 대상 사이의 실제 거리가 은유의 근원, 내담자의 반응에 관한 경험(신체, 정신적)이 표적이다. 이 모든 것은 자기 반응으로부터 관찰 거리를 만들 수 있도록 훈련하여 궁극적으로 그의 미래 행동에 영향을 끼칠 특정 반응을 변화시키려고 한 것이다.

위의 연습은 비록 치료자가 통찰할 수는 없어도, 내담자도 행동하게 하는 것이 핵심이다. 하지만, 거의 치료자가 주도하는 형태이다. 따라서 치료자가 뒤이어 내담자에게 그의 경험에 대해 질문하는 것이 필수이다. 이와 관련해 나눌 수 있는 대화를 살펴보자.

앤드류   굉장히 이상했어요. 그리고 때때로 어렵기도 했어요.

치료자   맞아요. 이렇게 모호한 것에 대해 이야기하는 건 어려울 수 있어요. 제가 이야기한 대부분은 어떤 것을 보여 주기 위한 시도였어요. 특정한 몇 가지를 알아차리게 하려고 했죠. 예를 들어, 관찰자로서의 당신과 관찰하라고 한 것 사이의 거리나 공간과 같은 것들을요. 어때요, 당신이 생각하기에 알아차릴 수 있었던 것 같나요?

앤드류   그런 것 같아요. 마치 저 자신 옆에 서 있는 것 같은 경험이었어요. 하지만 끝부분에 생각으로 하는 연습은 더 어려웠어요. 제 마음이 그냥 멍해졌어요.

치료자   그리고 그 멍함을 알아차리는 건 누구였지요?

앤드류   (*빙그레 웃으면서*) 네, 그렇죠. 저겠죠. 그리고 발로 하는 연습은 좀 더 쉬웠어요. 배에 집중하는 것보다 더 분명히 느껴졌어요.

치료자   좋아요. 그리고 그 차이를 알아차리는 누군가가 있었죠, 그렇죠?

앤드류   네, 또 저네요.

아래의 변형된 연습은 같은 목적을 가진다. 앤드류가 그의 고통스러운 반응으로부터 관찰할 수 있는 거리를 확립하여 고통스러운 반응이 행동의 다른 측면에 미치는 영향력을 바꾸려는 것이다.

⓭ 은유와 체험적 연습

앤드류 일어났던 모든 일, 모든 역겨운 것들이 저에게 들러붙어 있는 것 같아요. 제가 역겨운 사람인 거죠.

치료자 지금 거기에 있나요? 우리가 여기에 앉아 있는 동안 그걸 알아차리고 있나요?

앤드류 네. 명확하지는 않지만, 있어요. 거의 항상 저와 함께 있어요.

치료자 더 명확하게, 더 뚜렷하게 만들 수 있을까요?

앤드류 지금 말씀이세요?

치료자 네.

앤드류 어떤 구체적인 걸 생각하면 가능해요. 예를 들면 제가 어릴 적 이웃과 어땠는지, 이웃이 저에게 어떻게 했는지 그런 것들이요.

치료자 그런 것들을 지금 여기에서 생각해도 괜찮을까요? 지금 기억의 모든 구체적인 사항을 파고들 필요는 없지만, 역겨운 사람이라는 느낌과 확실하게 접촉해 볼 수 있을까요? 가능하다면, 그렇게 해서 계속 작업해 나가보려 해요.

앤드류 (눈에 띄게 뻣뻣해지고 스트레스받는 모습) 네, 뭐 그건 벌써 여기에 있는걸요. 우리가 그걸 이야기하고 있다는 사실만으로도 말이죠. 젠장!

치료자 잠시 실제 기억을 놔둘 수 있겠어요? 놔둘 수 있다면, 지금 이 순간에 신체적으로 어떻게 영향을 끼치는지에 초점을 맞춰볼 수 있을까요?

앤드류 배 아프게 만들어요. 내장이 다 꼬인 것 같아요.

치료자 내장에서 가장 분명하게 느껴지나요? 몸의 다른 부위들은 어떤가요?

앤드류 가슴 위를 내리누르는 느낌도 들지만, 주로 배가 뭉치는 느낌이에요.

치료자 그 뭉침이 색이 있다면, 무슨 색일까요?

앤드류 초록색. 역겨운 초록색이요.

치료자	이 초록색 뭉침을 가지고 다른 걸 할 수 있는지 한번 볼까요? 예를 들어, 이 뭉침을 손으로 집어서 이 책상 위에 놓는 걸 상상할 수 있을까요?
앤드류	글쎄요. 이상하게 들리네요. 그리고 그걸 만지고 싶지 않아요.
치료자	특수 장갑을 끼고 있다고 상상하면 어떨까요? 장갑을 낀 다음에 여기 책상 위에 올려 보세요. 잠깐이면 다시 제자리로 돌려놓을 수 있어요. 그냥 할 수 있는지만 한번 보면 어떨까요…….
앤드류	알았어요. 책상 위에 있는 게 보여요.
치료자	어떻게 생겼나요?
앤드류	구토물 같은 플라스틱 장난감 더미같이 생겼어요.
치료자	이 구토물, 뱃속에 초록색 뭉침이 이 책상을 어느 정도로 뒤덮고 있나요?
앤드류	책상의 4분의 1정도요? 저에게 가까운 모퉁이에 있어요.
치료자	그리고 어느 방향이든 움직이고 있나요?
앤드류	아니요. 그냥 쌓여 있어요.
치료자	온도는요?
앤드류	차가워요.
치료자	움직일 수 있어요? 예를 들어 들어 올릴 수 있나요?
앤드류	네. 어딘가에 버릴 수도 있죠. 그러면 좋겠네요.
치료자	어디로요?
앤드류	저기 쓰레기통 안으로요(*손으로 가리키며*).
치료자	없애버리고 싶은 거네요. 좋아요. 하지만 제가 당신을 잘 이해하고 있는 거라면, 그건 대개는 사라지지 않죠. 또는 적어도 사라지더라도 얼마 지나지 않아 다시 나타나죠.
앤드류	맞아요.

치료자	그러니까 그게 책상 위에 있어요. 버리려고 하지 않고 이리저리 던질 수 있을까요?
앤드류	네, 할 수 있을까 싶었는데, 할 수 있을 것 같네요. 이게 힘을 좀 잃은 것 같아요.

위의 대화는 할 수 있는 작업들 중 하나의 예시일 뿐이다. 기본 원칙은 간단하다. 연습의 맥락 안에서 내담자가 자신의 고통스러운 반응을 외부 세계의 물리적인 대상인 것처럼, 은유적으로 상호작용할 수 있도록 질문하는 것이다. 이것이 관찰 거리를 확립하는 기술 훈련이 될 것이다. 학습 과정에서 유연함을 증진시키기 위해 여러 질문을 한다. 또한 질문들은 당면한 문제와 상호작용하는데 다양한 방식을 취할 수 있도록 하려는 의도 역시 가진다.

위의 예에서 치료자는 내담자 경험의 정서적, 신체적 측면에 특히 초점을 맞추기로 선택하였다. 그 외의 것들을 회피하기 위해서가 아니라 앤드류가 관찰 거리를 만들 수 있도록 돕기 위해서이다. 앤드류가 그토록 고통스러워하는 기억을 떠오르게 하는 과정들 전체에도 이 기본 원칙을 적용할 수 있다.

치료자	당신의 기억, 이웃이 무슨 행동을 했는지에 접근해 볼 수 있는 방법을 알아요. 그렇게 해봐도 괜찮을까요?
앤드류	제가 감당할 수 있을지 모르겠어요. 그 기억은 저를 무력하게 만들어요. 저는 무너져 내릴 거예요.
치료자	하지만 그 기억은 우리가 이야기하는 것만으로도 이미 여기에 존재하고 있지 않나요?
앤드류	그렇죠, 그런 것 같네요…….
치료자	이렇게 해보면 어떨까요? 이 지점에서 모든 것을 다 살펴봐야 하는 건 아니고, 이미 여기에 있는 것만으로 해봅시다. 자 이제 저기에 있는 문에다가 그 기억을 이미지로 투영해 보세요(*가리키면서*). 그렇게 할 수 있을까요? 이미 볼 수 있는 내용만으로 해 보세요.

Part 2 치료 도구로서의 은유

앤드류 할 수 있을 것 같아요.

치료자 문 위에 이미지로 볼 수 있나요?

앤드류 네.

치료자 문 어디에 있나요? 문 전체를 덮고 있나요?

앤드류 아니요. 문의 위쪽 절반만요.

치료자 움직일 수 있나요? 프로젝터에서 나오는 이미지는 위치를 움직일 수 있잖아요. 예를 들어, 이미지를 문의 아래쪽 절반 부위로 내려보는 거죠. 할 수 있나요?

치료자는 앤드류의 문제가 고통스러운 기억과 상호작용하는 방식에 있음을 이해했다. 치료자는 앤드류가 배우로서의 자신과 이야기로서의 고통스러운 내용을 구분할 수 있도록 치료 상황을 설정한다. 위 연습의 범위 내에서 다양한 작업을 할 수 있다. 치료자는 기억을 넘나들면서 기억을 자극하는 어떤 세부적인 부분에 관심을 쏟을 수도 있고, 앤드류가 기억과 상호작용하는 방식을 변화시킬 가능성을 높일 수 있는 질문을 할 수도 있다. 앤드류는 멀리서도 가까이에서도 그 기억을 바라볼 수 있다. 치료자는 앤드류의 경직된 관점이 놓쳤던 세부 사항에 주의를 집중하도록 도울 수도 있다. 요약하자면, 마치 영화가 문에 투영되고 있는 것처럼 앤드류 자신의 반응이 거리를 두고 일어나는 것으로 볼 수 있도록 한다. 그리하여 앤드류는 관찰 거리를 만들게 되고, 자신의 반응이 그의 나머지 행동에 미치는 영향력을 변화시킬 수 있게 되는 것이다. 연습의 틀 안에서 치료자는 보통 전통적인 노출치료에서 하는 모든 것을 할 수 있다. 사실, 전체 과정은 노출치료의 변형된 형태라고 할 수 있다. 관찰 거리를 더 넓히기 위해 특별히 고안된 질문이 추가된 것이다. 즉, 실제 영화에 대해 질문을 할 수도 있었을 것이다. 예를 들자면,

"바라보고 있는 화면이 간단한 슬라이드인가요, 움직이는 영상인가요?"

"컬러인가요, 흑백인가요?"

"영화를 일시정지 시킬 수 있나요?"

"거꾸로 재생시킬 수 있나요?"

"전에는 알아차리지 못한 어떤 세부 사항을 확대할 수 있나요?"

와 같은 질문을 할 수 있겠다.

배리와의 체험적 연습

배리는 통증이 주는 메시지를 이렇게 묘사했다. "소용없으니 포기해!" 다음의 연습은 몇 가지를 배리에게 보여 주기 위해 활용될 것이다. "소용없으니 포기해!"와 같은 잘 훈련되어 있는 자기 지시는 어떻게 작동하는가? 어떻게 하면 지금까지 학습해 온 것보다 더 유연하게 행동할 수 있을까? 배리와 함께 연습해 보자.

치료자 특정 규칙이 불쑥 떠오를 때 어떻게 해야 하는지에 관한 연습 방법이 있어요. 보통 우리가 따르게 되는 특정 생각이나 감정 말이죠. 한번 시도해 봐도 괜찮을까요?

배리 물론이죠.

치료자 일어서 보세요(*치료자가 배리 옆에 선다*). 이 연습에서 당신은 당신이고, 나는 당신의 역사입니다. 저는 당신이 여태껏 학습한 대로 행동하라고 이야기할 거예요. 당신의 역사는 옆에서 계속 자신의 이야기하고 있을 건데, 그런 채로 당신은 무엇을 할 수 있을지 실험해 보세요. 당신이 실험해 볼 수 있는 실제 작업은, 우선 앞으로 한 걸음 내딛는 것이라고 합시다. 한 발 그다음에 다른 발(*시범을 보이며*).

배리 알았어요.

Part 2 치료 도구로서의 은유

치료자   이제 다음과 같은 규칙의 역사가 있었다고 가정해 봅시다. 항상 오른쪽 발을 먼저 내딛어라! 이유는 모르지만, 그냥 그렇다고 가정해 봅시다. 그리고 제가 당신의 역사니까, 이렇게 하라고 제가 이야기할 겁니다. 오른발 먼저! 다음 당신이 걸음을 내딛고 실험을 해볼 차례입니다. 괜찮다면, 그냥 역사가 말하는 대로 하면서 시작할 수 있어요. 제가 어떻게 했으면 하는지 이해하시겠어요?

배리   이해한 것 같아요.

치료자   자 그럼 출발하세요!(강조하며) 기억하세요, 오른발 먼저!

(배리는 오른발 먼저 내디디면서 앞으로 한 걸음 나아간다)

치료자   몇 번 더 해보고 싶으세요? 하지만 기억하세요.(강조하며) 오른발 먼저!

(배리는 다시 한번 오른발을 먼저 내디디며 앞으로 한 걸음 나아간다)

치료자   몇 가지 여쭤볼게요. 당신의 역사가 말하는 걸 듣는 것은 누구인가요?

배리   저요.

맞아요. 그리고 발을 움직이는 건 누구인가요?

배리   저예요.

치료자   지금까지 당신의 역사가 하라는 대로 발을 움직였어요. 자 이제 실험을 할 수 있는지 한번 봅시다. 역사의 조언대로 따를 수 있다는 건 명백합니다. 그러니까 원한다면 그렇게 하셔도 됩니다. 오른발 먼저 내딛는 거죠. 혹시 조금 다른 걸 할 수 있는지 볼 수 있을까요? 하지만 제가 경고할게요. 저는 당신의 역사이고, 저는 늘 하던 이야기대로 말합니다. 오른발 먼저!

(배리는 주저하면서 가만히 서 있다. 그리고 치료자는 힘주어 반복한다. "오른발 먼저!" 배리는 몇 걸음 내딛는데, 이번에는 왼발을 먼저 내디딘다.)

⓭ 은유와 체험적 연습

치료자	어떠셨어요?
배리	실은 희한한 느낌이었어요. 우선 정말 집중해야 했던 것 같아요.
치료자	그리고 이 희한한 느낌에 주목한 건 누구인가요?
배리	저죠.
치료자	그리고 발을 움직이는 건 누구였죠?
배리	저였어요.

치료자와 배리는 과제를 몇 번 더 반복하였다. 치료자는 같은 지시를 강조하고 무슨 일이 일어나는지 주목하고 누가 행동을 하는지 물어보는 동일한 질문을 계속했다. 그다음 치료자는 연습을 마무리하고, 배리의 소감을 청했다. 그는 연습에서 자신과의 연관성을 찾을 수 있었을까? 의도한 요점을 분명히 하기 위해 아래와 같이 이야기할 수도 있을 것이다.

"여기 어느 발부터 내디뎌야 하는지 어이없는 규칙 하나가 있었죠. 실제 삶에서는 별로 문제가 되지는 않을 겁니다. 하지만 당신의 발걸음을 좌우하기 쉬운 또 다른 규칙은 어떨까요? 예를 들면 '소용없으니 포기하라'와 같은 규칙 말이죠."

모든 체험적 연습의 종극에는 내담자에게 무슨 경험을 했는지 꼭 물어봐야 한다. 왜냐하면 사람마다 반응이 다르고, 연습 뒤의 대화도 다양한 형태를 띨 수 있기 때문이다. 이 독특한 연습에서 흔히 경험하게 되는 것이 있다. "나의 역사가 나에게 하라는 대로 행동하기"가 매우 자동적이고 놀라울 정도로 강력하다는 것이다. 많은 내담자는 "선택하기"라는 다소 특이한 경험을 언급하기도 한다. 자기 규칙이 내재되어 있는 상황에서도 실제로 그렇게 '선택'할 수 있다는 것이 이 연습의 핵심이다.

치료자가 하려는 일을 세 가지 원칙으로 설명한다면?

- **기능 분석:** 내담자가 내재된 지시나 규칙에 습관적으로 순응하고 있었음을 보여 주었으며, 역기능적 행동 전략에 기능 분석을 적용하고자 하였다. 대안적인 전략에 경험적으로 접촉시키면서 선택의 가능성 또한 다뤘다.
- **관찰 거리 설정하기:** 역기능적 전략(과 대안)을 극도로 단순화하여 관찰 거리를 넓히려 했다.
- **인생에서 중요한 것과, 그 방향으로 나아갈 수 있는 구체적인 단계를 명확히 하기:** 지금까지 설명한 연습만으로는 이 치료적 원칙과는 분명한 연결이 없다. 하지만, "선택할 수 있는 기회"라는 배리의 경험이 연습의 맥락에서 일어났으므로, 대화를 그 방향으로 쉽게 틀 수 있다. 예를 들어, "이전에는 역사가 하라는 대로 그냥 행동한 삶의 영역에서, 하라는 대로가 아닌 선택을 할 수 있었다면, 무엇을 하는 게 당신에게 중요할까요?"라고 물어볼 수 있다.

배리가 연습에 공감할 수 있었다면, 연습을 간소화해서 필요할 때 치료자(그리고 배리 자신도)가 위의 연습을 은유로 활용할 수 있다. 어쩌면 배리가 쉽게 빠지는 자기 규칙 중 하나를 다시 설명하면서 "소용없어요. 차라리 포기하는 게 낫겠어요."라고 말하는 상황이 또 생길 것이다. 이 경우 치료자는 "오른발 먼저!"라고 언급할 수 있을 것이다.

독자는 위의 연습들을 은유적이라고 아마 이해하고 있을 것이다. 심리치료를 받는 내담자는 글로 쓰인 장애물을 마주하게 되더라도 바닥에 있는 선을 따라 걷거나, 혹은 왼발 먼저 내딛는 것에 아무런 어려움을 겪지 않는다. 한 개인과 그 개인이 지닌 생각 사이에는 실제 거리라는 건 없다. 혐오의 경험은 색이 없고, 책상 위에 놓을 수 없다. 기억은 문에 투영할 수 있는 영화가 아니다. 하지만, 만약 이 연습들이 은유적으로 작동한다면 이 책에서 강조하는 세 가지 원칙에 따라 변화를 이끌어낼 수 있을 것이다.

【후기】

이 책에서 내가 취한 전략은 많은 심리치료 모델에서 중요하다고 여기는 영역— 즉, 사람들의 변화를 돕기 위한 대화에서 은유가 어떻게 사용될 수 있는지—에 대해 어떤 통찰이 가능한지를 알아보기 위해, 기초 연구와 심리치료 실천을 통합하는 것이었다. 이를 위해 나는 서로 다른 두 학문 분야, 즉 언어학과 행동분석학의 연구를 활용했다. 이 두 분야는 인간 상호작용에서 은유가 사용되는 방식에 대한 과학적 이해에 있어 놀라우리만큼 유사하거나 상호 보완적인 관점을 제공해 왔다.

나는 일반적인 은유 사용에 대한 근본적인 이해로부터 출발하여, 심리치료 실천에 이를 적용해 보았다. 특히 언어와 인지를 다루는 현대 행동분석이론, 즉 관계틀이론Relational Frame Theory(RFT)에 기반한 세 가지 원칙을 바탕으로 했다. 그 결과, 변화를 이끌어내는 대화에서 은유를 어떻게 사용할 수 있을지에 대해 일련의 제안들이 도출되었다. 이러한 제안들이 치료사들과 연구자들 모두에게, 사람들이 스스로 원하는 변화를 향해 나아가는 데 있어 대화, 특히 은유적 표현이 어떤 역할을 할 수 있는지를 탐구하는 데 도움이 되기를 바란다.

▌과학에 대한 은유

일상 언어에서 흔히 말하는 "문자적 언어"는 이 책에서 다소 뒤편으로 물러나 있었다. 앞서 언급했듯이 이것이 중요하지 않다는 의미는 아니다. 실제로 많은 상황에서 문자적 언어는 특별하고 결정적인 기능을 수행한다. 그 대표적인 예가 바로 과학적 담론, 즉 우리가 이론이라 부르는 것이다. 이 영역에서는 은유적 표현이 가진 모호성이 종종 단점이 된다. 과학 이론에서는 가능한 한 정밀함과 정확성이 요구되기 때문이다. 이 책의 과학적 중심축인 관계틀이론(RFT)에 대한 설명 역시 그래서 되도록 기술적이고 정밀하게 서술하려 했다. 하지만 동시에, 은유 역시 이 영역에서 중요한 역할을 한다. 은유는 핵심 개념을 지시하거나 가리키는 도구로 기능하기 때문이다. 예를 들어 '관계틀relational framing'이라는 용어 자체가 은유이다. 이는 우리가 세상을 인식할 때 모든 것을 다른 것과의 관계를 통해 '틀 지어' 본다는 개념을 전달하려는 것이다. 우리는 사회적 공동체의 일원으로서 이러한 관계를 형성한다.

    책의 시작에서 나는 몇몇 스웨덴 시인들을 언급한 바 있다. 이제 책의 마지막에서 또 다른 시인 토마스 티드홀름Thomas Tidholm에게 바통을 넘기며 마무리하고자 한다. 아래의 시는 내가 이 책에서 출발한 과학적 기반—즉 기능적 맥락주의functional contextualism—을 매우 적절하게 표현하고 있다고 생각한다. 이 시는 이 책에서 핵심적으로 다루는 주제를 정확히 짚고 있다. 그래서 마무리는 다시 기본으로 돌아가며 끝을 맺는다.

어디에서 오는가?

나는 많은 사람들이 그것이 어디서 오는지 궁금해한다는 걸 안다.
안에서 오는지, 밖에서 오는지, 그리고 그것이 고갈될 수도 있는지.
나는 그것이 밖에서 온다고 말한다. 우리가 손을 어떻게 뻗는지를 보면
알 수 있다. 우리는 그것을 받기 위해 손을 내민다. 우리 존재 전체가
그 방향으로 향해 있다.—얼굴도 마찬가지다.

후기

안쪽을 향한 것은 없다. 오직 등뿐이다. 우리는 그곳에서 어떤 것도 기대하지 않기 때문에, 그쪽에는 얼굴이 없다. 웃을 수는 있다. 하지만 웃음은 입을 통해 밖으로 나가고, 밖에서 오는 무언가를 향해 나아가며 그것을 반기고 안으로 들인다.

어떤 사람들은 우리가 손을 뻗고 웃는 것이 우리가 가진 것을 주기 위한 것이라 말하지만, 나는 그렇게 생각하지 않는다. 우리는 단지 더 원할 뿐이다. 항상 더 많이. 우리는 아무것도 갖고 있지 않다고 생각한다. 그러면 사람들은 묻는다.

"그것이 고갈될 수 있는가?"
나는 말한다, "그럴 수 없다." 적어도 그것만은 확실하다.
그것은 당신의 삶 전체에 걸쳐 지속된다.

토마스 티드홀름Thomas Tidholm, 1991
번역: 가브리엘라 베르그렌Gabriella Berggren

【감사의 말】

은유와 심리치료에 관해 무언가를 쓰기 시작한 초기 생각에서부터 오늘날까지 거의 20년이 지났다. 풍부한 여정을 돌아볼 수 있으며, 이 책이 되기까지 많은 동료들과 친구들이 연구나 창의적인 대화를 통해 기여해 주었다. 일부는 자신이 기여했다는 것을 알고 있을 것이고, 일부는 아마 모를 것이다. 나는 많은 사람들에게 영원히 감사할 것이다. 영어 번역본에 대해서는, 원고의 전부나 일부를 읽고 많은 유익한 제안을 해 준 카르멘 루시아노Carmen Luciano, 프랜 루이즈Fran Ruiz, 이안 스튜어트Ian Stewart, 매티 빌라트Matthieu Villatte에게 특별한 감사를 표한다. 물론 모든 결함은 나의 책임이다. 또한 스웨덴어에서 영어로 번역하는 대부분 담당한 닐 베터리지Neil Betteridge와 최종 버전을 매끄럽게 편집해 준 수잔 라크루아Susan LaCroix에게도 감사드린다.

마지막으로 이름을 언급할 수 없는 많은 사람들에게 감사를 표하고자 한다. 지난 몇 년간 보아 온 많은 내담자들은 비유를 사용하는 방식으로 나에게 많은 것을 가르쳐 주었다. 모두에게 따뜻한 감사의 인사를 드린다!

【참고 문헌】

Amrhein, P. C.(2004). How does motivational interviewing work? What client talk reveals. *Journal of cognitive psychotherapy: An international quarterly, 18*, 323–336.

Angus, L. E.(1996). An intensive analysis of metaphor themes in psycho-therapy. In J. S. Mio(ed.), *Metaphor: Implications and applications*. Mahvah, NJ: Lawrence Erlbaum Associates.

Angus, L. E., & Greenberg, L. S.(2011). *Working with narrative in emotion-focused therapy: Changing stories, healing lives*. Washington: American Psy-chological Association.

Angus, L. E., & Korman, Y.(2002). Conflict, coherence and change in brief psychotherapy: A metaphor theme analysis. In S. R. Russel(ed.), *The verbal communication of emotions: Interdisciplinary perspectives*. Mahvah, NJ: Law-rence Erlbaum Associates.

Angus, L. E., & Rennie, D. L.(1988). Therapist participation in metaphor generation: Collaborative and noncollaborative styles. *Psychotherapy, 25*, 552–560.

Angus, L. E., & Rennie, D. L.(1989). Envisioning the representational world: The client's experience of metaphoric expression in psychotherapy. *Psycho-therapy, 26*, 372–379.

Aristotle(1920). *The poetics*. Oxford: The Clarendon Press.

Barker, P.(1985). *Using metaphors in psychotherapy*. New York: Brunner.

Barlow, D. H.(2002). *Anxiety and its disorders: The nature and treatment of anxiety and panic*(2nd ed.). New York: Guilford Press.

Barlow, D. H., Farchione, T. J., Fairholme, C. P., Ellard, K. K., Boisseau, C. L., Allen, L. B., & Ehrenreich, M.(2010). *Unified protocol for transdiagnostic treatment of emotional disorders: Therapist guide*. New York: Oxford Univer-sity Press

Barlow, D. H.(red.).(2014). *Clinical handbook of psychological disorders*(5th ed.) New York: Guilford Press.

Barnes-Holmes, D., & Stewart, I.(2004). Relational frame theory and analogi-cal reasoning:

Empirical investigations. *International Journal of Psychology and Psychological Therapy, 4*, 241–262.

Bateman, A., & Fonagy, P.(2006). *Mentalization based treatment of borderline personality disorder: A practical guide.* Oxford: Oxford University Press.

Battino, R.(2002). *Metaphoria: Metaphor and guided metaphor for psychotherapy and healing.* Carmarthen: Crown House Publishing Ltd.

Beck, A. T.(1976). *Cognitive therapy and the emotional disorders.* New York: Meredian.

Beck, A. T., & Weishaar, M.(1989). Cognitive therapy. In A. Freeman, K. M. Simon, L. E. Beutler, & H. Arkowitz(ed.), *Comprehensive handbook of cog\-nitive therapy*(s. 21–36). New York: Plenum Press.

Bennet-Levi, J., Butler, G., Fennel, M., Hackman, A., Mueller, M., & West\-brook, D.(2004). *Oxford guide to behavioural experiments in cognitive therapy.* Oxford: Oxford University Press.

Bernstein, A., Hadash, Y., Lichtash, Y., Tanay, G., Shepherd, K., & Fresco, D. M.(2015). Decentering and related contructs: A critical review and metacognitive processes model. *Perspectives on Psychological Science, 10,* 599–617.

Billow, R. M.(1977). Metaphor: A review of the psychological literature. *Psy\-chological Bulletin, 84,* 81–92.

Bleiberg, K. L., & Markowitz, J. C.(2014). Interpersonal psychotherapy for depression. In D. H. Barlow(ed.), *Clinical handbook of psychological disor\-ders*(5th ed.)(p. 332–352). New York: Guilford Press.

Blenkiron, P.(2010). *Stories and analogies in cognitive behaviour therapy.* Chich\-ester: Wiley-Blackwell.

Bond, F. W., Hayes, S. C., Baer, R. A., Carpenter, K. M., Guenole, N., Orcutt, H. K., Watz, T., & Zettle, R. D.(2011). Preliminary psychometric proper\-ties of the acceptance and action questionnaire-II: A revised measure of psychological inflexibility and experiential avoidance. *Behavior Therapy, 42,* 676–688.

Boroditsky, L.(2000). Metaphoric structuring: Understanding time through spatial metaphors. *Cognition, 22,* 1–28.

Boroditsky, L.(2001). Does language shape thought? English and Mandarin speakers' conceptions of time. *Cognitive Psychology, 43,* 1–22.

Boroditsky, L., Schmidt, L. A., & Phillips, W.(2003). Sex, syntax and seman\-tics. In D. Gentner & S. Goldin-Meadow(ed.), *Language in mind: Advances in language and cognition*(p. 61–79). Boston: MIT Press.

Brennan, S. E., & Clark, H. H.(1996). Conceptual pacts and lexical choice in conversation. *Journal of Experimental psychology: Learning, Memory and Cognition, 22,* 1482–1493.

참고 문헌

Bryan, C. J., Ray-Sannerud, B., & Heron, E. A.(2015). Psychological flexibility as a dimension of resilience for posttraumatic stress, depression, and risk for suicidal ideation among Air Force personnel. *Journal of Contextual Behavioral Science, 4,* 263–268.

Cardillo, E. R., Watson, C. E., Schmidt, G. L., Kranjec, A., & Chatterje, A.(2012). From novel to familiar: Tuning the brain for metaphors. *Neuroim\-age, 59,* 3212–3221.

Catania, A. C.(2007). *Learning*(4th ed.). New York: Sloan Publishing.

Chawla, N., & Ostafin, B.(2007). Experiential avoidance as a functional dimensional approach to psychopathology: An empirical review. *Journal of Clinical Psychology, 63,* 871–890.

Chemero, A.(2009). *Radical embodied cognitive science.* Cambridge: The MIT Press.

Christoffer, P. J., & Dougher, M. J.(2009) A behavior analytic account of motivational interviewing. *The Behavior Analyst, 32,* 149–161.

Ciarrochi, J., Bilich, L., & Godsel, C.(2010). Psychological flexibility as a mechanism of change in acceptance and commitment therapy. In R. Baer. *Assessing mindfulness and acceptance: Illuminating the processes of change*(p. 51–76). Oakland. New Harbinger Publications.

Cienki, A., & Müller, C.(2008). Metaphor, gesture and thought. In R. W. Gibbs(red.), *The Cambridge handbook of metaphor and thought*(p. 483–501). New York: Cambridge University Press.

Clark, D. M., Ehlers, A., Hackmann, A., McManus, F., Fennell, M., Grey, N., et al.(2006). Cognitive therapy versus exposure and applied relaxation in social phobia: A randomized controlled trial. *Journal of consulting and clini\-cal psychology, 74,* 568–578.

Combs, G., & Freedman, J.(1990). *Symbol, story and ceremony: Using metaphor in individual and family therapy.* New York: W. W. Norton & Company.

Coulson, S.(2008). Metaphor comprehension and the brain. In R. W. Gibbs(ed.), *The Cambridge handbook of metaphor and thought*(p. 177–194). New York: Cambridge University Press.

Craske, M. G., & Barlow, D. H.(2014). Panic disorder and agarophobia. In D. H. Barlow(red.),(2014). *Clinical handbook of psychological disorders*(5th ed.)(p. 1–61). New York: Guilford Press.

Craske, M. G., Treanor, M., Conway, C. C., Zbozinek, T., & Vervliet, B.(2014). Maximizing exposure therapy: An inhibitory learning approach. *Behavior research and therapy, 58,* 10–23.

Dahl, J. C., Plumb, J. C., Stewart, I., & Lundgren, T.(2009). *The art & science of valuing in psychotherapy.* Oakland: New Harbinger Publications.

Dimidjian, S., Martell, C. R., Herman-Dunn, R., & Hubley, S.(2014). Behav\-ioral activation for depression. In D. H. Barlow(ed.) *Clinical handbook of psychological disorders*(5th ed.) (p. 353–393). New York: Guilford Press.

Dymond, S., & Roche, B.(2013). *Advances in relational frame theory: Research and application.* Oakland: New Harbinger Publications.

Fausey, C. M., & Boroditsky, L.(2011). Who dunnit? Cross-linguistic differ\-ences in eye-witness memory. *Psychonomic Bulletin & Review, 18*, 150–157.

Fedden, S., & Boroditsky, L.(2012). Spatialization of time in Mian. doi: 10.3369/fpsyg.2012.00485

Flückiger, C., Del Re, A. C., Wampold, B. E., Symonds, D., & Horvath, A. O.(2011). How central is the alliance in psychotherapy? A multilevel longitu\-dinal meta-analysis. *Journal of consulting psychology, 59*, 10–17.

Foa, E. B., Hembree, E. A., & Rothbaum, B. O.(2007). *Prolonged exposure for PTSD: Emotional processing of traumatic experiences.* Oxford: Oxford Uni\-versity Press.

Foa, E. B., Huppert, J. D., & Cahill, S. P.(2006). Emotional processing theory: An update. In Rothbaum, B. O(ed.), *Pathological anxiety: Emotional pro\-cessing in etiology and treatment*(p. 3–24). New York: Guilford Press.

Foody, M., Barnes-Holmes, Y., Barnes-Holmes, D., & Luciano, C.(2013). An empirical investigation of hierarchical versus distinction relations in a self-based ACT exercise. *International journal of psychology and psychological therapy, 13*, 373–385.

Foody, M., Barnes-Holmes, Y., Barnes-Holmes, D., Rai, L., & Luciano, C.(2015). An empirical investigation of the role of self, hierarchy and distinc\-tion in a common ACT exercise. *Psychological record, 65*, 231–243.

Foody, M., Barnes-Holmes, Y., Barnes-Holmes, D., Törneke, N., Luciano, C., Stewart, I., & McEnteggart, C.(2014). RFT for clinical use: The example of metaphor. *Journal of contextual behavioral science, 3*, 305–313.

Forceville, C.(2009). Non-verbal and multimodal metaphor in a cognitivist framework: Agendas for research. In C. J. Forceville & E. Urio-Aparisi(ed.), *Multimodal metaphor*(p. 19–42). Berlin: Mouton de Gruyfer.

Franklin, M. E., & Foa, E. B.(2014). Obsessive-compulsive disorder. In D. H. Barlow(ed.), *Clinical handbook of psychological* disorders(5th ed.)(p. 155–205). New York: Guilford Press.

Fryling, M.(2013). Constructs and events in verbal behavior. *The analysis of verbal behavior, 29*, 157–165.

Fuhrman, O., McGormick, K., Chen, E., Jiang, H., Shu, D., Mao, S., & Boro\-ditsky, L.(2011). How linguistic and cultural forces shape conceptions of time: English and Mandarin time in 3D. *Cognitive science, 35*, 1305–1328.

Gentner, D., & Bowdle, B.(2008). Metaphor as structure-mapping. In R. W. Gibbs(ed.), *The Cambridge handbook of metaphor and thought*(p. 109–128). New York: Cambridge University Press.

참고 문헌

Gibbs R. W.(red.).(2008). *The Cambridge handbook of metaphor and thought*. New York: Cambridge University Press.

Gifford, E. V., & Hayes, S. C.(1999). Functional contextualism: A pragmatic philosophy for behavioral science. In W. O'Donohue & R. Kitchener(ed.), *Handbook of behaviorism*(p. 285–327). San Diego: Academic Press.

Gil-Luciano, B., Ruiz, F. J., Valdivia-Salas, S., & Suárez-Falcón, J. C.(2016) Promoting psychological flexibility on tolerance tasks: Framing behaviour through deictic/ hierarchical relations and specifying augmental functions. *The psychological record* doi:10.1007/s40732-016-0200-5.

Giora, R.(2008). Is metaphor unique? In R. W. Gibbs(ed.), *The Cambridge handbook of metaphor and thought*(p. 143–160) NY: Cambridge University Press.

Gloster, A. T., Klotsche, J., Chaker, S., Hummel, K. V., & Hoyer, J.(2011). Assessing psychological flexibility: What does it add above and beyond existing constructs? *Psychological assessment, 23*, 970–982.

Greenberg, L. S., & Pavio, S. C.(1997). *Working with emotions in psychotherapy*. New York: Guilford Press.

Greenberg, L. S., Rice, L. N., & Elliot, R.(1993). *Fascilitating emotional change: The moment by moment process*. New York: Guilford Press.

Hayes, L. J.(1994). Thinking. In L. Hayes, S. C. Hayes, O. Kochi, & M. Sato(eds.), *Behavior analysis of language and cognition.*(p. 149–164) Oakland, CA: New Harbinger Publications.

Hayes, L. J.(1998). Remembering as a psychological event. *Journal of theoretical and philosophical psychology, 18*, 135–143.

Hayes, S. C.(1997). Behavioral epistemology includes nonverbal knowing. In L. J. Hayes & P. M. Ghezzi,(ed.) *Investigations in behavioral epistemology*(p. 35–43). Reno: Context Press.

Hayes S. C., Barnes-Holmes, D., & Roche, B.(red.).(2001). *Relational frame theory: A post Skinnerian account of human language and cognition*. New York: Kluwer Academic/Plenum Publishers.

Hayes, S. C., Strosahl, K., & Wilson, K. G.(2012). *Acceptance and commitment therapy. The process and practice of mindful change*. New York: Guilford Press.

Hayes, S. C., Wilson, K. G., Gifford, E. V., Follette, V. M., & Strosahl, K.(1996). Experiential avoidance and behavioral disorders: A functional dimensional approach to diagnosis and treatment. *Journal of consulting and clinical psychology, 64*, 1152–1168.

Hearn, J., & Lawrence, M.(1981). Family sculpting: I. Some doubts and some possibilities. *Journal of family therapy, 3*, 341–352.

Horvath, A. O., Del Re, A. C., Flückiger, C., & Symonds, D.(2011). Alliance in individual psychotherapy. In J. C. Norcross(ed.), *Psychotherapy relation\-ships that work*(p. 25–69). Oxford: Oxford University Press.

Hughes, S., & Barnes-Holmes, D.(2016). Relational frame theory: The basic account. In S. C. Hayes, D. Barnes-Holmes, R. Zettle, & T. Biglan(red.), *The Wiley handbook of contextual behavioral science*(p. 129–179). Chiches\-ter: John Wiley & Sons.

Karp, M., & Holmes, P.(1998). *The handbook of psychodrama*. London: Routledge.

Kashdan, T. B., Barrios, V., Forsyth, J. P., & Steger, M. F.(2006). Experiential avoidance as a generalized psychological vulnerability: Comparisons with coping and emotion regulation strategies. *Behaviour research and therapy, 9*, 1301–1320.

Kashdan, T. B., & Rottenberg, J.(2010). Psychological flexibility as a funda\-mental aspect of health. *Clinical psychology review, 30*, 865–878.

Katz, S. M.(2013). *Metaphor and fields: Common ground, common language and the future of psychoanalysis*. New York: Routledge.

Kohlenberg, R. J., & Tsai, M.(1991). *Functional analytical psychotherapy: Creat\-ing intense and curative therapeutic relationships*. New York: Plenum.

Kopp, R. R.(1995). *Metaphor therapy: Using client-generated metaphors in psy\-chotherapy*. New York: Brunner/Mazel.

Kopp, R. R., & Craw, M. J.(1998). Metaphoric language, metaphoric cognition and cognitive therapy. *Psychotherapy 35*, 306–311.

Kövecses, Z.(2002). Emotion concepts: Social constructivism and cognitive linguistics. In S. R. Fussell(ed.), *The verbal communications of emotions: Interdisciplinary perspectives*(p. 109–124). Mahwak, NJ: Lawrence Erlbaum Associates Inc.

Kövecses, Z.(2010). *Metaphor: A practical introduction*. New York: Oxford University.

Lakoff, G.(1993). The contemporary theory of metaphor. In A. Ortony(ed.), *Metaphor and thought*(second ed.)(p. 202–251). Cambridge: Cambridge University Press.

Lakoff, G.(2008). The neural theory of metaphor. In R. W. Gibbs(red.) *The Cambridge handbook of metaphor and thought*(p. 17–38). New York: Cam\-bridge University Press.

Lakoff, G., & Johnson, M.(1980). *Metaphors we live by*. Chicago: University of Chicago Press.

Lang, T., & Helbig-Lang, S.(2012). Exposure in vivo with and without pres\-ence of a therapist: Does it matter? In P. Neudeck, H-U. Wittchen(ed.), *Exposure therapy: Rethinking the model—refining the method*(p. 261–273). New York: Springer Science.

Lawley, J., & Tompkins, P.(2000). *Metaphors in mind: Transformation through symbolic modelling*. London: The Developing Company Press.

Leary, D. E.(1990). Psyche's muse: the role of metaphor in the history of psychology. In Leary, D. E.(ed.), *Metaphors in the history of psychology*(p. 1–23) New York: Cambridge

University Press.

Legowski, T. & Brownlee, K.(2001). Working with metaphor in narrative therapy. *Journal of family psychotherapy, 12,* 19–28.

Levin, M. E., Luoma, J. B., Vilardaga, R., Lillis, J., Nobles, R., & Hayes, S. C.(2015). Examining the role of psychological inflexibility, perspective taking, and emphatic concern in generalized prejudice. *Journal of applied social psy\-chology, 46,* 180–191.

Levin, M. E., MacLane, C., Daflos, S., Seeley, J. R., Hayes, S. C., Biglan, A., & Pistorello, J.(2014). Examining psychological inflexibility as a transdiag\-nostic process across psychological disorders. *Journal of contextual behav\-ioral science, 3,* 155–163.

Levitt, H., Korman, Y., & Angus, L.(2000). A metaphor analysis in treat\-ments of depression: Metaphor as a marker of change. *Counselling psychol\-ogy quarterly, 13,* 23–35.

Linehan, M. M.(1993). *Cognitive-behavioral treatment of borderline personality disorder.* New York: Guilford Press.

Linehan, M. M.(1997). Validation and psychotherapy. In A. C. Bohart & L. S. Greenberg(ed.), *Empathy reconsidered: New directions in psychotherapy*(p. 353–392). Washington, DC: American Psychological Association.

Linehan, M. M.(2015). *The DBT skills training manual*(second ed.). New York: Guilford Press.

Lipkens, R., & Hayes, S. C.(2009). Producing and recognizing analogical rela\-tions. *Journal of experimental analysis of behavior, 91,* 105–126.

Longmore, R., & Worrel, M.(2007). Do we need to challenge thoughts in cognitive behavior therapy? *Clinical psychology review, 27,* 173–187.

Luciano, C., Ruiz, F. J., Vizcaino-Torres, R. M., Sánches-Martin, V., Martinez, O., & Lópes-Lópes, J. C.(2011). A relational frame analysis of defusion in acceptance and commitment therapy. *International journal of psychology and psychological therapy, 11,* 165–182.

Luciano, C., Valdivia-Salas, S., Cabello-Luque, F., & Hernández, M.(2009). Developing self-directed rules. In R. A. Rehfeldt & Y. Barnes-Holmes(ed.), *Derived relational responding: Applications for learners with autism and other developmental disabilities*(p. 335–352). Oakland: New Harbinger Publications.

Lundahl, B., & Burke, B. L.(2009). The effectiveness and applicability of motivational interviewing: A practice friendly review of four meta-analyses. *Journal of clinical psychology. In session, 65,* 1232–1245.

Martell, C. R., Addis, M. E., & Jacobson, N. S.(2001). *Depression in context: Strategies for guided action.* New York: W. W. Norton.

Martin, J., Cummings, A. L., & Hallberg E. T.(1992) Therapists' intentional use of metaphor: Memorability, clinical impact and possible epistemic/motivational functions. *Journal of consulting and clinical psychology, 60*, 143–145.

McCullough, L., Kuhn, N., Andrews, S., Kaplan, A., Wolf, J., & Lanza Hurley, C. L.(2003). *Treating affect phobia: A manual for short-term dynamic psycho-therapy*. New York: Guilford Press.

McHugh, L., & Stewart, I.(2012). *The self and perspective taking: Contributions and applications from modern behavioral science*. Oakland: New Harbinger Publications.

McCurry, S. M., & Hayes, S. C.(1992) Clinical and experimental perspectives on metaphorical talk. *Clinical psychology review, 12*, 763–785.McMullen, L. M.(1989) Use of figurative language in successful and unsuc-cessful cases of psychotherapy: Three comparisons. *Metaphor and symbolic activity, 4*, 203–225.

McMullen, L. M.(2008). Putting it in context: Metaphor and psychotherapy. In R. W. Gibbs(red.), *The Cambridge handbook of metaphor and thought*(p. 397–411). New York: Cambridge University Press.

McMullen, L. M., & Convey, J. B.(2002). Conventional metaphors for depres-sion. In S. R. Russel(ed.), *The verbal communication of emotions: Interdisciplinary perspectives*(p. 167–182) Mahvah, NJ: Lawrence Erlbaum Associates.

Mennin, D. S., Ellard, K. K., Fresco D. M., & Gross, J. J.(2013) United we stand: Emphasizing commonalities across cognitive-behavioral therapies. *Behavior therapist, 44*, 234–248.

Miller, W. R., & Rollnick, S.(2013). *Motivational interviewing: helping people change*. New York: Guilford Press.

Miller, W. R., & Rose, G. S.(2009). Toward a theory of motivational inter-viewing. *American psychologist, 64*, 527–537.

Monson, C. M., Resick, P. A., & Rizvi, S. L.(2014). Posttraumatic stress disor-der. In D. H. Barlow(ed.), *Clinical handbook of psychological disorders*(5th ed.)(p. 62–114). New York: Guilford Press.

Morris, M. W., Sheldon, O. J., Ames, D. R., & Young, M. J.(2007). Metaphors and the market: Consequences and preconditions of agent and object met-aphors in stock market commentary. *Organizational behavior and human decision processes. 102*, 174–192.

Müller, C.(2008). *Metaphors dead and alive, sleeping and walking: A dynamic view*. Chicago: University of Chicago Press.

Müller, C., & Cienki, A(2009). Words, gestures and beyond: Forms of multi-modal metaphor in the use of spoken language. In C. J. Forceville & E. Urio-Aparisi(ed.), *Multimodal metaphor*(p. 297–328). Berlin: Mouton de Gruyfer.

Muran, J. C., & DiGiuseppe, R. A.(1990.) Toward a cognitive formulation of metaphor use in psychotherapy. *Clinical psychology review, 10*, 69–85.

Neacsiu, A. D., & Linehan, M. M.(2014). Borderline personality disorder. In D. H.

Barlow(ed.), *Clinical handbook of psychological disorders*(5 uppl.)(p. 394–461). New York: Guilford Press.

Needham-Didsbury, I.(2014). Metaphor in psychotherapeutic discourse: Implications for utterance interpretation. *Poznan studies in contemporary linguistics, 50*, 75–97.

Neudeck, P., & Einsle, F.(2012). Dissemination of exposure therapy in clinical practice: How to handle the barriers? In P. Neudeck & H.-U. Wittchen(eds.), *Exposure therapy: Rethinking the model—refining the method*(p. 23–34). New York: Springer Science.

Neudeck, P., & Wittchen, H.-U.(2012). *Exposure therapy: Rethinking the model—refining the method*. New York: Springer Science.

Noë, A.(2004). *Action in perception*. Cambridge: The MIT Press.

Norcross, J. C., & Lampert, M. J.(2011). Psychotherapy relationships that work II. *Psychotherapy, 48*, 4–8.

Ogden, P., & Fisher, J.(2015) *Sensimotor psychotherapy: interventions for trauma and attachment*. New York: W. W. Norton & Company.

Ogden, P., Pain, C., & Fisher, J.(2006). A sensorimotor approach to the treat\-ment of trauma and dissociation. *Psychiatric clinics of North America, 29*, 263–279.

Ollendick, T. H., & Davis, T. E.(2013). One session treatment for specific phobias: A review of Öst's single-session exposure with children and ado\-lescents. *Cognitive behavioral therapy, 42*, 275–283.

Ortony, A.(1993). Metaphor, language and thought. In A. Ortony(ed.), *Meta\-phor and thought*(p. 1–16)(second ed.) Cambridge: Cambridge University Press.

Payne, L. A., Ellard, K. K., Farchione, C. F., Fairholme, C. P., & Barlow, D. H.(2014). Emotional disorders: A unified transdiagnostic protocol. In D. H. Barlow(ed.), *Clinical handbook of psychological disorders*(5th ed.)(p. 237–274). New York: Guilford Press.

Porges, S. W.(2011). *The polyvagal theory. Neurophysiological foundations of emotions, attachment, communication, self-regulation*. New York: W. W. & Company.

Ramnerö, J., & Törneke, N.(2008). *The ABCs of human behavior. Behavioral principles for the practicing clinician*. Oakland: New Harbinger Publications.

Ramnerö, J., & Törneke, N.(2015). On having a goal: Goals as representations or behavior. *The psychological record, 65*, s. 89–99.

Rasmussen, B., & Angus, L.(1996). Metaphor in psychodynamic psychother\-apy with borderline and none-borderline clients: A qualitative analysis. *Psychotherapy, 33*, 521–530.

Rasmussen, B. M.(2002). Linking metaphors and dreams in clinical practice. *Psychoanalytic social work, 9*, 71–87.

Ritchie, L. D.(2006). *Context and connection in metaphor*. New York: Palgrave Macmillan.

Roemer, L., & Orsillo, S. M.(2014). An acceptance-based behavioral therapy for generalized anxiety disorder. In D. H. Barlow(ed.), *Clinical handbook of psychological disorders*(5th ed.)(p. 206–236). New York: Guilford Press.

Rosen, S.(1982). *My voice will go with you: The teaching and tales of Milton. H. Erickson*. New York: W. W. Norton & Company.

Ruiz, F. J., & Luciano, C.(2011). Cross-domain analogies as relating derived relations among two separate relational networks. *Journal of the experimen\-tal analysis of behavior, 95,* 369–385.

Ruiz, F. J., & Luciano, C.(2015). Common physical properties among rela\-tional networks improve analogy aptness. *Journal of the experimental analy\-sis of behavior, 103,* 498–510.

Safran, J. D., & Muran, J. C.(2000). *Negotiating the therapeutic alliance: A rela\-tional treatment guide*. New York: Guilford Press.

Safran J. D., & Segal, Z. D.(1990). *Interpersonal process in cognitive therapy*. New York: Guilford Press.

Schnall, S.(2014). Are there basic metaphors? In M. J. Landau, M. D. Robin\-son & B. P. Meier(ed.), *The power of metaphor: Examining its influence on social life*(p. 225–247). Washington: American Psychological Association.

Segal, Z. V., Williams, M. G., & Teasdale, J. D.(2001). *Mindfulness-based cogni\-tive therapy for depression: A new approach to preventing relapse*. New York: Guilford Press.

Sierra, M. A., Ruiz, F. J., Flórez, C. L., Riaño-Hernández, D. R., & Luciano, C.(2016). The role of common physical properties and augmental functions in metaphor effect. *International Journal of Psychology and Psychological Therapy, 16,* 265–279.

Skinner, B. F.(1957). *Verbal Behavior*. New York: Appelton-Century-Crofts.

Skinner, B. F.(1974). *About behaviorism*. New York: Knopf.

Skinner, B. F.(1989). The origins of cognitive thought. *American psychologist, 44,* 13–18.

Steen, G. J.(2011) The contemporary theory of metaphor—now new and improved. *Review of cognitive linguistics, 9:1,* 26–64.

Stewart, I., & Barnes-Holmes, D.(2001). Understanding metaphor: A rela\-tional frame perspective. *Behavior Analyst, 24,* 191–199.

Stewart, I., Barnes-Holmes, D., & Roche, B.(2004). A functional-analytic model of analogy using the relational evaluation procedure. *Psychological Record, 54,* 531–552.

Stewart, I., Barnes-Holmes, D., Roche, B., & Smeets, P. M.(2001). Generating derived relational networks via the abstraction of common physical prop\-erties: A possible model of analogical reasoning. *Psychological record, 51,* 381–408.

참고 문헌

Stine, J. J.(2005). The use of metaphors in the service of the therapeutic alli\-ance and therapeutic communication. *Journal of the American Academy of Psychoanalysis and Dynamic Psychiatry 33,* 531–545.

Stoddard, J. A., & Afari, N.(2014). *The big book of ACT metaphors.* Oakland: New Harbinger Publications.

Stott, R., Mansell, W., Salkovskis, P., Lavender, A., & Cartwright-Hatton, S.(2010). *Oxford guide to metaphors in CBT: Building cognitive bridges.* Oxford: Oxford University Press.

Sullivan, W., & Rees, J.(2008). *Clean language: Revealing metaphors and opening minds.* Carmarthen: Crown House Publishing.

Tay, D.(2013). *Metaphor in psychotherapy: A descriptive and prescriptive analysis.* Amsterdam: John Benjamins Publishing Company Teasdale.

Tay, D.,(2014). Metaphor theory for counselling professionals. In J. Littlemore & J. R. Taylor(Eds.), *Bloomsbury companion to cognitive linguistics*(pp. 352–366). London: Bloomsbury.

Tay, D.(2016a) Metaphor and psychological transference. *Metaphor and Symbol 31(1),* 11–30.

Tay, D.(2016b). The nuances of metaphor theory for constructivist psycho\-therapy, *Journal of constructivist psychology,* DOI:10.1080/10720537.2016.1161571.

Tay, D.(2016c) Using metaphor in healthcare: Mental health interventions. In Semino, E., & Demien, Z.(ed) *The Routledge handbook of metaphor and language.* New York: Routledge.

Tay, D., & Jordan, J.(2015). Metaphor and the notion of control in trauma talk. *Text & talk,* 35(4), 553–573.

Thibodeau, P. H., & Boroditsky, L.(2011). Metaphors we think with: The role of metaphor in reasoning. PLoS ONE 6(2): e16782. doi:10.1371/journal.pone.0016782.

Thibodeau, P. H., & Boroditsky, L.(2013). Natural language metaphors covertly influence reasoning. PLoS ONE 8(1): e52961. doi:10.1371/journal.pone.0052961.

Tidholm, T.(2005). *Outdoor life: prose & poetry.* Translated from Swedish by Gabriella Berggren. Parsley Press.

Törneke, N.(2010). *Learning RFT. An introduction to relational frame theory and its clinical application.* Oakland: New Harbinger Publications.

Törneke, N., Luciano, C., Barnes-Holmes, Y., & Bond, F.(2016). RFT for clini\-cal practice: Three core strategies in understanding and treating human suffering. In R. D. Zettle, S. C. Hayes, D. Barnes-Holmes, & T. Biglan(ed.), *Wiley handbook of contextual behavioral science*(p. 254–272). Chiches\-ter: John Wiley & Sons.

Törneke, N., Luciano, C., & Valdivia-Salas, S.(2008). Rule-governed behavior and psychological problems. *International journal of psychology and psycho\-logical therapy,* 8(2), 141–156.

Tranströmer, T.(2011) The great enigma. *New collected poems.* Translated from Swedish by Robin Fulton. New York: New Direction Books.

Tryon, G. S., & Winograd G.(2011). Goal consensus and collaboration. *Psychotherapy, 48,* 50–57.

Villatte, M., Villatte, J. L., & Hayes, S. C.(2016). *Mastering the clinical conver\-sation: Language as intervention.* New York: Guilford Press.

Wachtel, P. L.(2011). *Therapeutic communications: Knowing what to say when.* New York: Guilford Press.

Wee, L.(2005). Constructing the source: Metaphor as a discourse strategy. *Discourse studies, 7,* 363–384.

Weissman, M. M., Markowitz, J. C., & Klerman, G. L.(2000). *Comprehensive guide to interpersonal psychotherapy.* New York: Basic Books.

Wells, A.(2005). Detached mindfulness in cognitive therapy: A metacognitive analysis and ten techniques. *Journal of rational-emotive & cognitive-behavior therapy, 23,* 337–355.

Wilson, K. G.(2001). Some notes on theoretical constructs: Types and valida\-tion from a contextual behavioural perspective: *International journal of psychology and psychological Therapy, 1,* 205–215.

Young, J. E., Klosko, J. S., & Weishaar, M. E.(2003). *Schema therapy: A practi\-tioner's guide.* New York: Guilford Press.

Young, J. E., Rygh, J. L., Weinberger, A. D., & Beck, A. T.(2014). Cognitive therapy for depression. In D. H. Barlow(red.)(2014), *Clinical handbook of psychological disorders*(5th ed.)(p. 275–331). New York: Guilford Press.

Yus, F.(2009). Visual metaphor versus verbal metaphor: A unified account. In C. J. Forceville & E. Urio-Aparisi(ed.), *Multimodal metaphor*(p.147–172). Berlin: Mouton de Gruyfer.

【색인】

A

ABC analysis ABC 분석, 113,165
『The ABCs of Human Behavior』(Ramnerö & Törneke) 인간 행동의 ABC, 18
affect school 감정 학교, 102
agoraphobia 광장공포증, 104
analogy 유추, 28
anger, conceptual metaphors for 분노, 분노에 대한 개념적 은유, 34
ant metaphor 개미 은유, 163
arbitrarily applicable relational responding 임의 적용적 관계 반응, 69
arbitrary contextual cues 임의의 맥락 단서, 68,69, 70,77,80,85,110
Aristotle 아리스토텔레스, 27

B

Beck, Aaron 아론 벡, 102
behavioral activation 행동 활성화, 107
behavioral experiments 행동 실험, 199
blue socks metaphor 파란 양말 은유, 152
body language 보디랭귀지, 35
book metaphor 책 은유, 148,197-198
Boroditsky, Lera 레라 보로디츠키, 64
Brecht, Bertolt 베르톨트 브레히트, 28
bus metaphor 버스 은유, 142-145

C

causal relations 인과 관계, 82
clean language model 깔끔한 언어 모델, 162
client-therapist relationship 내담자-치료자 관계, 105-107,114
cognitive linguistics 인지 언어학, 36-38,41,43,
collective subconscious 집단 잠재의식, 31

comparative relations 비교 관계, 70
computer pop-ups metaphor 컴퓨터 팝업 은유, 132-134
coordination relation 대등 관계, 69,74,77,78,80,84,85
creative hopelessness 창조적 절망감, 101,126

D

dead metaphors 죽은 은유, 43,48-50,53,61,62,88,93, 95
digging in a hole metaphor 구덩이를 파는 은유, 26
direct contingencies 직접 수반성, 206
direct relations 직접 관계, 68,70,78

E

emotional processing 감정 처리, 105
emotion-focused models 감정 중심 모델, 162
empty chair exercise 빈 의자 연습, 199
Epictetus 에픽테토스, 102
Erickson, Milton 밀턴 에릭슨, 19
experiential avoidance 체험적 회피, 140
experiential distance 체험적 거리, 141
experiential therapies 체험적 치료, 19
explanatory models 설명 모델, 37,38,44,100
exposure therapy 노출치료, 101,105,200,202,220

F

family therapy 가족 치료, 199
FAP(functional analytic psychotherapy) 기능분석정신치료, 106
first scene 1차 장면, 200,201
flashing alarm metaphor 깜박이는 알람 은유, 138
fontanelle metaphor 천문 은유, 166-176
Freeman, Art 아트 프리먼, 17
functional contextualism 기능적 맥락주의, 57,226

G

gender and grammatical praxis 성별과 문법적 관행, 46,47
Gestalt therapy 게슈탈트 치료, 199
gestures 제스처, 30,34-36
grammatical praxis and gender 문법적 관행과 성별, 46,47

H

hierarchical relations 계층 관계, 70,141

I

Ibrahimovic, Zlatan 즐라탄 이브라히모비치나, 56
I-here-now perspective 나-지금-여기 관점, 72
implicit third 암묵적 제3자, 81
indirect relations 간접 관계, 69,70
intentional use of metaphors 의도적인 은유 사용, 51-52
interdisciplinary analysis 학제적 분석, 43-47
interpersonal therapy 대인관계 치료, 102,107

J

Johnson, Mark 마크 존슨, 29

L

Lagerkvist, Pär 페르 라게르크비스트, 17
Lakoff, George 조지 레이코프, 29
languaging 언어적 행동, 57,62
Leary, David 데이비드 리어리, 30
life is a journey metaphor 인생은 여행 은유, 81
life line exercise 생명선 연습, 202,203,206,207
literal language 문자 그대로의 언어, 30,35,61,62,94,95,118
living metaphors 살아 있는 은유, 27,53,61,62,93,95,161,

M

McMullen, Linda 린다 맥뮬런, 91,98
mental representations 정신 표상, 37
mentalization-based treatment 정신화중심치료, 102
Metaphor in Psychotherapy (Tay) 심리치료에서의 은유, 89,201
metaphor therapy 은유 치료, 118,161,162
metonym 환유, 28
mindfulness-based cognitive therapy 마음챙김 기반 인지치료, 103
motivation 동기, 99-101
motivational interviewing (MI) MI 동기강화면담, 99
Müller, Cornelia 코넬리아 뮐러, 48,80

N

neurobiological reductionism 신경생물학적 환원주의, 44

O

obsessive-compulsive disorder (OCD) 강박장애, 104,105
obstacles, psychological 심리적인 장애물, 202
opaque metaphors 불투명한 은유, 51
operant psychology 조작적 심리학, 58
overflowing metaphor 넘쳐흐름의 은유, 186

P

perspective-taking 관점 취하기, 71
pill metaphor 알약 은유, 155
poetic imagery 시적 심상, 17
post-traumatic stress disorder (PTSD) 외상후스트레스장애, 104,200,201
proaction 선제적 행동, 107-108
psychodrama activities 심리극 활동, 199
psychodynamic therapy 정신역동치료, 19,101-103,107,200
psychoeducation 정신 교육, 101-102
psychological obstacles 심리적 장애물, 202

psychopathology 정신병리학, 13

R

Ramnerö, Jonas 요나스 람네뢰, 20
relation of coordination 대등 관계, 69
relational networks 관계 네트워크, 77-80,82,83,85
resisting the note pad exercise 메모장 저항 연습, 209
role-play 역할극, 107
rule-following exercise 규칙 따르기 연습, 238-240
rule-governed behavior 규칙 지배 행동, 110

S

schema therapy 스키마치료, 102
schemata 도식들, 37
scientific theory 과학 이론, 226
sculpture exercises 조각 기법, 199
second scene 2차 장면, 200,201,204
self-exposure 자기 노출, 1201
self-rules 자기 규칙, 111,140,223,224
sensorimotor components 감각운동 요소, 206
shifting a heavy rock metaphor 무거운 돌 옮기기 은유, 129
simile 직유, 28
skills training 기술 훈련, 102,107,219
Skinner, B. F. 스키너, B. F., 20
sleeping metaphors 잠자는 은유들, 50-52
socially approved contextual cues 사회적으로 승인된 맥락 단서, 68
spatial metaphors 공간 은유, 45
spontaneous metaphors 자발적인 은유, 183
suggestion box metaphor 건의함 은유, 145-147
symbolization 상징화, 69
synecdoche 제유, 28
systems therapy 가족체계 치료, 19

T

taking direction metaphor 방향 잡기 은유, 159-160
target of metaphors 은유의 표적, 121-125

Tay, Dennis 데니스 테이, 89
temporal relations 시간적 관계, 70
therapeutic relationship 치료적 관계, 111-114
Tidholm, Thomas 토마스 티드홀름, 226
transdiagnostic model unified protocol 범진단적 모델 통합 프로토콜, 105
TV series metaphor TV 시리즈 은유, 156
two-chairs exercise 두 의자 기법, 199

U

unidirectionality of metaphors 은유의 단방향성, 79

V

variability 변동성, 118
verbal behavior 언어적 행동, 57
vise metaphor 바이스(조이는 공구) 은유, 188

W

workability 실행 가능성, 116

은유, 삶을 바꾸는 언어의 기술

저자 니클라스 토네케
역자 견영기, 김혜경, 방현숙, 신재현, 윤지애, 이강욱, 이슬기, 이정안, 이준용, 전유진, 최영훈

초판 1쇄 인쇄 2025년 07월 25일
초판 1쇄 발행 2025년 08월 08일

등록번호 제2010-000048호
등록일자 2010-08-23

발행처 삶과지식
발행인 김미화
편집 주인선
디자인 다인디자인

주소 경기도 파주시 해올로 11, 우미린 더 퍼스트 상가 2동 109호
전화 02-2667-7447
이메일 dove0723@naver.com

ISBN 979-11-85324-80-7 (93180)

- 가격은 뒤표지에 있으며, 파본은 구입하신 서점에서 교환해드립니다.
- 이 책은 저작권법에 의하여 보호를 받는 저작물이므로 무단 전재와 복사를 금합니다.